utb 5417

Eine Arbeitsgemeinschaft der Verlage

Böhlau Verlag · Wien · Köln · Weimar
Verlag Barbara Budrich · Opladen · Toronto
facultas · Wien
Wilhelm Fink · Paderborn
Narr Francke Attempto Verlag / expert verlag · Tübingen
Haupt Verlag · Bern
Verlag Julius Klinkhardt · Bad Heilbrunn
Mohr Siebeck · Tübingen
Ernst Reinhardt Verlag · München
Ferdinand Schöningh · Paderborn
transcript Verlag · Bielefeld
Eugen Ulmer Verlag · Stuttgart
UVK Verlag · München
Vandenhoeck & Ruprecht · Göttingen
Waxmann · Münster · New York
wbv Publikation · Bielefeld
Wochenschau Verlag · Frankfurt am Main

Prof. Dr. Andreas Kagermeier lehrt und forscht an der Universität Trier. Neben seinen nordafrikanischen Forschungsaktivitäten stellen aktuelle Entwicklungstendenzen im Städtetourismus einen Schwerpunkt seiner Tourismusforschungsaktivtäten dar.

Andreas Kagermeier

Overtourism

UVK Verlag · München

Umschlagabbildung: © Bim · iStockphoto

Bibliografische Information der Deutschen Nationalbibliothek
Die Deutsche Nationalbibliothek verzeichnet diese Publikation in der Deutschen Nationalbibliografie; detaillierte bibliografische Daten sind im Internet über http://dnb.dnb.de abrufbar.

1. Auflage 2021

– ein Unternehmen der Narr Francke Attempto Verlag GmbH + Co. KG
Dischingerweg 5 · D-72070 Tübingen

Internet: www.narr.de
eMail: info@narr.de

Einbandgestaltung: Atelier Reichert, Stuttgart
CPI books GmbH, Leck

utb-Nr. 5417
ISBN 978-3-8252-5417-9 (Print)
ISBN 978-3-8385-5417-4 (ePDF)

Vorwort

Spätestens seit einer intensiven medialen Beschäftigung mit negativen Auswirkungen des Städtetourismus im Sommer 2017 ist Overtourismus zu einem vielfach diskutierten Phänomen geworden. Ausgehend von den Kreuzfahrtdestinationen Dubrovnik, Barcelona und Venedig (Helmes 2016) wurden die negativen Reaktionen der Wohnbevölkerung auf die als „Zuviel" empfundenen Besucher in ihrer Stadt rasch zu einem europaweiten bzw. inzwischen globalen Thema.

Auch wenn im Jahr 2020 die COVID-19 bedingten Effekte für eine kurzfristig diametral andere Situation gesorgt haben, wird Overtourism nach der Erholung des Tourismus sicherlich weiterhin als wichtige Herausforderung für die Destinationsgovernance auf der Agenda stehen.

Mit dem vorliegenden Band werden einerseits die Hintergründe und auslösenden Faktoren für die teilweise sehr akzentuiert und oft mit pauschalierenden sowie emotional aufgeladenen Positionen geführten Diskussion auf der Basis von grundlegenden Rahmendaten beleuchtet.

Dabei wird ein besonderes Augenmerk auch auf die sozialwissenschaftlichen Ansätze zum Nachvollziehen und Deuten der Befindlichkeiten der unterschiedlichen Akteure gelegt. Ausgehend von früheren Management- und Gegensteuerungsansätzen in Großschutzgebieten und in der interkulturellen Begegnung erfolgt eine Annäherung an die aktuell in der Diskussion befindlichen Managementansätze.

Es wird dargelegt, dass ein Ausbalancieren der divergierenden Bedürfnisse und Interessenslagen der involvierten Akteure keineswegs trivial ist. Abgesehen von den oftmals diskutierten Limitierungsansätzen liegt das Augenmerk auch auf den Möglichkeiten der Resilienz-Ertüchtigung durch weiche, indirekt und nur partiell auf die Ratio abzielende Partizipationsansätze, welche Bezug zum Konzept des Sozialen Kapitals nach Bourdieu nehmen.

Dabei wird aber auch deutlich, dass damit sehr grundsätzliche Dimensionen von Zivilgesellschaft und Urban Governance berührt werden, die weit über den engeren Rahmen von rein auf den Tourismus begrenzten Handlungsansätzen hinaus reichen. Sowohl Tourismuswissenschaft als auch konkrete Destinationspraxis stehen bei vielen der Herausforderungen noch am Anfang eines herausfordernden und wohl auch mühsamen Prozesses.

Abschließend wird herausgestellt, dass sowohl Tourismuswirtschaft als auch Tourismuswissenschaften bislang weitgehend wachstumsorientiert bzw. wachstumsgetrieben waren. Es spricht einiges dafür, dass der aktuelle Diskurs um Overtourismus – ähnlich wie auch die Klimawandel-Diskussion – als Anzeichen für anstehende grundlegende Paradigmenwechsel im Tourismus verstanden werden könnte.

Freising, im Herbst 2020
Andreas Kagermeier

An wen richtet sich dieses Buch

Angesichts der spezifischen Thematik, die in einem breiteren Kontext diskutiert wird, wendet sich das Buch nicht nur an Dozierende und Studierende der Tourismuswissenschaften. Vielmehr ist es so konzipiert, dass es sich insbesondere auch an ein breiteres Zielpublikum wendet, das – sei es beruflich oder privat – mit dem Phänomen des Overtourism konfrontiert ist. Angesichts der spezifischen Thematik und der intensiven medialen Diskussion sowie der Dynamik der Auseinandersetzung und der erst partiell vorhandenen, empirisch fundierten wissenschaftlichen Analyse werden dabei wohl auch intensiver Internetquellen verwendet, als dies bei wissenschaftlichen Publikationen zu etablierten Themenfeldern der Fall ist.

Dabei ist es das Ziel einerseits die Entstehungshintergründe von negativen Befindlichkeiten gegenüber Besuchern auszuleuchten. Dieses Verständnis erscheint fundamental, wenn es darum geht, mit dem Phänomen Overtourism umzugehen und angemessene Handlungsansätze zu suchen.

Damit ist das Buch klar wissenschaftlich fundiert angelegt. Gleichzeitig ist der Impetus definitiv darauf ausgerichtet, anwendungsorientiert auch den Umgang mit dem Phänomen zu thematisieren.

Inhalt

1 Der „Aufstand der Bereisten"

Der Tourismus gilt als eine der Wachstumsbranchen schlechthin. Seit dem 2. Weltkrieg waren abgesehen von kleineren „Dellen", die durch weltweit wirksame konjunkturelle Entwicklungen (z. B. die sog. „Bankenkrise" 2008/2009), terroristische Aktivitäten (insbesondere der 11. September 2001) oder epidemische Ereignisse mit globaler Auswirkung (zuletzt der Corona-Virus 2020) ausgelöst wurden, die globalen Parameter und Indikatoren immer auf Wachstumskurs.

Zwar haben gewalttätige Auseinandersetzungen (wie der Bürgerkrieg in Syrien oder die sog. Post-Election-Violences in Kenia), Katastrophen (von Menschen verursacht wie der Reaktorkatastrophe in Fukushima 2011 oder natürlich bedingt wie der Tsunami in Südostasien 2004 bzw. diverse Vulkanausbrüche) oder politische Friktionen zwischen einzelnen Staaten in einzelnen Destinationen immer wieder zu Nachfrageeinbrüchen geführt. Bei räumlich begrenzten Krisen hat sich die Nachfrage zumeist einfach verlagert – z. B. aus der Türkei oder Nordafrika in andere mediterrane Destinationen –, so dass es nur regional zu Nachfrageeinbrüchen gekommen ist. Das jüngste Beispiel einer globalen Krise, die COVID-19-Krise, ist zum Zeitpunkt der Manuskripterstellung noch global präsent. Die Nachfrage hat bei bisherigen globalen Krisen aber nach einer gewissen „Delle" meist wieder relativ schnell auf den Wachstumspfad zurückgefunden. Auch wenn dies wohl für den Geschäftsreiseverkehr in der Post-Corona-Zeit möglichweise nur partiell gilt, sind aktuell keine Anzeichen dafür vorhanden, dass der für den Overtourism relevante freizeitorientierte Städtetourismus längerfristig von Corona-Folgen nachhaltig beeinflusst würde (Oskam 2020b, S. 53).

1.1 Tourismus als wachstumsverwöhntes Wirtschaftssegment

Das globale Wachstum im Tourismus spiegelt sich in den Daten der UNWTO (United Nations World Tourism Organisation). Von dieser werden die internationalen Reisenden (d. h. nicht die Reisen innerhalb des eigenen Landes, sprich z. B. Urlaube von Deutschen in Deutschland) erfasst.

Die Zahl der internationalen Ankünfte von Reisenden hat sich von nur 25 Mio. Ankünften im Jahr 1950 innerhalb von knapp 30 Jahren bis Ende der 1970er-Jahre auf 250 Mio. verzehnfacht. In den gut 20 Jahren bis 2011 erfolgte eine weitere Vervierfachung auf dann 1 Mrd. Reisende.

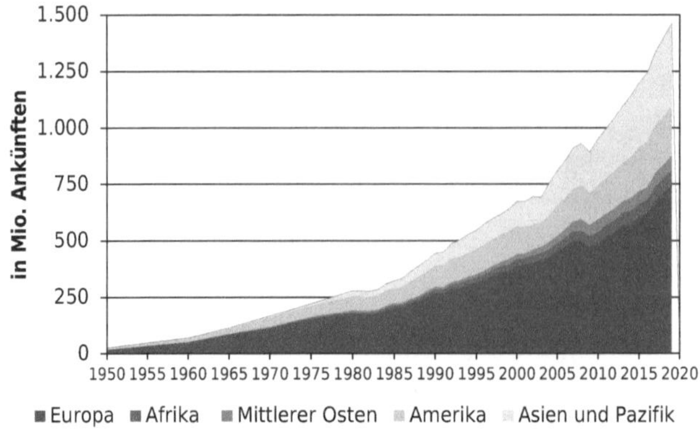

Abb. 1: Entwicklung der internationalen Ankünfte zwischen 1950 und 2019 nach UNWTO-Reisegebieten (Quelle: Eigene Darstellung nach Daten: UNWTO div. Jahrgänge)

Dieses quantitative Wachstum ging auch in den letzten Jahren weiter, so dass im Jahr 2019 knapp 1,5 Mrd. Ankünfte registriert worden sind (vgl. Abb. 1).

Dabei lassen sich in den Ankunftszahlen global wirksame Krisen gut als kurzfristige „Dellen“ identifizieren. Dies gilt für die Bankenkrise von 2008/2009 genauso wie für den 11. September 2001, die SARS-Pandemie 2002/2003 (zumindest für den asiatischen Quellmarkt), den Golfkrieg 1990/1991, die sog. 2. Ölkrise 1979/1980 nach der Revolution im Iran oder die sog. 1. Ölkrise 1973/1974 nach dem Jom-Kippur-Krieg. Politische Spannungen, terroristische Anschläge, kriegerische Auseinandersetzungen oder Epidemien/Pandemien haben sich immer auch als konjunkturelle Rückgänge bzw. Einbrüche in der touristischen Nachfrage manifestiert. Gleichzeitig kehrten die Nachfragezahlen bislang innerhalb relativ kurzer Zeit auf den früheren Wachstumspfad zurück, hinterließen also keine strukturellen Folgen. Auch wenn aktuell nicht ganz abzusehen – da es sich bei der COVID-19-Krise um das bislang tiefgreifendste Krisenphänomen der letzten 70 Jahre handelt – spricht vieles dafür, dass auch dieser Einbruch – zwar wohl umfassender als frühere Krisen und möglicherweise auch etwas länger andauernd – letztendlich dann aber doch nicht zu einer strukturellen Veränderung der freizeitorientierten Reisetätigkeit führen dürfte.

In der aktuellen offiziellen Prognose der UNWTO bis zum Jahr 2030 wird dieser Wachstumspfad weitgehend linear fortgeschrieben und bis dahin 1,8 Mrd. Ankünfte prognostiziert (UNWTO 2014, S. 14). Weitergehende Abschätzungen bis zum Jahr 2050 gehen (wiederum als weitgehende Status-Quo Fortschreibung) von etwa 3 Mrd. internationalen Ankünften aus. Dabei wird in Varianten, die unterschiedliche Rahmenbedingungen einbeziehen – wie z. B. Veränderung von Transportkosten insbesondere für den Flugverkehr – ein Korridor von ca. 2,7 Mrd. bis 3,3 Mrd. angegeben (Scott und Gössling 2015, S. 271). Der grundsätzliche Wachstumspfad wird bislang – trotz zwischenzeitlicher Einbeziehung von Nachhaltigkeitsaspekten und der Klimawandel-Herausforderung in die Überlegungen der UNWTO noch nicht in Frage gestellt.

Nun werden touristische Angebote aus Sicht der wirtschaftlichen und politischen Akteure in den Destinationen ja vor allem deswegen entwickelt und vorgehalten, um damit Einkommen und auch Arbeitsplätze zu schaffen. Parallel zur Zunahme der Nachfrage haben dementsprechend auch die regionalwirtschaftlich relevanten Einnahmen aus dem Tourismus zugenommen.

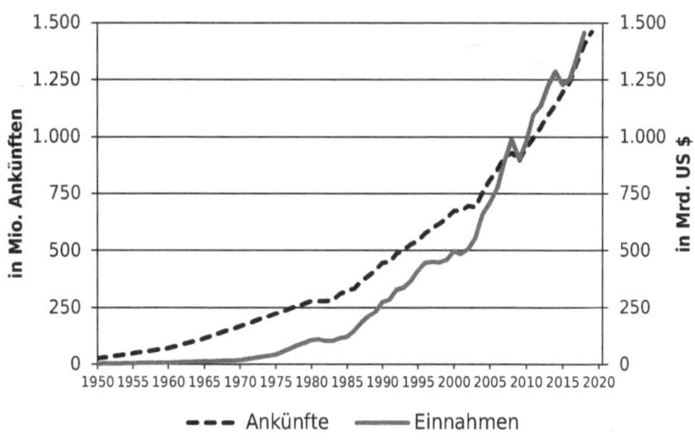

Abb. 2: Entwicklung der internationalen Ankünfte und der Einnahmen aus dem internationalen Tourismus zwischen 1950 und 2018/2019 (Quelle: Eigene Darstellung nach Daten: UNWTO div. Jahrgänge)

In Abb. 2 ist (neben den globalen Ankünften) die Entwicklung der Deviseneinnahmen aus dem internationalen Tourismus dargestellt. Auch diese haben in den letzten 70 Jahren eine fast kontinuierliche Steigerung erfahren und beliefen sich 2018 auf fast 1,5 Billionen US$.

Weltweit werden durch den internationalen (Incoming) und den nationalen (Binnen-)Tourismus knapp 10 % des globalen Bruttoinlandsproduktes geschaffen. Gleichzeitig wird durch den Tourismus – als relativ arbeitskraftintensiver Wirtschaftssektor – knapp jeder zehnte Arbeitsplatz weltweit generiert (UNWTO 2014, S. 2). Bei aller methodischen Problematik solcher globalen Abschätzungen und der damit verbundenen Berechnungsgrundlagen stellt der Tourismus damit eine wichtige Säule der globalen Wirtschaft dar.

Dabei liegt Deutschland hinsichtlich der ökonomischen Wirkungen des Tourismus in etwa im globalen Mittel. Der Anteil der von Touristen in der Bundesrepublik Deutschland nachgefragten Güter und Dienstleistungen in Höhe von 97 Mrd. € trug im Jahr 2010 direkt mit 4,4 % zur gesamten Bruttowertschöpfung der Volkswirtschaft bei. Bei Einbeziehung der indirekten Effekte errechnen sich 9,7 % der Bruttowertschöpfung. Etwa ein Viertel der Wertschöpfung wird in Bereichen erwirtschaftet, die nicht primär auf den Tourismus ausgerichtet sind (Einzelhandel, sonst. Dienstleistungen). Die direkte Beschäftigungswirkung der 2,9 Mio. dem Tourismus zuzuordnenden Beschäftitgen entspricht einem Anteil von 7,0 % der Erwerbstätigen in Deutschland. Mit den induzierten Beschäftigungswirkungen ergibt sich ein Anteil von 12,0 %. Damit liegt der Beitrag des Wirtschaftsfaktors Tourismus an der Bruttowertschöpfung über derjenigen der Automobilindustrie, des Baugewerbes oder des Erziehungs- und Unterrichtswesens (Zahlen nach BMWi und BTW 2012, S. 4).

Besonders in sog. strukturschwachen und peripheren Regionen mit wenigen anderen tragfähigen wirtschaftlichen Grundlagen wie vielen Mittelgebirgsregionen in Deutschland, ländlichen Gebieten im Mittelmeerraum oder Destinationen im sog. Globalen Süden ist die relative Bedeutung des Wirtschaftssektor Tourismus oft noch deutlich höher. Umgekehrt sind in dynamischen Metropolregionen wie z. B. der Region München andere Wirtschaftszweige stärker ausgeprägt, so dass dort die relative Bedeutung des Tourismus für regionale Wertschöpfung und Beschäftigung unterdurchschnittlich ausfallen kann.

Insbesondere strukturschwächere Städte, Regionen oder Länder haben in den letzten Jahrzehnten versucht, den Tourismus als Wertschöpfungsquelle und zur Schaffung von Arbeitsmöglichkeiten zu nutzen. Dementsprechend sind –trotz insgesamt zunehmender Nachfragevolumina – in den letzten Jahrzehnten die Tourismusangebote stärker gewachsen als die Nachfrage. Dies bedeutet, dass im Tourismusmarkt ein Shift vom *Anbietermarkt* (die Nachfrage ist größer als das Angebot) zum *Nachfragermarkt* (das Angebot ist größer als die Nachfrage) stattgefunden hat. Dementsprechend ist der Tourismus ein hoch kompetitives Wirtschaftssegment, in dem ja theoretisch jede Destination weltweit miteinander in Konkurrenz steht. Folglich waren Tourismuswirtschaft, Tourismuspolitik und auch Tourismuswissenschaft im ausgehenden 20. Jahrhundert vor allem darauf ausgerichtet, die Wettbewerbsfähigkeit der Destinationen zu verbessern. Dabei lag der Fokus vor allem auf einer klaren Qualitätsorientierung, der Entwicklung von neuen Produktlinien bzw. dem Relaunch von etablierten Produkten. Die starke Wachstumsorientierung wurde nur sehr partiell in Frage gestellt.

1.2 Das Umkippen der Stimmung in den städtetouristischen Destinationen

Im Tourismus als wachstumsverwöhntem Wirtschaftssektor spielten die Fragen nach den „Grenzen des Wachstums“ nur eine geringe Rolle. Die privatwirtschaftlichen Akteure, die politischen Akteure und die tourismuswissenschaftlichen Akteure – wobei sich der Verfasser dieses Bandes nicht davon ausnehmen kann – waren weitgehend von den auf Wachstum ausgerichteten Prognosen geprägt.

Auch wenn die Frage nach den Tragfähigkeits- und Sättigungsgrenzen im Tourismus immer wieder thematisiert worden ist, bezog sich das auf Teilbereiche des Gesamtmarktes. So wurde seit den 1980er-Jahren im Zusammenhang mit der Diskussion über Akkulturation und kulturelle Überprägung durch Tourismus in Zielgebiete des Globalen Südens oder die physischen Grenzen in Großschutzgebieten (vgl. Kap. 5) dieser Aspekt immer wieder thematisiert. Letztendlich blieb es aber ein relativ isolierter und für den überwiegenden Teil des Tourismussegments wenig relevanter Diskurs.

Der „Aufstand der Bereisten": zur Genese eines Begriffs

In den 1960er- und frühen 1970er-Jahren wurde in den – oftmals gerade in die Unabhängigkeit entlassenen – Ländern des Globalen Südens die Entwicklung des Tourismus oftmals als ein Mittel einer sog. nachholenden Entwicklung gesehen und war damit positiv besetzt. In den späten 1970er- und 1980er-Jahren wurde zunehmend auch Kritik an den Folgen der touristischen Erschließung in den sog. Entwicklungsländern laut.

Diese war auch stark getragen von den tourismuskritischen Diskurslinien, die in den bildungsbürgerlichen Eliten des Globalen Nordens in dieser Zeit geführt wurden (vgl. z. B. Krippendorf 1982, 1984) und in denen von Junk (1980) dem sog. „harten" Tourismus der Gegenentwurf eines sog. „sanften" Tourismus entgegenstellt worden ist.

In der Berichtserstattung über eine Konferenz zum Tourismus in der Dritten Welt im Jahr 1986 wird wohl das erste Mal der Begriff „Aufstand der Bereisten" verwendet (FAIR UNTERWEGS 2017). Dieser erfuhr in der Folgezeit eine weite Verbreitung, auch wenn Strasdas die Wirksamkeit eher zurückhaltend beurteilt:

„Die Kritik am Dritte-Welt-Tourismus blieb politisch und in der touristischen Praxis weitgehend bedeutungslos, da sie nur von kleinen Gruppen in den IL und den EL getragen wurde. Der von ihnen häufig zitierte ‚Aufstand der Bereisten' beschränkte sich in organisierter Form bisher auf wenige Fälle und wird vor allem von denjenigen verkörpert, die selbst nicht am Tourismus beteiligt sind. Es wurde verkannt, dass die Einheimischen hier unterschiedliche Interessen haben: Die im Tourismus tätigen Personen profitieren von ihm, d. h. sie haben zwar ein Interesse an einer Verbesserung ihrer Arbeitssituation (z. B. in Form von gewerkschaftlicher Organisierung), nicht aber an einer grundsätzlichen Eindämmung des Tourismus. Dennoch ist die Kritik grundsätzlich berechtigt, da große Teile der lokalen Bevölkerung tatsächlich nicht vom Tourismus profitieren bzw. durch ihn sogar benachteiligt werden – dies allerdings am deutlichsten in ökonomischer Weise, wohingegen die kulturellen Auswirkungen schwieriger zu beurteilen sind" (Strasdas 2001, S. 90).

Letztendlich handelt es sich aber ganz klar um einen Kampfbegriff in der tourismuspolitischen Diskussion als einen klar definierten analytischen Begriff. Hinter dem Begriff steht das Unbehagen über die Folgen der touristischen Erschließung – insbesondere auch die kulturelle Überprägung – vor dem Hintergrund von ungleichen Machtpositionen. Tourismus weist Züge einer klassischen post- bzw. neo-kolonialen Beziehung zwischen den Reisenden aus dem Globalen Norden und der Bevölkerung in den Ländern des Globalen Südens auf. Deren Charakterisierung als „Bereiste" drückt ihre passive Rolle aus, während weite Teile der Wertschöpfungskette in den Händen von Wirtschaftsakteuren des Globalen Nordens bleiben.

Seit 2017 wird der Begriff wieder verstärkt von den Medien aufgegriffen, um die sich vor allem in städtetouristischen Destinationen manifestierenden Artikulationen über als zu viel empfundene Besucherzahlen bzw. die damit verbundenen negativen Effekte prägnant zu charakterisieren. Der Begriff „Bereiste" konnotiert dabei implizit sicherlich auch eine passive Rolle der Bewohner, die auch als „Opfer" gesehen werden.

Die meisten Akteure im Tourismus wurden dementsprechend von den seit Sommer 2017 sich zunehmend artikulierenden und auch intensiv in den Medien kommunizierten Diskussionen über die Proteste der lokalen Bevölkerung gegenüber den Besuchern der städtischen Destinationen überrascht bzw. fast sogar „kalt erwischt".

Es gab zwar eine Reihe von Vorwarnzeichen, die allerdings lokal beschränkt und ohne größeren Widerhall geblieben sind. So hatten bereits im Jahr 2011 die Grünen in Kreuzberg eine Veranstaltung mit dem provokanten Titel „*Hilfe, die Touristen kommen*" abgehalten (Spiegel Online 2011). Nachdem Berlin während der Zeit der deutschen Teilung im Verhältnis zur Bevölkerung eher unterdurchschnittlich intensiv von Besuchern aufgesucht worden ist (etwa auch im Vergleich zu Hamburg und München), hatte die Stadt nach der Wiedervereinigung und insbesondere der Verlegung der Hauptstadtfunktion eine besonders starke Zunahme der Besucherzahlen erfahren (vgl. Kap. 2.1). Aufgrund der Transformationsprozesse seit den 1990er-Jahren sind insbesondere im Osten der Stadt viele ehemals gewerblich genutzte Flächen brach gefallen und wurden als temporäre Zwischennutzung für subkulturelle Zwecke genutzt. So entstand in den Jahren nach der Wiedervereinigung eine Vielzahl von Clubs vor allem in Friedrichshain, die nicht nur Berliner*innen, sondern auch viele auswärtige Gäste anzogen. Dementsprechend haben sich in Kreuzberg/Friedrichshain in den 1990er-Jahren auch viele Hostels angesiedelt, die dann 2011 Gegenstand des Unmuts der Bewohner waren. Insbesondere die mit den Hostels und den Clubs verbundenen nächtlichen akustischen Beeinträchtigungen, aber auch die Hinterlassenschaften der nächtlichen Besucher führten zu Irritationen bei den Bewohnern, so dass artikuliert wurde „*Wir sind kein Zoo!*“ (Spiegel Online 2011).

Die Diskussion verlagerte sich dann in den Folgejahren neben den Hostels auch auf das private „Teilen“ von Wohnraum für Übernachtungszwecke als Teil der sog. „Sharing Economy“ – insbesondere über die Vermittlungsplattform AirBnB (vgl. z. B. Kagermeier, Köller und Stors 2015, 2016, Stors und Kagermeier 2017; vgl. auch Kap 2.3). Letztendlich blieben es aber lange Zeit lokal begrenzte und eher auf die direkten Beeinträchtigungen – seien es nächtliche Lärmkulissen oder die Angst um Zweckentfremdung von Wohnraum – abzielende Artikulationen von negativen Effekten des Tourismus, wie sie bereits früher schon immer wieder aufgetreten waren (genauer in Kap. 3).

Die Medienberichterstattung wurde dann 2017 vor allem von den drei Beispielen Barcelona, Dubrovnik und Venedig geprägt (vgl. z. B. Christ 2017). Alle drei Städte sind wichtige Anlaufziele des Kreuzfahrttourismus. Kreuzfahrttouristen zeichnen sich dadurch aus, dass sie zu bestimmten Stoßzeiten massiert in den Städten auftreten und sich im Wesentlichen auf die zentralen Highlights der Stadt konzentrieren. Gleichzeitig induzieren sie nur eine sehr begrenzte Wertschöpfung, da sie ihre Mahlzeiten auf den Kreuzfahrtschiffen einnehmen, dort auch übernachten und auch kaum Gelegenheit für längere Einkäufe in den Hafenstädten haben (vgl. auch Kap. 3.1).

Ausgehend von den drei Hotspots der Overtourism-Diskussion wird inzwischen in zunehmend mehr Destinationen das Unbehagen über eine als „Zuviel“ empfundene Zahl der Touristen artikuliert. Dabei wird zumeist auf die negativen Auswirkungen der touristischen Inwertsetzung für den Lebensraum der Bewohner abgestellt.

Nach dem Begriffsverständnis der United Nations World Tourism Organisation (UNWTO) kann von Overtourism gesprochen werden, wenn die Auswirkungen des Tourismus in einer Destination die wahrgenommene Lebensqualität der Bewohner und/oder die Aufenthaltsqualität der Besucher negativ beeinflusst („*the impact of tourism on a destination, or parts thereof, that excessively influences perceived quality of life of citizens and/or quality of visitors experiences in a negative way*" UNWTO 2018, S. 6). Overtourism entsteht also wenn Tragfähigkeitsgrenzen überschritten werden und daraus negative Konsequenzen resultieren.

Abb. 3: Dubrovnik ist einer der mediterranen Kreuzfahrtstandorte an denen sich wegen der hohen Zahl der Besucher und dem damit verbundenen Crowding die Overtourismus-Diskussion entzündet hat (Quelle: Eigene Aufnahme)

Auch wenn die Overtourism-Diskussion teilweise auch in mediterranen Badedestinationen wie z. B. Mallorca (Martiny 2019) oder stark (insbesondere vom Tagesausflugsverkehr) frequentierten Gegenden im Alpenvorland (Steppan 2019, Fuchs und Sebald 2019, Wiendl 2020) oder anderen landschaftlich attraktiven Destinationen geführt wird, liegt der Schwerpunkt der Overtourism-Diskussion in den Städten und hier insbesondere in den größeren Metropolen. Dementsprechend wird im nächsten Kapitel auch zunächst auf die besondere Wachstumsdynamik im Städtetourismus eingegangen.

2 Wachstumsdynamik im Städtetourismus und deren Treiber

Da die Overtourism-Diskussion in starkem Maß in (groß-)städtischen Destinationen stattfindet, soll in diesem Kapitel zunächst einmal die Entwicklung im Städtetourismus und die daraus resultierenden Implikationen für die lokale Bevölkerung betrachtet werden.

In den 1960er- und 1970er-Jahren waren Urlaubsreisen in starkem Maß auf nicht-urbane Destinationen an den Küsten, im Gebirge und anderen landschaftlich reizvolle ländliche Destinationen orientiert. Damals entsprach das Urlaubsverhalten noch weitgehend dem klassischen Grundmuster der „Sommerfrische" aus der ersten Hälfte des 20. Jahrhunderts. Städtereisen spielten nur eine geringere Rolle – oftmals im Rahmen von kulturtouristisch ausgerichteten Rundreisen. Seit den 1990er-Jahren ist aber nun ein deutlicher Boom des Städtetourismus zu verzeichnen.

Inzwischen finden 45 % der globalen internationalen Reisen in Städten statt – Tendenz steigend (WTTC 2018, S. 3). Dementsprechend sind es aktuell insbesondere urbane Destinationen, die nicht nur mit fortschreitend wachsenden Touristenzahlen, sondern damit einhergehend mit zunehmender Ablehnung der ebenfalls wachsenden lokalen Bevölkerung, konfrontiert sind (Koens, Postma und Papp 2018, DESTINET 2017; McKinsey 2017).

2.1 Die quantitative Zunahme des Städtetourismus

Die besonders dynamische Entwicklung des Städtetourismus seit den 1990er-Jahren wird klar deutlich, wenn die Übernachtungszahlen in der Bundesrepublik insgesamt denen in Großstädten (über 100.000 Einwohner) gegenübergestellt wird (vgl. Abb. 4). Während die Übernachtungen in der BRD insgesamt seit 1995 „nur" um gut die Hälfte zugenommen haben, verzeichneten diese in den Großstädten fast eine Verdreifachung.

Ein ähnliches Bild ergibt sich für Österreich (vgl. Abb. 4). Während dort die Übernachtungen im gesamten Land in den letzten 25 Jahren um 30 % angestiegen sind, belaufen sich die Übernachtungszahlen in Wien auf das Zweieinhalbfache.

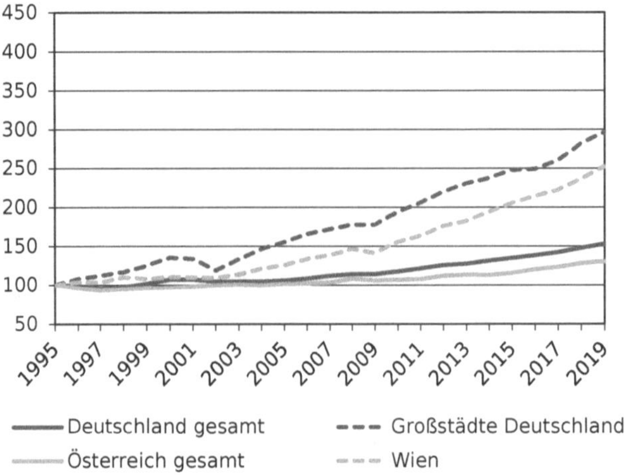

Abb. 4: Indexentwicklung der Übernachtungszahlen in Deutschland und Österreich sowie deutschen Großstädten und Wien (Quelle: Statistisches Bundesamt 2018, 2019, 2020; Statistik Austria 2020a)

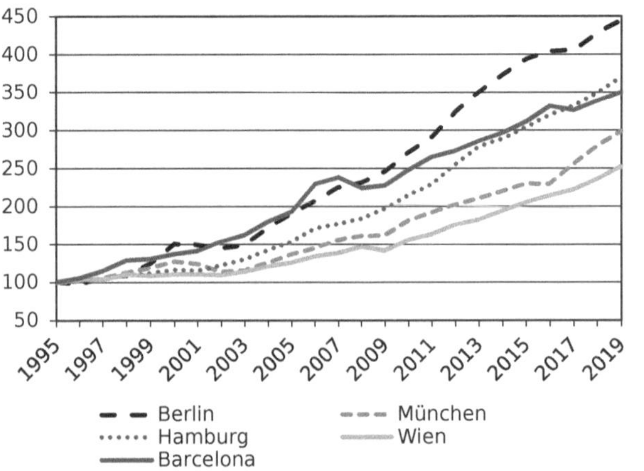

Abb. 5: Indexentwicklung der Übernachtungszahlen in den drei größten deutschen städtetouristischen Destinationen Berlin, München und Hamburg sowie Wien und Barcelona (Quelle: Amt für Statistik Berlin-Brandenburg 2020, Statistisches Amt für Hamburg und Schleswig-Holstein 2019a, 2019b, 2020, München Tourismus 2020a, Statistik Austria 2020a, Observatori del Turisme a Barcelona 2020)

Dabei sind es insbesondere die größeren Metropolen, die das dynamische Wachstum tragen. Von den drei größten deutschen städtetouristischen Destinationen verzeichnete Berlin in den letzten 25 Jahren einen Anstieg auf das Viereinhalbfache der Übernachtungszahlen und erfuhr damit eine fast als disruptiv zu charakterisierende Entwicklung (vgl. Abb. 5). Die deutsche Hauptstadt wurde nach der Wiedervereinigung bzw. insbesondere nach Verlagerung der Hauptstadtfunktion in Deutschland Ende der 1990er-Jahre von einem extremen Wachstum der Übernachtungszahlen regelrecht überrollt. Auch in Hamburg war der Anstieg auf das Dreieinhalbfache noch etwas über dem Durchschnitt der deutschen Großstädte (= Anstieg auf das Dreifache). Ähnlich hoch fällt auch die Zunahme in Barcelona aus. Ein relativ „organisches" Wachstum, das in etwa dem Durchschnitt aller deutschen Großstädte entspricht, verzeichnete München. In der gleichen Größenordnung liegt auch Wien. Dort verlief das Tourismuswachstum zwar stetig, aber weniger steil als in Berlin.

Nicht ganz so ausgeprägt ist das Phänomen der überproportionalen Zunahmen des Städtetourismus in der Schweiz. Dort betrug die landesweite Zunahme der Übernachtungszahlen in den letzten 25 Jahren nur 20 %. Auch wenn die Zuwächse in den größeren Städten Basel, Bern, Zürich und Genf höher ausgefallen sind, bewegen sie sich doch nur im Bereich von 20 % bis 130 % Zuwächse (Schweizerische Eidgenossenschaft. Bundesamt für Statistik 2020).

Mit verantwortlich für die starke Zunahme von Städtereisen in den letzten Jahrzehnten ist einerseits die Zunahme von Mehrfachurlaubsreisen. Der Anteil von Zweit- und Mehrfachreisen hat insbesondere seit den 1990er-Jahren stark zugenommen. Dieser lag Ende der 80er bei etwa einem Siebtel der in der (deutschen) Reiseanalyse erfassten Urlaubsreisen (ab 5 Tage) und stieg bis Ende der 1990er-Jahre auf etwa ein Viertel (FUR 2019, S. 21). Anderseits hat seit den 1990er-Jahren auch die Bedeutung von Kurzurlaubsreisen zugenommen. 2018 hatten etwa 60 % der bei der Reiseanalyse Befragten angegeben, mindestens eine Kurzurlaubsreise mit Übernachtung (2 bis 4 Tage) unternommen zu haben. Die Zahl der von der deutschen Bevölkerung unternommenen Kurzurlaubsreisen liegt inzwischen bei über 90 Mio. (FUR 2019, S. 19). Kurzurlaubsreisen führen auch deutlich überproportional in (insbesondere größere) Städte, allen voran die drei wichtigsten städtetouristischen Destinationen Berlin, München und Hamburg (FUR 2013, S. 53).

Als Hintergrundrahmenbedingungen des veränderten Reiseverhaltens der Konsumenten mit immer häufigeren Kurz- und Erlebnisreisen und die daraus resultierende dynamische Zunahme des – insbesondere auf die Metropolen ausgerichteten – Städtetourismus können auf der ***Nachfrageseite*** insbesondere die sozio-demographischen Entwicklungen identifiziert werden. Höhere Anteile von Ein- und Zweipersonenhaushalte ohne Kinder, absolute und relative Zunahme der 50+-Generation sowie relativ hohe verfügbare Einkommen bei einem relativ großen Teil der Bevölkerung begünstigen die Affinität zu Kurz-Städte-Trips (vgl. auch Dodds und Butler 2019). Befördert wird der Städtetourismus auch von der zunehmenden Erlebnisorientierung bei den entsprechenden Lebensstilgruppen mit der Suche nach unverwechselbaren Erlebnissen bei Kurztrips (Kagermeier 2013, Morgan, Lugosi und Ritchie 2010).

Andererseits ist auf der Angebotsseite eine erhebliche Ausweitung und Ausdifferenzierung des Angebotes als begünstigender Faktor für den Wachstumstrend anzusprechen. Das städtetouristische Angebotsportfolio vieler Städte ist seit den 1990er-Jahren durch attraktive Kultur-, Event-, Unterhaltungs- und Shoppingangebote erheblich erweitert und ausdifferenziert worden. Aber auch die in den 1990er-Jahren in vielen Städten etablierten Musical Theater haben eine Vielzahl von Kurzzeittouristen angezogen (vgl. z. B. Schmude 2003). Begünstigt wird diese Entwicklung durch Innovationen im Transportwesen – insbesondere den Low Cost Carriern (vgl. z. B. Gross und Schröder 2005).

2.2 Der New Urban Tourism als Treiber für die Overtourism-Diskussion

Neben der reinen Volumenzunahme sind im Städtetourismus in den letzten beiden Jahrzehnten aber auch qualitative Veränderungen zu beobachten, die Implikationen auf die Perzeption der lokalen Bevölkerung aufweisen. Lange Zeit war der Großteil der städtetouristischen Besucher als klassischer Kulturreisender anzusprechen, der vor allem auf den Besuch von traditionellen (hoch-)kulturellen Angeboten in Städten (historische Kirchen, Schlösser, Museen, Ausstellungen, Theater, Konzerte, etc.) ausgerichtet war (Steinecke 2007).

Dementsprechend wurde im Städtetourismus lange Zeit konstatiert, dass sich die Besucher entlang der sog. „Straße der Ameisen“ (Keul und Kühberger 1996), d. h. in relativ engen Bahnen im Umfeld der bekannten traditionellen Sehenswürdigkeiten bewegen. Dieser Bereich, in dem sich die traditionellen Städtetouristen aufhielten, wurde als sog. „Tourist Bubble" (Judd 1999, Urry 2002) bezeichnet. Die traditionellen Städtetouristen verblieben damit zumeist in einem für die Bewohner klar identifizierbaren Bereich, meist dem zentralen historischen Kern der Städte, der funktional stark auf auswärtige Besucher ausgerichtet ist und in dem sich die klassischen Attraktionen des kulturorientierten Städtetourismus befinden. Doch in den letzten Jahren wurde mehr und mehr deutlich, dass sich die Besucher nicht mehr nur im Zentrum der Stadt im Umfeld bekannter Sehenswürdigkeiten bewegen. Es ist zu beobachten, dass die Besucher zunehmend dazu tendieren, die Tourist Bubble zu verlassen und vor allem innerstädtische Wohnquartiere (Kagermeier und Gronau 2017) oder im Umbruch befindliche und sich gentrifizierende Quartiere zu frequentieren (Novy 2011, Pappalepore 2010, Kagermeier 2011b; Stors und Kagermeier 2013).

Ermöglicht bzw. erleichtert wird ein Vordringen der Besucher in Gebiete außerhalb der historischen Zentren auch durch die Sozialen Medien und die Location Based Services auf mobilen Endgeräten (Kagermeier 2011b). Die zunehmende Reiseerfahrenheit spielt auch eine Rolle. Insbesondere Wiederholungsbesucher meiden oft die touristischen Zentren und bewegen sich abseits ausgetretener Pfade, um die Stadt zu erkunden (Freytag 2010), bzw. verstärkt sog. als „Geheimtipps" empfundene Locations in anderen Stadtvierteln aufzusuchen (dwif-Consulting und Humboldt-Innovation 2017, S. 23). Das Phänomen des Verlassens etablierter und klassischer touristischer Viertel wird auch als ein Tourismus „Off the beaten track" bezeichnet (Maitland und Newman 2009). Als Überbegriff setzt sich mehr und mehr der Ausdruck „New Urban Tourism" (NUT) (Füller und Michel 2014) durch. Der Besuch von Off-the-beaten-track-Gebieten wird dabei von den Besuchern auch als Antithese zur klassischen Tourist Bubble verstanden (Pappalepore, Maitland und Smith 2010, S. 220). Dabei wird auch der Begriff der „Explorer"-Touristen verwendet, die sich als Erkundende verstehen (Stors 2014).

New-Urban-Tourism-Gebiete sind also städtische Quartiere, die in früheren Zeiten nicht intensiver von Touristen frequentiert worden sind und die dementsprechend kaum durch eine touristische Nutzung überprägt wurden (Maitland 2008, S. 22). In ihnen finden sich üblicherweise kaum nennenswerte kulturhistorische herausstechende Bauten oder für auswärtige Besucher traditionellerweise anziehende kulturelle Einrichtungen wie Museen oder größere Ausstellungen. In vielen Fällen handelt es sich um ehemalige, von unterschiedlichen Ethnien geprägte Arbeiter-Quartiere mit Gentrifizierungsprozessen wie z. B. in Berlin Kreuzberg, Neukölln, Wedding oder Prenzlauer Berg und Friedrichshain (Füller und Michel 2014, Novy 2018 sowie Novy und Grube 2018).

Gleichzeitig finden sich in solchen Gentrifizierungsquartieren – einerseits aufgrund des zu Beginn der Gentrifizierung noch relativ geringen Pachtniveau, andererseits auch im Sinne eines Selbstverstärkungsprozesses der Economies of Scope aufgrund der Fühlungsvorteile zu anderen „Kreativen" – in verstärktem Maß Akteure der Kreativwirtschaft in sog. kreativen Milieus (Pappalepore, Maitland und Smith 2010). Charakteristisch für Quartiere des NUT ist die Präsenz von Bewohnern mit ihren alltäglichen Routinen. Dies wird dementsprechend von den Besuchern als Indikator einer authentischen, nicht touristifizierten Umgebung interpretiert (Maitland 2008, S. 23).

Nun macht genau einen der zentralen Anziehungspunkte für Besucher im New Urban Tourism die Gelegenheit aus, eben nicht nur mit anderen Touristen in der relativ homogenen Tourist Bubble unterwegs zu sein, sondern sich mit Bewohnern der Stadt in heterogenen Räumen mischen zu können (Edensor 2001, S. 64).

Die Informationen über für New Urban Tourists attraktive Locations wird weniger über die klassischen Informationskanäle (Reiseführer, Reiseveranstalter, DMOs etc.) kommuniziert. Vielmehr sind es vor allem die Sozialen Medien, über die das Wissen um die als sehens- und erlebenswert eingestuften Quartiere weitergegeben wird.

Dabei suchen die NUT-Besucher – entsprechend dem Erlebnis-Konzept von Pine und Gilmore (1998) – nicht mehr prioritär passiv rezipierbare Stimuli wie dies bei klassischen kulturorientierten Städtetouristen noch weit verbreitet ist. Stattdessen wird vermehrt nach dem Erlebnis des aktiven „Eintauchens" (immersion) in entsprechende Settings gesucht. Da die Gentrifier und die NUT-Besucher ähnlichen Lebensstilgruppen angehören, bzw. ähnliche Präferenzen und Affinitäten aufweisen (Kalandides 2020, S. 253), fragen sie auch ähnliche Einzelhandelsangebote (Second-Hand-, Vintage-, stylische Boutiquen, Kunsthandwerkläden etc.) und gastronomische Angebote nach. Insbesondere die kulinarischen Angebote in entsprechenden Life-Style Cafés, Bistros, Bars und Kneipen spielen unter dem Blickwinkel der Erlebnisorientierung für die

Besucher eine große Rolle (Kagermeier 2011a). Einerseits können durch sich ergänzende Interessen von Bewohnern und Besuchern in vielen Quartieren Synergieeffekte entstehen. Die Nachfrage von Touristen kann für manche Angebote das Überschreiten der Tragfähigkeitsschwelle ermöglichen. Dadurch kann sich auch für die Bewohner das Dienstleistungsangebot erweitern. Andererseits kann aber auch die soziale Tragfähigkeit überschritten werden, wenn sich die Bewohner durch die Touristen gestört fühlen und diese nicht als positives Element in ihrem Wohnumfeld wahrnehmen. Besonders Angebote für das Nachtleben führen dabei in vielen Fällen dazu, dass die Bewohner sich von den damit verbundenen Folgen (insbesondere Lärmemissionen) gestört und irritiert fühlen.

Für den NUT können als zentrale Erlebniserwartungshaltungen zwei Motivbündel festgehalten werden: Zum einen der Wunsch der Besucher in die sogenannte Host Community einzutauchen (Pappalepore und Smith 2016; S. 90) und am Alltagsleben der städtischen Bewohner zu partizipieren. Zum anderen die Distinktion (im Sinne von Bourdieu 1984) vom klassischen Städtetouristen, d. h. keine standardisierten und oftmals wiederholten Erfahrungen des reinen „Besichtigungstourismus" zu reproduzieren, bei denen die jeweiligen Top-Highlights und städtetouristischen Ikonen „abgehakt" werden. Bei den Erlebniserwartungen der New Urban Tourists spielt eine wichtige Rolle, dass als authentisch empfundene sowie als individuell wahrgenommene Erlebnisformen favorisiert werden (Kagermeier 2013).

Unter dem Blickwinkel der Touristifizierung kommt den New Urban Tourists – vergleichbar mit der Erschließung des Westens der USA im 19. Jahrhundert – damit einerseits die Rolle von Pionieren zu. Sie schieben die „Pionier-Front" des touristischen Aktionsraums in immer weitere Bereiche der Städte. Mit dem Motiv der Distinktion und der Suche nach wahrgenommener (oftmals nur vermeintlicher) Authentizität (vgl. Xie 2010, S. 36) bereiten sie – insbesondere auch durch die Kommunikation von besonders stylisch inszenierten Fotos in den Sozialen Medien – aber andererseits den Weg vor, dass auch etwas konventioneller ausgerichtete Besucher der Stadt ebenfalls den Weg in Quartiere abseits der Tourist Bubble finden. Die sich damit beschleunigende Kommodifizierung von Angeboten führt als Push-Faktor dann zur Suche nach immer neuen, wenig touristifizierten Angeboten. In diesem Sinne gilt die vielfach zitierte und Enzensberger zugeschriebene Aussage: *„Der Tourist zerstört, was er sucht, indem er es findet"*.

Aus der Perspektive der Bewohner ist es relativ einfach, den klassischen Städtetourismus in der Tourist Bubble zu vermeiden. Dieser konzentrierte sich auf wenige, klar definierte und überschaubare Gebiete in der Stadt. Eine Vermeidung solcher zentralen Bereiche in Phasen hoher touristischer Nachfrage erlaubte es, nur wenig mit touristischen Besuchern konfrontiert zu werden. Die zunehmende Verbreitung von NUT-Aktivitätsmustern bedeutet zusätzlich zur rein mengenmäßigen Zunahme der Besucherzahlen, dass diese auch sehr viel diffuser im Stadtbereich unterwegs sind. Insbesondere in den Gentrifizierungsquartieren kommen NUT-Besucher ins Wohnumfeld der Bewohner. Damit ist eine direkte Exposition sehr viel weniger vermeidbar und Ausweichoptionen werden deutlich weniger.

2.3 Sharing Economy und Overtourism

Einer der im Zusammenhang mit der zunehmenden Verbreitung des New Urban Tourism relevanten Faktoren, die als „Enabler" und „Facilitator" wirken ist sicherlich das in den letzten Jahren deutlich gewachsene Angebot an Peer-to-Peer-Übernachtungsmöglichkeiten. Diese werden inzwischen zumeist über die Vermittlungsplattform AirBnB angeboten. Die Erlebnisversprechen von AirBnB zielen genau auf die Erwartungen von New Urban Tourists ab. Das zentrale Versprechen der Vermittlungsplattform ist, dass man als Besucher genauso Wohnen und Leben könne wie die Bewohner („Live like the Locals"). Angeboten werden bewusst keine standardisierten Unterkünften, sondern einzigartige, als authentisch dargestellte Privatwohnungen. Darüber hinaus wird versprochen, dass auch von den Gastgebern Insider-Tipps zu erhalten seien, so dass man sich auch bei seinen Aktivitäten wie ein Local in der Stadt bewegen kann und sich damit dann eben von den traditionellen Besuchern distinguieren würde (Kagermeier, Köller und Stors 2015, S. 126 oder Oskam 2020a, S. 154f.).

Unabhängig davon, dass diese Versprechen in vielen Fällen nur partiell eingelöst werden, ermöglichen Peer-to-Peer-Übernachtungsangebote abseits der Standorte gewerblicher Übernachtungsoptionen in Hotels und Hostels, welche klassischerweise meist in oder am Rande der Tourist Bubble liegen, direkt in den Wohnquartieren zu übernachten. Versprochen wird dabei (potenziell) ein intensiverer und unmittelbarerer Kontakt mit den Quartiersbewohnern. Das Alltagsleben der Bewohner wird damit als Kulisse und Setting für die eigenen Urlaubsaktivitäten genutzt.

Die Anbieter von AirBnB-Übernachtungsmöglichkeiten konzentrieren sich in den Großstädten nun meist genau in sich gentrifizierenden Wohnquartieren. Die Anbieter sind oftmals selbst hochmobile Personen mit postmodernen, flexiblen Lebensstilen und nicht-konformistischen Lebensentwürfen. Diese stellen dann in den gentrifizierten „In"-Quartieren Zimmer oder Wohnungen temporär für Besucher zur Verfügung (genauer bei Stors und Kagermeier 2017, S. 202ff.).

Anschaulich zeigt sich das Phänomen der räumlichen Konzentration von AirBnB-Angeboten am Beispiel Berlin (vgl. Abb. 6). Die AirBnB-Listings konzentrieren sich in einem Halbkreis um das Stadtzentrum in den (meist gründerzeitlich geprägten) Stadtvierteln Kreuzberg, Neukölln, Friedrichshain, Prenzlauer Berg und Wedding, d. h. genau den gentrifizierten/sich gentrifizierenden Szene- und In-Quartieren. Demgegenüber sind in den randstädtischen Stadtteilen (wie Spandau, Pankow oder Köpenick) kaum AirBnB-Angebote vorhanden. Ähnlich stellt sich die Situation in vielen anderen Großstädten dar, so z. B. auch in Barcelona (Arias Sans und Quaglieri Domínguez 2016, S. 215)

Bei Befragungen von AirBnB-Gastgebern und Gästen, die Stors im Rahmen ihrer Dissertation durchgeführt hatte, wurden auch die Motive für die Inanspruchnahme von Peer-to-Peer-Übernachtungsangeboten exploriert. Es konnte klar aufgezeigt werden, dass die Erwartungen für die Nutzung von AirBnB weitgehend übereinstimmen mit den im Kontext des New Urban Tourism identifizierten Erwartungen sind (genauer bei Stors und Kagermeier 2015a, 2015b, S. 94ff.).

Werden die Gastgeber nach den wahrgenommenen Erwartungshaltungen ihrer Gäste gefragt, spiegeln diese einerseits den Aspekt, dass nicht nur der reine Blickwinkel eines externen Besuchers, sondern eben insbesondere die Perspektive der Bewohner gesucht wird und erlebt werden möchte: *„Ich glaube schon, dass der Grund für AirBnB ist, die Stadt oder einen Ort, den man besucht aus der Perspektive eines Lokalen, eines Einheimischen zu erleben"* (Kagermeier, Köller und Stors 2015, S. 132).

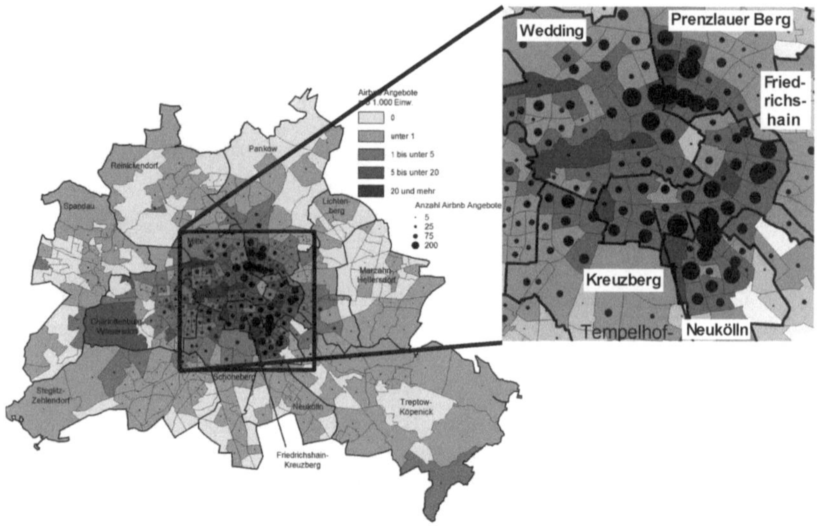

Abb. 6: AirBnB in Berlin nach „Lebensweltlich orientierten Räumen" (LOR) (Quelle: Eigener Entwurf nach Daten Skowronek, Vogel und Parnow 2015 sowie Land Berlin 2015)

Die Gastgeber spiegeln auch den Eindruck, dass sich AirBnB-Gäste in anderen räumlichen Settings – und damit auch außerhalb der klassischen Tourist Bubble – bewegen: *„Das ist auch eines der Themen, bei denen ich das Gefühl habe, dann sehen sie ein bisschen etwas anderes. Ich habe auch das Gefühl, sie sehen dann andere Stadtviertel*" (Kagermeier, Köller und Stors 2015, S. 133).

Gleichzeitig signalisieren die AirBnB-Gastgeber, dass ihre Gäste insbesondere auch ein Gefühl von Authentizität – „das wirkliche Berlin" – suchen. Dabei wird ausgeblendet, dass es sich hierbei ja um eine subjektive Perzeption und damit letztendlich oft um Projektion bzw. ein imaginiertes Konstrukt handelt: *„Aber ich glaube, sie wollen für einen relativ geringen Preis, wollen sie ebenso dieses Gefühl haben „das ist Berlin".* Da ist so ein Hostel natürlich völlig austauschbar, das immer überall gleich aussieht" (Kagermeier, Köller und Stors 2015, S. 129)

Die in Berlin befragten AirBnB-Gäste artikulieren in gleicher Weise, dass eine Übernachtung in einer „privaten" Wohnung in einem Wohnquartier ein spezifisches Erlebnis darstellt und einen anderen Zugang zur besuchten Stadt erlaubt. Von den Gästen wird auch der Eindruck gespiegelt, durch die Interaktion mit den Gastgebern der Horizont bezüglich dessen, was in der Stadt erlebt werden kann, erweitern zu können. Auch das subjektive Gefühl, etwas sei ein „Insider-Tip" wird – unabhängig davon wie belastbar die Tatsache objektiv ist – positiv bewertet. Damit wird deutlich, dass die Peer-to-Peer-Übernachtungsangebote weitgehend den Motiven der New Urban Tourists entsprechen und eine Basis für ein als distinguiert wahrgenommenes Stadterleben darstellen.

Aus Sicht der Bewohner bedeutet dies aber nun, dass sie durch die Peer-to-Peer-Übernachtungsangebote nicht nur mit New Urban Tourist in ihrem Wohnumfeld des Quartiers konfrontiert werden, sondern diese auch im privaten Bereich des gleichen Hauses, z. B. im Treppenaufgang oder den anderen Gemeinschaftsflächen auftauchen. Darüber hinaus können von Kurzzeit vermieteten Wohnungen – je nach Klientel und deren Motiven – auch nächtliche Lärmemissionen etc. ausgehen.

Die Diskussion über die AirBnB-Vermietungen im Kontext von Overtourism entzündet sich aber in starkem Maß auch an den möglichen Auswirkungen auf den Wohnungsmarkt (Focus Online 2014). Entgegen der ursprünglichen Idee der Sharing Economy, dass eben von einem selbst gerade nicht benötigte „Idling Capacity" (Botsman und Rogers 2010, S. 83) „geteilt" wird, sind insbesondere im Übernachtungsbereich inzwischen auch ein Teil der Anbieter „semi-professionell". Unter einer gewissen Pervertierung des Sharing-Gedankens entziehen sie Wohnraum dem Langzeit-Mietmarkt und widmen (teilweise explizit hierfür angemietete oder erworbene) Wohnungen aufgrund der höheren Rentabilität für Kurzzeitvermietungen über Sharing-Plattformen um (Wachsmut und Weisler 2018). Bei der Bevölkerung wird dementsprechend oftmals die Befürchtung von Verdrängungswirkungen artikuliert. Viele Kommunen gehen inzwischen auch dem Missbrauch nach und haben teilweise auch entsprechende Zweckentfremdungsverordnungen erlassen (vgl. z. B. Abel 2015 oder Brauns 2016).

Gleichzeitig kann die Diskussion etwas relativiert werden. In einer vom BMWi (2018, S. 51) herausgegeben Studie wurde deutlich, dass der Anteil von über AirBnB angebotenen Wohnungen am gesamten Bestand im Jahr 2018 in den Flächenbundesländern nur zwischen 0,03 % (Sachsen-Anhalt) und 0,18 % (Schleswig-Holstein) beträgt. Auch in Hamburg und Berlin werden nur 0,45 % bzw. 0,58 % des Wohnungsbestandes über AirBnB angeboten (und davon dann nur ein Teil dann auch ganzjährig mit Zweckentfremdungscharakter). Gleichzeitig ist aber auch festzuhalten, dass sich die Situation in manchen Stadtteilen (vgl. Abb. 6) deutlich akzentuierter darstellt. Umgekehrt entsprechen die in Berlin über AirBnB angebotenen ca. 20.000 Wohnungen nur etwa dem Volumen, das jedes Jahr aufgrund des positiven Wanderungssaldos neu an Wohnungen benötigt wird. Der Effekt einer (selbstverständlich sinnvollen) Rückumwidmung der Wohnungen für Langzeitvermietung wäre damit bereits innerhalb eines Jahres wieder aufgezehrt und brächte keine dauerhafte Entspannung des Wohnungsmarktes.

Gleichwohl wird in Berlin – ähnlich wie auch in einer Reihe anderer Städte wie Barcelona (Gebhardt 2017, Cocola-Gant 2016) oder Wien (Seidl, Plank und Kadi 2017) – ausgehend von der AirBnB-Vermietung eine intensive kritische Debatte geführt, die auch grundsätzlich die touristische Inwertsetzung urbaner Nachbarschaften thematisiert und damit inzwischen ein Teil der übergreifenden Overtourism-Diskussion geworden ist. Die Argumente im Diskurs beziehen sich auf die durch Stadtverwaltung und Stadtplanung mit induzierte Kommodifizierung der Kieze (vgl. Novy 2013, S. 277ff., Novy und Huning 2009, S. 96), oder auch eine zunehmende Lärm- und Müllproblematik (Labenski 2016; S. 192, Berlin – Bezirksverordnetenversammlung Friedrichshain-Kreuzberg 2014). Über die konkreten Implikationen hinaus wird teilweise aber auch sehr pauschalierend die These vertreten, dass der Tourismus allgemein und AirBnB im Speziellen mitverantwortlich seien für die städtische Wohnungsnot (Brauns 2016; Focus Online 2014) und Transformationsprozesse wie Gentrifizierung (Cocola-Gant 2016, Holm 2016).

Vor dem Hintergrund dieser teilweise sehr emotional geführten Diskussion soll im nächsten Kapitel zunächst einmal etwas differenzierter auf die Effekte intensiver touristischer Nachfrage als Auslöser der Overtourismus-Diskussion und der Bürgerproteste eingegangen werden.

3 Direkte und indirekte negative Effekte intensiver touristischer Nachfrage

Bevor in den späteren Kapiteln die Auseinandersetzung mit den Möglichkeiten, dem Overtourism-Phänomen zu begegnen, bzw. mit diesem umzugehen, folgt, soll in diesem Kapitel zunächst strukturiert geklärt werden, welche auslösenden Faktoren für ein Overtourismus-Empfinden bzw. die Artikulation von Unbehagen zu identifizieren sind. Obwohl auch die Besucher von Overtourism-Effekten betroffen sein können (Gedränge, steigende Preise etc.), wird hierbei vor dem Hintergrund von Gegensteuerungsansätzen vor allem die für die Bewohner relevanten Aspekte fokussiert.

Beim Phänomen Overtourism werden dabei in Anlehnung an Koens und Postma (2017, S. 9; genauer auch bei Postma und Schmücker 2017, S. 152) drei unterschiedliche Bereiche gesehen, die bei dessen Entstehung wirksam werden:

[1] Physische Tragfähigkeitsgrenze durch Crowding

[2] Direkte negative Effekte der Touristen

[3] Indirekte Effekte.

3.1 Physische Tragfähigkeitsgrenze durch Crowding

Die Überschreitung der physischen Tragfähigkeitsgrenze, d. h. die schiere Zahl der Touristen und damit die absolute Überfüllung prägt oftmals als erstes Schlaglicht die Diskussion. Diese als Crowding oder Overcrowding anzusprechende Situation (Popp 2018b), bezeichnet die Tatsache, dass die Besucherdichte so hoch wird, dass sich die Besucher nur noch in den Attraktionen drängen und die Bewohner nicht mehr ihren täglichen Wegen nachgehen können, weil sie sich nicht mehr durch die Menschenmassen zwängen können.

Während es für stationäre freizeit-touristische Attraktionen mit Zugangskontrolle wie Museen, Ausstellungen, Freizeitparks, Veranstaltungen etc. klare Kapazitätsgrenzen gibt und der Zugang entsprechend beim Erreichen dieser entsprechend gesperrt wird, besitzen Innenstädte im Normalfall keine Zugangsbarrieren. Im Zuge der aktuellen Overtourism-Diskussion hat Dubrovnik als erstes im Jahr 2017 nicht nur eine Limitierung der Kreuzfahrtanlandungen pro Tag, sondern auch ein Zugangslimit für die historische Altstadt eingeführt (Morris 2017, Reuters 2018).

Gleichzeitig werden freizeit-touristische Attraktionen nur von Besuchern frequentiert. Auch wenn diese sich bei einer zu starken Frequentierung dann nicht mehr richtig wohl fühlen, hat das normalerweise keine größeren Auswirkungen auf die Bewohner (außer wenn z. B. die Schlangen am Eingang in den öffentlichen Raum reichen). Umgekehrt wird der öffentliche Raum (insbesondere in Städten) sowohl von den Besuchern als auch den Bewohnern genutzt. Eine Überfüllung der Straßen und Plätze in Städten (wie z. B. der Markusplatz in Venedig) wirkt sich damit auch direkt auf die Bewohner aus. Wenn in manchen Städten die Dichte so hoch wird, dass das Vorankommen – insbesondere dann wenn Bewohner auf ihren alltäglichen Wegen relativ zügig unterwegs sein möchten – schwierig und manchmal fast unmöglich ist, kann das zu Stress führen und wird insbesondere von den Bewohnern als negativ wahrgenommen.

Auch wenn beim Overcrowding Limits objektiv und physisch – z. B. als Zahl der Besucher in einer Attraktion bzw. pro Flächeneinheit – fassbar sind, spielt damit selbst bei diesem Aspekt die Perzeption durch die Besucher und die Bewohner eine wichtige Rolle. Dabei ist auch zu berücksichtigen, dass die akzeptierte Dichte auch von den situativen Erwartungen der Personen beeinflusst wird. Wer eine Diskothek besucht, wird eine höhere Dichte erwarten und akzeptieren als wer den Sonnenuntergang am Meer erleben möchte. Dementsprechend sind Besucher von touristischen Hotspots tendenziell auch toleranter gegenüber einer Crowding Situation als Bewohner, die in ihrer Alltagsumgebung mit klaren Zielen und oftmals einem limitierten Zeitbudget unterwegs sind.

Unter dem Blickwinkel Overcrowding kommt dem Kreuzfahrttourismus eine besondere Rolle zu. Einerseits treten Kreuzfahrttouristen in den Hafenstandorten zumeist massiert auf, wenn viele (oft auch relativ große) Gruppen von insgesamt mehreren Tausend Kreuzfahrtpassagieren mit ähnlichen Routen sich in den (oftmals relativ engen) Gassen der historischen Hafenstädte drängen.

Abb. 7: Kreuzfahrtschiffe fassen mehrere Tausend Passagier, die massiert und in Gruppen in den Hafenstädten besonders stark wahrgenommen werden (Quelle: Eigene Aufnahme)

Einer der Gründe, warum sich die Overtourism-Diskussion in Hafenstädten an den Kreuzfahrttouristen entzündet hat, ist sicherlich auch die Tatsache, dass bei diesem Typ von Tourismus den klar wahrnehmbaren Crowding-Effekten kaum positive ökonomische Effekte gegenüberstehen. Kreuzfahrttouristen generieren keine signifikanten Umsätze und Arbeitsplatzeffekte durch ihre Übernachtungen. Auch die Umsätze in der Gastronomie und den Geschäften sind aufgrund der kurzen, meist im Gruppenkontext absolvierten Stipvisiten meist deutlich geringer als bei anderen Besuchern der Stadt. So gibt die IHK Hamburg den Umsatz pro Kreuzfahrtgast auf der Durchreise (ohne Ein- oder Aussteiger in Hamburg) nur mit 27,46 € an (2013, S. 4). Im Gegensatz dazu wird von einem Tagesbesucher (einschließlich der ca. 500.000 Kreuzfahrtgäste) im Durchschnitt 38,30 € ausgegeben. Übernachtungsgäste geben demgegenüber im Durchschnitt sogar 210,50 € in Hamburg aus (Hamburg Tourismus 2015, S. 12, wobei die Größenordnung auch für andere deutsche Metropolen gelten). Wenn sich statt acht Kreuzfahrttouristen ein Übernachtungsgast in einer Stadt aufhält, sind – bei einem Bruchteil des Crowding-Effektes – die induzierte Wertschöpfung und der Arbeitsplatzeffekt vergleichbar. Aber auch über den Kreuzfahrttourismus hinaus gilt, dass beim Tagestourismus die Wertschöpfung im Vergleich zur Kapazitätsbelastung unterproportional ist. Dies gilt insbesondere auch für attraktive Tagesausflugsgebiete im Umfeld von größeren Metropolen (wie z. B. im Alpenvorland südlich von München oder an der Nord- und Ostseeküste als Tagesausflugsgebiet der Hamburger).

3.2 Direkte negative Effekte

Neben der – auch objektiv fassbaren – reinen physischen Überfüllung von räumlichen Settings können von Besuchern auch eine Reihe von direkten negativen Effekten ausgehen. Zu den negativen direkten Effekten einer intensiven touristischen Frequentierung einer Destination zählen:

[1] Überlastete Infrastruktur

[2] Lärm und Störung durch das Verhalten der Touristen

[3] Irritation durch die Präsenz von Touristen.

Zu **[1] Überlastete Infrastruktur**: Nicht ganz klar vom Overcrowding zu unterscheiden – und mit fließenden Übergängen – können hohe Besucherzahlen über den öffentlichen Raum auf Straßen und Plätzen hinaus auch dann negative Auswirkungen auf die Bewohner haben, wenn diese die gleichen Angebote nutzen wie die Besucher. Die betrifft die entsprechende Infrastruktur. Öffentliche Verkehrsmittel können durch die zusätzliche Nachfrage von Besuchern an ihre Kapazitätsgrenzen gelangen. Überlastete öffentliche Verkehrsmittel können (zumindest in bestimmten Bereichen oder zu bestimmten Zeiten) als negative Auswirkungen für die Bewohner angesprochen werden. Gleiches gilt, wenn beide Gruppen Plätze in gastronomischen Einrichtungen oder Kulturangeboten nachfragen und die Nachfrage durch die Besucher es den Bewohnern erschwert, einen Platz in einer Gaststätte oder eine Eintrittskarte für ein kulturellen Angebot zu erhalten.

Zu **[2] Lärm und Störung durch das Verhalten der Touristen:** Stark auch mit dem Verhalten der Touristen in Zusammenhang stehen die von diesen möglicherweise ausgehenden Störungen. Hierzu zählt der Lärm, der – insbesondere nachts – vom Aufenthalt der Besucher vor allem in der Außengastronomie oder beim Unterwegs sein in den Straßen ausgehen kann. Nächtigen Besucher in Privatgebäuden, in denen sie über AirBnB oder eine anderen Sharing-Plattform eine Wohnung angemietet haben, kann die Störung von unangemessenem Verhalten im Treppenhaus oder nächtlichen Partys in der angemieteten Wohnung ausgehen. Ähnliches gilt auch für mögliche Hinterlassenschaften der Touristen (Müll oder sogar Körperausscheidungen nach exzessivem Alkoholgenuss, vgl. Abb. 8).

Abb. 8: Bewohnerprotest in Berlin gegen das nächtliche Treiben von Touristen und deren Hinterlassenschaften (Quelle: Eigene Aufnahme)

Zu [3] **Irritation durch die Präsenz von Touristen:** Das Gefühl der Störung bzw. Irritationen entstehen aber auch teilweise ohne konkrete direkte physische Emissionen. Besucher aus anderen Kulturkreisen oder anderen Lebensstilgruppen können auch als „fremd“ empfunden werden und damit als direkt störend, ohne dass von diesen (durch inadäquates Verhalten) objektiv fassbare Beeinträchtigungen ausgehen.

Vor dem Hintergrund partiell xenophober Tendenzen bei Teilen der Wohnbevölkerung wird vermutet, dass z. B. physiognomisch als aus der arabischen Welt stammend zu identifizierende Besucher*innen (Verschleierung) als störend empfunden werden. Teilweise werden diesen dann über sekundäre Rationalisierung Verhaltensmuster zugeschrieben, die konkrete Störungen bedeuten (z. B. inadäquates Sozialverhalten), um die generellen Berührungsängste zu kaschieren.

3.3 Indirekte Effekte

Das Gefühl der „Fremdheit“ in der eigenen Stadt oder im eigenen Wohnquartier ist gleichzeitig auch der Übergangsbereich zu den eher indirekten Effekten. Auch in diesem Bereich ist es – obwohl manche der Effekte auch konkret objektiv messbar sind – wieder vor allem die Wahrnehmung der Bewohner, die für die Artikulation von Irritationen wirksam wird.

Als indirekte Effekte einer intensiven touristischen Frequentierung einer Destination, die von den Bewohnern als negativ empfunden werden können, zählen:

[1] Strukturwandel im Einzelhandelsangebot

[2] Veränderungen im gastronomischen Angebot

[3] Nutzungskonkurrenz, z. B. auf dem Wohnungsmarkt.

Abb. 9: Veränderung der Geschäftsstruktur in den stark von Touristen frequentierten Straßen (Beispiel aus Bamberg) (Quelle: Eigene Aufnahme)

Zu **[1] Strukturwandel im Einzelhandelsangebot**: In Straßenzügen mit einer intensiven touristischen Frequentierung entstehen üblicherweise mehr und mehr vor allem auf die Bedarfe der Besucher ausgerichtete Dienstleistungsangebote. Entlang der sog. „Straße der Ameisen“ häufen sich Souvenirläden bzw. kunstgewerbliche Angebote (vgl. Abb. 9). Diese werden von den Bewohnern kaum nachgefragt und ersetzen früher an diesen Standorten vorhandene stärker auf den Bedarf der Bewohner ausgerichtete Geschäfte.

Oftmals wird unterstellt, dass die über eine höhere Zahlungsfähigkeit (rent paying ability) verfügenden tourismusorientierten Geschäfte klassische quartierbezogene Einzelhandelsangebote verdrängen. Auch wenn dieser Verdrängungseffekt existiert, ist es aber auch oftmals so, dass im Zuge des klassischen Strukturwandels im Einzelhandel auch ohne den

Einfluss von touristisch ausgerichteten Angeboten ein Großteil der kleinteiligen, inhabergeführten, der Quartiersversorgung dienenden Ladenlokale in den letzten Jahrzehnten aufgegeben worden sind. Hintergrund ist die verstärkte Orientierung der Bewohner auf größere, oftmals an nicht-integrierten Lagen am Stadtrand entstandene großflächige Einzelhandelsangebote bzw. auf innerstädtische Einkaufszentren und Passagen mit einem hohen Filialisierungsgrad (genauer z. B. bei Bearing Point und IIHD 2015). Die Veränderung der Geschäftsstruktur ist dementsprechend nur selten monokausal der zusätzlichen touristischen Nachfrage zuzuordnen. Gleichwohl wird durch das Verschwinden von traditionellen Geschäftslokalen für die Quartiersversorgung oftmals das Gefühl verstärkt, dass es eben nicht mehr das „eigene" Viertel ist, sondern man sich als Fremder in der eigenen Wohnumgebung fühlt.

Zu **[2] Veränderungen im gastronomischen Angebot:** Ähnlich verhält es sich auch mit dem gastronomischen Angebot, auch wenn dieses tendenziell eher als reine Souvenirläden auch von den Bewohnern wahrgenommen wird. Mit induziert durch eine zunehmende touristische Nachfrage erhöht sich einerseits oftmals das gastronomische Angebot und kann dementsprechend auch dazu führen, dass für die Bewohner ein breiteres Spektrum zur Verfügung steht. Andererseits entstehen aber oftmals auch gastronomische Angebote, die nur begrenzt von den Bewohnern nachgefragt werden. Auch passen sich bestehende gastronomische Einrichtungen in vielen Fällen der touristischen Nachfrage an, so dass sich Bewohnern oftmals in „ihren" Stammlokalen nicht mehr wohl fühlen.

Zu **[3] Nutzungskonkurrenz, z. B. auf dem Wohnungsmarkt:** So lange Übernachtungsgäste weitgehend auf gewerbliche Übernachtungsangebote in Hotels, Hostels etc. konzentriert waren, hatte dies kaum Auswirkungen auf den Wohnungsmarkt. Das Vordringen von Sharing Angeboten (vgl. Kap. 2.3) führt – bei nicht dem ursprünglichen Sharing-Gedanken entsprechenden Gebrauch – dazu, dass dem Markt Wohnmöglichkeiten für die Langzeitvermietung entzogen werden. Die Verknappung trägt dann auch zu einer Verteuerung bei.

Auch wenn dieser Effekt bezogen auf gesamte Städte insgesamt eher als gering anzusprechen ist, kann er in manchen Quartieren durchaus spürbare Auswirkungen aufweisen. Die Nutzungskonkurrenz führt dann zu entsprechenden negativen Reaktionen der Wohnbevölkerung (vgl. Abb. 10).

Abb. 10: Bewohnerprotest in Berlin-Kreuzberg gegen die wahrgenommenen Auswirkungen des Tourismus auf den Wohnungsmarkt (Quelle: Eigene Aufnahme)

Wie im Bereich des Einzelhandels gilt aber auch hier, dass die touristische Nachfrage oftmals nur einer von vielen Faktoren ist, die zu den Veränderungen beitragen. Sharing-Übernachtungsangebote finden sich vor allem in von Gentrifizierung geprägten Vierteln (vgl. Kap. 2.3). Die Touristifizierung setzt zumeist erst dann ein, wenn bereits erste Gentrifizierungseffekte sichtbar sind und damit der Prozess des Upgradings von Quartieren (mit entsprechendem Ansteigen der Wohnungsmarktpreise) bereits im Gange ist. Gerade die New Urban Tourists (vgl. Kap. 2.2) werden ja von auf die Gentrifier ausgerichteten Shopping-Optionen, entsprechenden gastronomischen Angeboten und dem historischen Ambiente mit renovierten Altbauten in (oftmals gründerzeitlichen) Vierteln angezogen (vgl. Abb. 11).

Die Tatsache, dass sich Proteste gegen ein als „Zuviel“ empfundene Touristen insbesondere in Städten artikuliert, kann neben der Dynamik im Städtetourismus in den letzten drei Jahrzehnten (vgl. Kap. 2.1) teilweise sicherlich auch darauf zurückgeführt werden, dass dort ein größerer Bevölkerungsanteil keinen direkten wirtschaftlichen Bezug zum Tourismus aufweist. Im peripheren ländlichen Raum ist das Wirtschaftssegment Tourismus mangels anderer Alternativen oftmals ein wichtiger Arbeitsmarktfaktor. Gleichzeitig kennen in stark touristisch geprägten ländlichen Räumen viele Bewohner dann eben im sozialen Umfeld auch öfter Beschäftigte in vom Tourismus abhängigen Bereichen.

Abb. 11: Gentrifizierte Gründerzeitquartiere wie der Prenzlauer Berg in Berlin werden inzwischen von vielen Touristen besucht (Quelle: Eigene Aufnahme)

Nicht übersehen werden darf aber, dass insbesondere in den sich gentrifizierenden Altstadtquartieren, die im Zuge der Gentrifizierung zuziehende Bevölkerung einen zumeist überdurchschnittlichen formalen Bildungsabschluss und dementsprechend auch eine hohe Artikulationsfähigkeit bezüglich von Irritationen und negativen Befindlichkeiten aufweist.

Insbesondere Großstädte sind starken Transformationsprozessen und damit einhergehenden Unsicherheiten und Spannungen ausgesetzt sind. Dort manifestieren sich (internationale) Kapitalverwertungsinteressen im Bodenmarkt meist intensiver als im ländlichen Raum. Gleichzeitig ist der Druck auf den Wohnungsmarkt oftmals sehr hoch. Während im ländlichen Raum meist eine höhere Eigenheimquote vorhanden ist, sind Transformationsprozesse im städtischen Mietwohnungsmarkt damit in deutlicherem Maß für die Bewohner spürbar.

3.4 Befunde zur Wahrnehmung der Auswirkungen des Tourismus in München

Am Beispiel von München, einer der drei größten deutschen städtetouristischen Destinationen (vgl. Kap 2.1 und 4.1) sollen nachfolgend einige empirische Befunde zur Wahrnehmung der möglichen Folgen intensiver touristischer Frequentierung vorgestellt werden, die aufzeigen, dass diese auch empirisch fassbar sind.

Im Rahmen eines studentischen Lehrforschungsprojekts wurden von Trierer Master-Studierenden vom 17. bis zum 21. Juli 2018 Face-to-Face-Befragungen von Besuchern und Bewohnern im Innenstadtbereich von München durchgeführt, d. h. dem Kernbereich, in dem sich ein Großteil der auswärtigen Besucher konzentrieren. Insgesamt wurden dabei 180 Personen befragt (84 Bewohner, 96 Besucher).

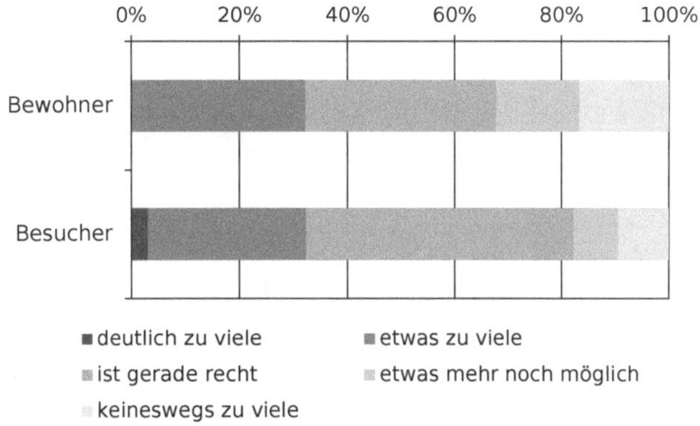

Abb. 12: Einschätzung der quantitativen touristischen Tragfähigkeit durch Bewohner und Besucher in München (Quelle: Eigene Erhebung)

Auf die Frage nach der absoluten Zahl der Besucher, d. h. nach der quantitativen Tragfähigkeitsgrenze bzw. Carrying Capacity, ab der die schiere Zahl als negativ empfunden wird, gab etwa die Hälfte der Besucher und etwa ein Drittel der Bewohner an, dass die Zahl der Touristen „gerade recht" sei (vgl. Abb. 12). Gleichzeitig merkten aber etwa ein Drittel der Bewohner und auch der Besucher an, dass die Zahl der Touristen (etwas) zu hoch sei. Umgekehrt meinten aber auch ein Drittel der Bewohner, dass München aus ihrer Sicht durchaus noch mehr Touristen „verkraften" könne. In München ist damit die rein quantitative Tragfähigkeitsgrenze aus Sicht der Mehrheit noch nicht überschritten. Gleichwohl sieht aber ein signifikanter Anteil der Befragten – und dies sowohl bei den Besuchern als auch den Bewohnern – klare Grenzen.

Auch bei der Frage, ob durch Touristen Probleme in München verursacht werden, ergibt sich ein ähnliches Bild (vgl. Abb. 13). Auch hier verneinte zwar die deutliche Mehrheit die Frage. Gleichwohl gaben insbesondere die Bewohner zu mehr als einem Drittel an, dass mit den Touristen in der Stadt Probleme verbunden seien. Dabei ist allerdings auch festzuhalten, dass sich im Vergleich zu einer Erhebung im Jahr 2014 (Namberger 2015 bzw. Namberger et al. 2019) eine leichte Zunahme abzeichnet, ohne dass dies bereits zu einem „Umkippen" der Stimmung in München geführt hätte.

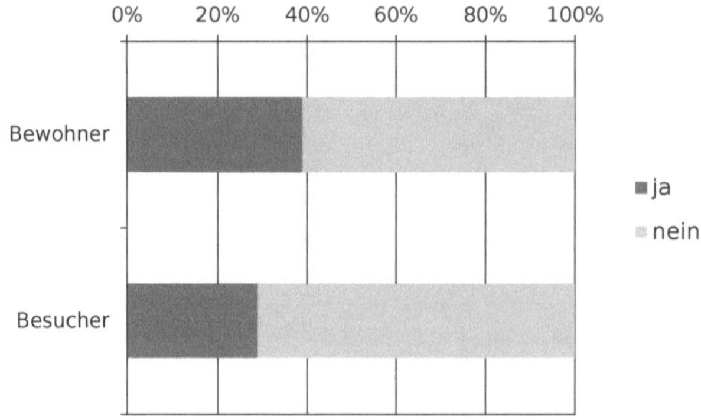

Abb. 13: Probleme durch Touristen in München (Quelle: Eigene Erhebung)

Die Antworten auf die offene Frage nach der Art der verursachten Probleme zeigen, dass insbesondere das Crowding-Phänomen als Problem angesehen wird, d. h. ein reines Zuviel an Menschen auf begrenztem Raum (vgl. Abb. 14). Dabei wurde oftmals mit angeführt, dass es vor allem der zentrale Bereich der Fußgängerzone zwischen Stachus und Marienplatz sei, der als überfüllt empfunden wird, bzw. auch die physischen Tragfähigkeitsgrenze erreicht.

Als direkter negativer Effekt der Touristen wird vor allem die Überlastung des ÖPNV angesprochen. Insbesondere die beiden S- und U-Bahn-Stationen Marienplatz und Stachus liegen eben nicht nur im zentralen touristischen Hotspot, sondern stellen auch Hauptknotenpunkte des U- und S-Bahn-Netzes dar, an dem viele Münchner*innen im Alltagsverkehr ein-, aus- oder umsteigen (ähnlich bereits Koens und Postma, 2017, S. 20). Andere direkte negative Effekte wie Lärm oder von Touristen zurück gelassener Abfall spielen demgegenüber in München keine grö-

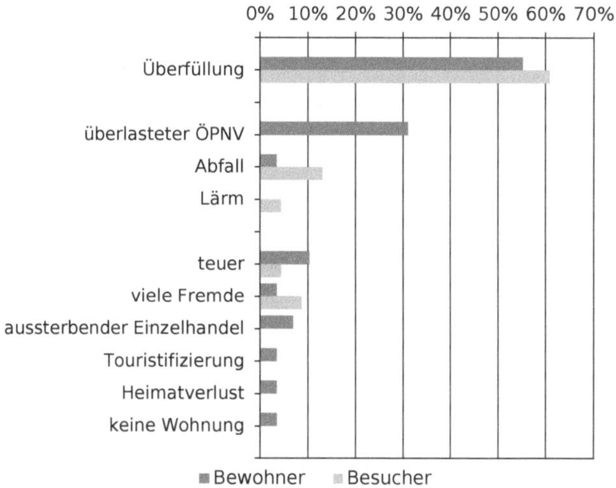

Abb. 14: Art der durch Touristen verursachten Probleme in München (Quelle: Eigene Erhebung)

Indirekte negative Effekte, wie eine Verdrängung des auf die Einwohner ausgerichteten Einzelhandelsangebots durch „Touristen-Läden", wie er in anderen Städten (z. B. Amsterdam; vgl. Kirchner 2018, Gerritsma und Vork 2017, Oskam und Wiegerink 2020, S. 97) als Problem thematisiert wird, spielen in München keine Rolle. Auch die Nutzungskonkurrenz auf dem Wohnungsmarkt, die z. B. in Berlin heftig thematisiert wird (Spiegel Online 2011; Kagermeier, Köller und Stors 2015, wurde – nur vereinzelt genannt.

Die Tatsache, dass die unter dem Begriff des Overtourism zusammen gefassten Aspekte in unterschiedlichen Destinationen teilweise ganz unterschiedlich gesehen werden, führt zur Frage nach den Wirkzusammenhängen bei der Entstehung der Overtourism-Wahrnehmung. Dementsprechend soll im nächsten Kapitel der Frage nachgegangen werden, wann aus einem „Gerade noch recht" bezüglich der Touristen ein „Zuviel" wird.

4 Wann wird aus „Gerade noch recht“ ein „Zuviel“?

In diesem Kapitel soll der Frage nachgegangen werden, wann die Situation kippt und die – insbesondere aus destinationsökonomischer Sicht positiv zu sehende – Frequentierung durch Besucher von Bewohnern als Belastung und unzumutbar eingestuft wird. Hierzu wird neben der physischen vor allem auf die perzeptuelle, soziale Tragfähigkeit abgestellt. Zu deren Fassung wird auf das Vulnerabilitäts-Konzept aus der Nachhaltigkeitsforschung zurückgegriffen.

Die Overtourism-Debatte wird stark von der Diskussion über Tragfähigkeitsgrenzen, der sog. „Carrying Capacity“ charakterisiert. Im Zentrum steht die Frage, ab wann von Overtourism gesprochen wird bzw. werden kann. Dabei sind die Kapazitäten einer touristischen Destination nicht so eindeutig quantitativ zu beziffern wie z. B. die Kapazität des öffentlichen Nahverkehrs (mit einer bestimmten Zahl von Personen pro m^2 in den Fahrzeugen). Aber auch die Kapazität eines Museums oder eines historischen Gebäudes (wie z. B. Schloss Neuschwanstein oder Schloss Versailles) lässt sich noch relativ leicht festlegen. Demgegenüber ist die subjektive „Carrying Capacity“, d. h. die Grenze der Tragfähigkeit an Touristen, die von der lokalen Bevölkerung akzeptiert wird, ein multidimensionales Konstrukt, das nicht so leicht zu fassen ist

Gleichzeitig geht die Diskussion über (sozial) verträgliches Tourismuswachstum mit der grundsätzlichen Diskussion über Grenzen des Wachstums im Tourismus einher. Festgemacht werden kann die Grenze bei Destinationen beim Eintreten einer emotionalen Wende weg von der Einbeziehung („Embracement“) und Toleranz gegenüber den Besuchern hin zum Rückzug („Withdrawal“), mit dem das Überschreiten einer (sozial) nachhaltigen Tourismusentwicklung verbunden ist (Page und Hall 2013, S. 220).

Postma und Schmücker (2017, S. 146) verstehen unter einer nachhaltigen Tourismusentwicklung in einem umfassenden Sinn vor allem auch die Akzeptanz bei der lokalen Bevölkerung. Dementsprechend ist die Einbeziehung der lokalen Bevölkerung genauso wichtig wie die Sicherung der wirtschaftlichen Funktionsfähigkeit (vgl. Kap. 6).

Neben dem Klima → Overtour / Crowding gr. Problem für die Städte

4.1 Tourismusintensität als Indikator

Mit dem Boom des Städtetourismus sind inzwischen in einigen Städten die Grenzen der physischen Belastbarkeit definitiv überschritten. Insbesondere die in den Medien immer wieder zitierten Fallbeispiele Dubrovnik und Venedig sind als Hotspots des mediterranen Kreuzfahrttourismus besonders betroffen. In Dubrovnik und Venedig kamen 2018/2019 zusätzlich zu den gut einer Million (Republic of Croatia 2019, S. 32) bzw. etwa 5 Mio. (Ufficio di Statistica della Regione del Veneto 2020) Übernachtungsgästen auch noch etwa 800.000 bzw. 1,6 Mio. Kreuzfahrtgäste als Tagesbesucher, welche die Stadt frequentierten (Medcruise 2020, S. 17).

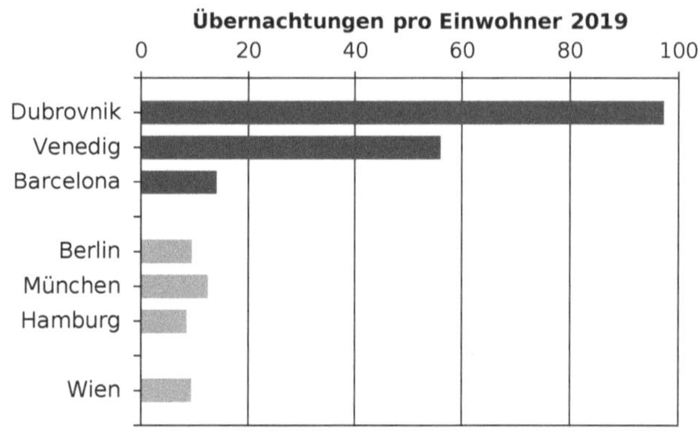

Abb. 15: Tourismusintensität in den drei mediterranen Overtourism-Hotspots Dubrovnik, Venedig und Barcelona sowie in den drei größten deutschen städtetouristischen Destinationen Berlin, München, Hamburg und Wien (Quellen: Republic of Croatia 2019, S. 32; Ufficio di Statistica della Regione del Veneto 2020, Observatori del Turisme a Barcelona 2020, S. 13; Statistisches Bundesamt 2020, Statistik Austria 2020b und Brinkhoff 2020)

In der Tourismusforschung wird neben den absoluten Werten von Besuchern und Übernachtungen insbesondere der relative Wert der Ankünfte bzw. Übernachtungen pro Einwohner verwendet um die „Tourismusintensität" auszudrücken.

Bezogen auf etwa 40.000 Einwohner in Dubrovnik und ca. 260.000 in Venedig ergibt sich dort eine Tourismusintensität (Übernachtungen pro Einwohner) von knapp 100 in Dubrovnik bzw. über 50 in Venedig (vgl.

Abb. 15; würden bei Venedig nur die etwa 80.000 Einwohner im Centro Storico und der Lagune berücksichtigt, läge der Wert dort sogar bei 180).

Mit dem Überschreiten der rein physischen Kapazitätsgrenzen werden in den beiden Städten inzwischen auch entsprechende Limitierungsansätze mit Zugangsbeschränkungen – ähnlich wie in überlaufenen Attraktionen (z. B. in Neuschwanstein oder Versailles) eingeführt (vgl. Kap. 5.3.4). Gleichzeitig wird auch der Weg einer Reduzierung der zugelassenen Kreuzfahrtschiffe beschritten, um die Zahl der wenig zur Wertschöpfung beitragenden und für das Crowding mitverantwortlich Kreuzfahrttagesgäste zu begrenzen (Morris 2017, Reuters 2018, Trancoso Gonzàlez 2018). Letztendlich handelt es sich dabei allerdings nur um eine nachträgliche Schadensbegrenzung nachdem die physischen Tragfähigkeitsgrenzen überschritten worden sind.

Im Zuge der Limitierung des Kreuzfahrtsegmentes haben beide Städte seit 2013 die Zahl der Kreuzfahrtgäste von 1,1 Mio. in Dubrovnik und 1,8 Mio. in Venedig auf 2019 800.000 bzw. 1,6 Mio. reduziert (MedCruise, 2018, S. 64f.; 2020, S. 82ff.). Damit ist festzuhalten, dass es nur in wenigen Destinationen wirklich die schiere Zahl der Besucher ist, welche die physische Tragfähigkeitsgrenze überschreitet.

Gleichzeitig ist zu konstatieren, dass sich in den meisten Fällen das Unbehagen bei der lokalen Bevölkerung äußert, obwohl die absoluten Zahlen noch keine physische Tragfähigkeitsgrenze signalisieren. Barcelona wird in den Medien häufig in einem Atemzug mit Dubrovnik und Venedig genannt (Christ 2017). Die Stadt ist mit 3,1 Mio. Kreuzfahrtpassagieren in 2019 (MedCruise 2020, S. 82) der am stärksten frequentierte mediterrane Kreuzfahrthafen. Dort waren in den letzten Jahren ebenfalls heftige Proteste gegen die Touristen zu verzeichnen (Gebhardt 2017), obwohl der Wert des Indikators Tourismusintensität (einschließlich Kreuzfahrtgästen) in Barcelona „nur“ bei 14 liegt (vgl. Abb. 15). Dieser relativ niedrige rechnerische Wert ergibt sich – wie in vielen Großstädten – bei hohen absoluten Zahlen aufgrund der größeren Mantelbevölkerung, auch wenn sich der überwiegende Teil der Besucher dann eben doch im Stadtzentrum konzentriert.

Damit bewegen sich die Übernachtungszahlen im Verhältnis zur Wohnbevölkerung in Barcelona in der gleichen Größenordnung wie in den drei größten deutschen städtetouristischen Destinationen Berlin, München und Hamburg oder auch Wien (vgl. Abb. 15). Dort liegt die Tourismusintensität – so wie in vielen anderen europäischen Großstädten auch – in einer Größenordnung von um die zehn Übernachtungen pro Einwohner (vgl. Tab. 1). Ergänzend erwähnt sei an dieser Stelle, dass die größeren Städte in der Schweiz (Zürich, Basel, Bern und Genf) deutlich weniger stark vom Städtetourismus geprägt sind. Dort liegen die Werte für den Indikator Tourismusintensität zwischen fünf und acht. Nur Luzern erreicht mit 10,1 im Jahr 2019 mit den drei deutschen Großstädten vergleichbare Werte (Schweizerische Eidgenossenschaft. Bundesamt für Statistik 2020, Brinkhoff 2020).

Dabei ist das Medienecho bezüglich der Reaktionen der Bevölkerung in den drei wichtigsten deutschen städtetouristischen Destinationen recht unterschiedlich. In Berlin hatten bereits 2011 Bündnis 90/Die Grünen Kreuzberg zu einer Veranstaltung mit dem Titel „Hilfe, die Touristen kommen" aufgerufen (Spiegel Online 2011). Seither reißt die intensive Diskussion und auch Medienberichterstattung dort nicht mehr ab (vgl. z. B. Wuchold 2014, Nibbrig, Pletl und Dietrich 2015, Labenski 2016, Sommer und Helbrecht 2017).

In Hamburg wird vom Zukunftsrat unter dem bekannten Slogan „Tourist go Home?", versehen noch mit einem Fragezeichen über den schmalen Grat zwischen touristischer Inwertsetzung und Überlastungsphänomenen diskutiert (Lanz 2018). Damit wird deutlich, dass auch dort erste Anzeichen für klare negative Begleiterscheinungen erkennbar sind (vgl. auch Postma und Schmücker 2017). Allerdings sah bei einer Befragung im Jahr 2018 nur jeder Sechste Probleme durch den Tourismus (Wybraniec 2018, S. 63).

In München wird das Thema bei einer – bezogen auf die Mantelbevölkerung – ähnlichen Relation von Übernachtungen bislang in den Medien nicht intensiver thematisiert. Touristische Wachstumsergebnisse werden in den lokalen Medien lediglich neutral vorgestellt (vgl. z. B. Hoben 2018) und von der Stadtverwaltung als weitgehend positives Phänomen kommuniziert (Landeshauptstadt München 2018b).

Damit ist zu vermuten, dass es nicht nur die absolute Zahl von Touristen ist, die bei den Bewohnern zu aversiven Reaktionen führt, sondern hier noch weitere Parameter relevant sind. Diesen soll im nächsten Abschnitt nachgegangen werden.

Vorher wird aber noch auf eine im Auftrag des „European Parliament's Committee on Transport and Tourism (TRAN)" 2018 vorgelegte Studie eingegangen, die das Phänomen Overtourism in europäischen Destinationen ebenfalls mit einer zentralen Maßzahl zu fassen suchte. Diese wird mit einer ähnlichen Logik wie die Tourismusintensität berechnet. Bei der Studie wurden 33 Destinationen ausgewählt, die aufgrund der Literaturanalyse Overtourism-Phänomene erkennen bzw. vermuten ließen und einen guten Überblick über Overtourism bezogene Phänomene in Europa darstellen sollen (European Parliament 2018, S. 80f.). Von den in die Untersuchung einbezogenen Destinationen waren 18 Städte. Für diese galt (mit einem Bezugszeitraum zwischen 2015 und 2017) nicht die Tourismusintensität als Belastungsindikator, sondern ein Wert, der „Tourism Pentration Rate“ (TPR) genannt wird. Die TPR basiert auf der ***Tourismusintensität*** (Übernachtungen pro Einwohner) wobei diese ***pro Tag*** (durch eine simple Division durch 365, sprich ohne weitere Berücksichtigung der Saisonalität) und bezogen auf 100 Einwohner (Multiplikation mit 100) berechnet wird. Für 17 von 18 der in die Städte einbezogenen dieser Städte (abzüglich der Vatikan-Stadt, da für diese keine Einwohnerzahlen verfügbar bzw. inhaltlich tragfähig wären und keine Übernachtungszahlen vorliegen) ist in Tabelle 1 nicht nur die TPR wiedergegeben. Zur besseren Vergleichbarkeit wird auch die aus den in der Studie angegebenen Ausgangswerten selbst berechnete Tourismusintensität aufgeführt.

Dabei wird zum einen deutlich, dass die – als stark frequentiert geltenden – einbezogenen europäischen Städtedestinationen (mit Ausnahme Venedigs, wobei hier in der TI die Kreuzfahrttouristen anders als in Abb. 15 nicht inkludiert sind) eine Tourismusintensität mit Werten zwischen knapp 4 und 20 (entspricht einer TPR von 1,1 bzw. 5,48) aufweisen.

Tab. 1: Tourismusintensität und Tourism Penetration Rate für in der TRAN-Studie erfasste europäische Städtedestinationen (Quelle: European Parliament 2018, S. 150ff. ergänzt durch eigene Berechnungen)

Destination	Tourismus-intensität (TI)	Tourism Penetration Rate (TPR) (nur Übernachtungs-touristen)	Tourism Penetration Rate (TPR) (einschl. Tagesbesucher und Kreuzfahrtgäste)
Brügge	18,64	5,11	16,4
Bukarest	1,56	0,43	
Budapest	5,72	1,57	
Kopenhagen	13,44	3,68	
Dublin	17,28	4,73	
Lissabon	22,10	6,05	
Luzern	16,69	4,57	32,5
Prag	13,95	3,82	
Reykjavik	17,19	4,71	
Riga	3,05	0,83	1,2
Salzburg	19,38	5,31	16,8
Stockholm	10,04	2,75	
Tallinn	9,19	2,52	4,2
Valetta	21,05	5,77	6,2
Venedig	40,43	11,08	25,3
Vilnius	3,66	1,00	
Warschau	12,73	3,49	

Die drei großen deutschen städtetouristischen Destinationen, die bei dieser Studie – ebenso wie Wien – nicht mit einbezogen worden sind, liegen dementsprechend im Mittelfeld mit einer Größenordnung der Tourismusintensität, die der von Kopenhagen, Stockholm, Tallin, Prag oder Warschau entspricht.

Deutlich geringere Werte (bezogen auf die Übernachtungsgäste) weisen von den größeren städtetouristischen Destinationen die osteuropäischen Hauptstädte Bukarest und Budapest sowie die beiden anderen baltischen Hauptstädte Riga und Vilnius auf.

Die höchsten Tourismusintensitäten ergeben sich unter den größeren europäischen Städten für Salzburg, Lissabon und Valetta (Malta) mit Werten von etwas über 20. Auch zwei weitere einbezogene Städte, deren Einwohnerzahl nur in der Größenordnungen von 100.000 liegt, Luzern und Brügge weisen mit einer Tourismusintensität von etwas unter 20 ebenfalls relativ hohe Werte auf.

Bei der Berechnung der TPR wurden von den Autor*innen der Studie in manchen Fällen, in denen hierfür Schätzungen vorhanden waren, auch die Tagesbesucher bzw. die Tagesausflüge von Kreuzfahrtpassagieren mit berücksichtigt (die TPR-Werte bezogen nur auf die Übernachtungsgäste in der Tab. 1 sind in diesen Fällen aus Gründen der methodisch klareren Vergleichbarkeit nicht der Quelle entnommen, sondern wurden separat berechnet).

Die Einbeziehung von Kreuzfahrtgästen in Riga, Tallin und Valletta ergibt, dass diese zwar merklich zur TPR beitragen, aber das „Fass nicht zum Überlaufen“ bringen.

Demgegenüber zeigt die Einbeziehung von Tagesbesuchern (bei allen Problemen der methodisch exakten Erfassung) zumindest in ihrer Größenordnung, dass diese für Städte wie Brügge, Luzern aber auch Salzburg oftmals eine Vervielfachung der sich in der Stadt aufhaltenden Touristen bedeutet. In allen drei Städten ist dementsprechend auch eine intensivere Overtourism-Diskussion virulent (vgl. für Brügge z. B. Nijs 2017, für Salzburg z. B. Siebenhaar 2019 oder ORF 2019a und für Luzern z. B. Eggli und Stock 2019).

Dabei gaben bei einer Befragung in Salzburg fast drei Viertel der Bewohner an, dass ihnen die Zahl der Touristen zu hoch ist und zwei Drittel die Innenstadt wegen der hohen Touristenzahl meiden, wobei es im Wesentlichen das Over-Crowding in den engen Altstadtgassen ist, das als störend empfunden wird (Minichberger 2019). Umgekehrt fühlen sich – bei fast identischer TPR mit Tagesbesuchern (vgl. Tab. 1) – in Brügge drei Viertel der Bewohner **nicht** von Touristen gestört (Nijs 2017, S. 77).

Auch in Venedig sind es weniger die etwa 1,6 Mio. Kreuzfahrtpassagiere (MedCruise 2020, S. 17), die neben gut 10 Mio. Übernachtungen ins Gewicht fallen – und die öffentliche Diskussion prägen. Vielmehr sind es auch in Venedig die etwa 12 Mio. (geschätzten) Tagesausflügler vom Festland (European Parliament 2018, S. 151), die dazu beitragen, dass sich die TPR mehr als verdoppelt. In diesen vier Städten wird also das Overtourism-Phänomen stark vom terrestrischen Tagesausflugsverkehr geprägt.

Neben städtetouristischen Destinationen wurden in der TRAN-Studie auch touristische Zielgebiete im ländlichen Räum einbezogen. Teilweise sind es – wie z. B. der Nationalpark Plitzwitzer Seen in Kroatien – touristische Attraktionen, die selbst über keine Übernachtungsmöglichkeiten bzw. Einwohner verfügen, bzw. touristische Ziel wie die Isle of Skye in Schottland für die keine belastbaren quantitativen Daten vorliegen (European Parliament 2018, S. 184f.).

Dabei zeigt sich, dass sich der Indikator Tourismusintensität bzw. Tourism Penetration Rate in ländlichen Gebieten aufgrund der teilweise sehr niedrigen Bevölkerungszahlen in manchen Gebieten in ganz anderen Dimensionen bewegt.

Der höchste in der Studie ermittelte Wert ergab sich für den Geirangerfjord in Norwegen mit seinen spektakulären Steinformationen, wo eine geschätzte Zahl von einer Million (vorwiegend Tages-)Besuchern pro Jahr, die zum erheblich Teil auch von den Kreuzfahrtschiffen angelandet werden, nur 215 Einwohnern gegenübersteht. Damit ergibt sich eine lokale rechnerische Tourismusintensität von gut 4.500 (European Parliament 2018, S. 178f.).

Ein Wert von über 1.000 errechnet sich auch für das Baderesort Ayia Napa auf Zypern. Auch hier resultiert der hohe Wert aus etwas vier Millionen Übernachtungen bei einer Bevölkerung von nur etwas über 3.000 Einwohnern (European Parliament 2018, S. 153f.). Noch vor dem griechischen Santorin mit einer Tourismusintensität von etwa 350 (European Parliament 2018, S. 215f.). liegt z. B. die deutsche Nordseeinsel Juist mit über 550 (European Parliament 2018, S. 186f.). Demgegenüber nimmt sich Mallorca mit einer Tourismusintensität von „nur" etwas über 50 fast bescheiden aus. Der Schwachpunkt des Indikators Tourismusintensität liegt damit vor allem auch darin, dass neben der Zahl der Übernachtungen die absolute Bevölkerung einen großen Einfluss ausübt. Und die Bevölkerungszahl von Juist ist eben mit unter 2.000 Einwohnern deutlich geringer als die von Mallorca mit knapp einer Million. Gleichwohl gibt es auf Mallorca sicherlich deutlich überlaufenere

Strandabschnitte und Viertel als auf Juist. Dementsprechend ist auch die Wahrnehmung von Overtourism – ohne dass hierfür weitergehende Untersuchungsergebnisse vorliegen würden – auf Juist sicherlich nicht zehnmal so hoch wie auf Mallorca.

Für die gesamte EU-27 ist der Eurostat-Datenbank im Mittel eine Tourismusintensität von etwa sechs Übernachtungen pro Einwohner zu entnehmen (Eurostat 2020). Dabei reicht die Spannbreite von etwa 20 Übernachtungen pro Einwohner in Kroatien und Zypern über etwas mehr als zehn in Österreich und Spanien. Bevölkerungsmäßig und flächenmäßig kleinere mediterrane Staaten sowie die Alpen als die wichtigsten Urlaubsgebiete in Europa sind damit auch bei diesem Indikator entsprechend identifizierbar. In diesen Ländern ist sicherlich auf der gesamtstaatlichen Ebene die Gefahr des Überschreitens von Tragfähigkeitsschwellen gegeben.

Daneben gibt es ein breites Mittelfeld von Staaten mit einer durchschnittlichen Tourismusintensität zwischen vier und sieben. Zu diesen zählen Italien, Portugal, Irland, Frankreich, die Niederlande, Norwegen, Schweden, Dänemark, Tschechien, Slowenien, Estland und Deutschland, sowie auch – als Nicht-EU-Land – die Schweiz. In diesen Ländern ist sicherlich kein flächenhaftes Überschreiten von Tragfähigkeitsschwellen zu vermutet. Eher „Undertourism“, sprich sicherlich noch Ausbaupotentiale zur Steigerung der regionalen Wertschöpfung sind mit Werten zwischen eins drei und für die Slowakei, Litauern, Lettland, Polen oder Rumänien zu unterstellen.

Trotz aller Problematik, die eben auch in der Ziehung des räumlichen Bezugsrahmens liegt – je weiter er gezogen wird, desto eher werden punktuelle, quartiers- oder gemeindebezogene Intensitäten eben dann in den Mittelwerten größerer Raumeinheiten „verdünnt“ – sind in Abb. 16 die Tourismusintensitäten für die Länder der EU-27 (sowie die Schengen-Staaten Norwegen bzw. Schweiz und auch noch Großbritannien und Island) dargestellt. Die bei Eurostat hierfür feinste räumliche Auflösung bezieht sich nur auf die NUTS-2-Ebene. Dies entspricht z. B. in größeren Bundesländern den Regierungsbezirken bzw. – so wie in Österreich auch – ganzen Bundesländern. In der Schweiz bezieht sich diese Ebene auf Regionen, die mehrere Kantone umfassen.

Dabei ergibt sich ein vertrautes Bild. Die mediterranen Küstendestinationen pausen sich (auch wenn im Landesinneren die Tourismusintensitäten oft geringer sind) klar durch – von den spanischen über die französischen und italienischen Küsten bis nach Kroatien und Griechenland bzw. Zypern.

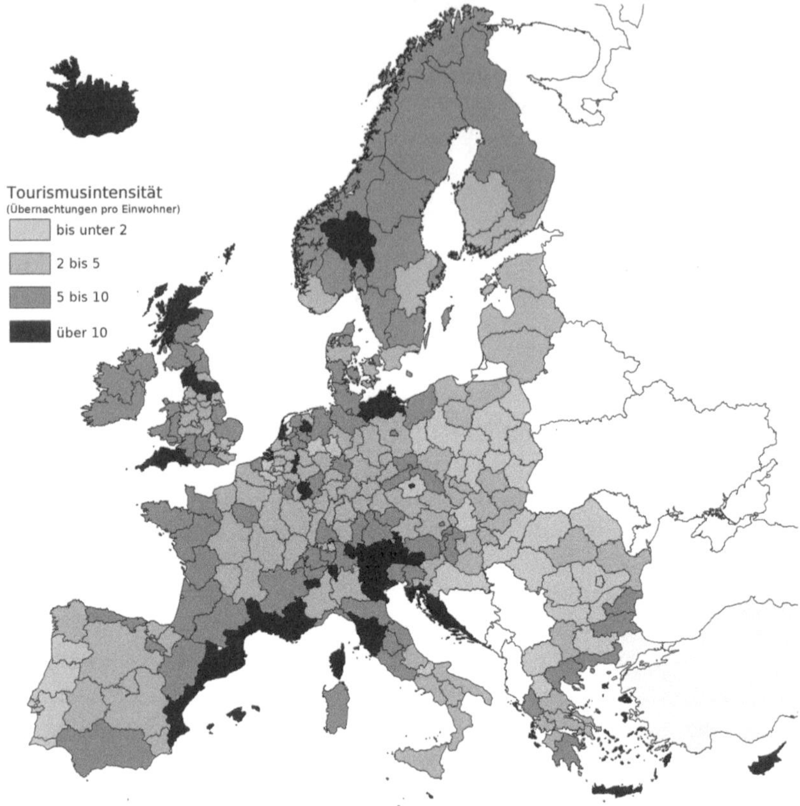

Abb. 16: Tourismusintensität in den Ländern der EU-27 (sowie Großbritannien, der Schweiz, Norwegen und Island) im Jahr auf NUTS-2-Ebene (Quelle: Eigener Entwurf auf Basis der Daten von Eurostat 2020)

Auch der Alpenraum ist relativ klar als intensiv touristisch genutzt zu identifizieren. Kleiner Schwerpunkte liegen an der deutschen Ostseeküste (NUTS-2-Region Mecklenburg-Vorpommern). Weniger auf extrem hohe Touristenzahlen als auf eine niedrige Bevölkerungszahl sind die kleineren Schwerpunkte in Norwegen, Schottland oder Island (ganz Island zählt als eine NUTS-2-Region) zurückzuführen.

4.2 Weitere quantitative, objektiv messbare Indikatoren

Die absolute Zahl der Touristen bzw. die Tourismusintensität hat sich als nicht ausreichend erwiesen, um das Entstehen von Overtourism-Diskursen zu deuten. Daher soll in einem nächsten Schritt anhand von zwei vorhandenen Studien der Frage nachgespürt werden, welche anderen quantitativen Indikatoren von objektiven Maßzahlen hierfür geeignet erscheinen. Dabei bleibt der Hauptfokus auf den bereits eingeführten Beispielstädten, um dem Zusammenhang zwischen dem Tourismusgeschehen und der Befindlichkeit der Bevölkerung weiter nachzugehen.

4.2.1 Die McKinsey-Studie für die WTTC

Im Auftrag des World Travel and Tourism Council (WTTC) hat die Beratungsfirma McKinsey 2017 versucht, quantifizierbare Indikatoren für das Overtourism Risiko zu identifizieren. Diese sind in Tabelle 2 aufgeführt.

Dabei ist das Bemühen zu erkennen, über Sekundärdaten verfügbare quantitative Indikatoren zu finden, die weltweit für eine Vielzahl von Städtedestinationen verfügbar bzw. generierbar sind. Für sechs Bereiche werden insgesamt neun Indikatoren ausgewiesen (McKinsey 2017, S. 21). Dabei wurden auf Gefährdungsskala von 1 = „gering“ bis 5 = „sehr hoch“ fünf unterschiedliche Gefährdungsstufen ausgewiesen. Allerdings handelt es sich nicht um absolute Gefährdungswerte, sondern um Quintile. Dies bedeutet, dass – unabhängig von absoluten und intersubjektiv nachvollziehbaren Belastungsgrenzen – abhängig von der relativen Verteilung der Werte in den insgesamt 68 einbezogenen Städtedestinationen – jeweils ein Fünftel in der höchsten Risikogruppe bzw. der niedrigsten Risikogruppe eingestuft worden sind (McKinsey 2017, S. 52).

Tab. 2: McKinsey-Kriterien zur Abschätzung von Overtourism-Risiko (Quelle: McKinsey 2017, S. 21)

	Kennzahl	Definition
Gesamtkontext	Bedeutung des Tourismus	Anteil des Tourismus am BIP und an der Beschäftigung
	Wachstum der Ankünfte	Zunahme der Touristenankünfte
Entfremdung der Bewohner	Tourismusdichte	Besucherzahl pro Quadratkilometer
	Tourismusintensität	Anzahl der Besucher pro Einwohner
verschlechterte touristische Erfahrung	negative TripAdvisor-Bewertungen	Anteil der „schlechten" oder „schrecklichen" Bewertungen unter den Top-Attraktionen
überlastete Infrastruktur	Saisonalität	Unterschied der Ankünfte zwischen höchstem und niedrigstem Monat
	Konzentration der Attraktionen	Anteil der Bewertungen, die auf 5 Top Attraktionen entfallen
Schäden an der Natur	Luftverschmutzung	jährliche mittlere Feinstaub-Partikelkonzentration
Bedrohungen für Kultur und kulturelles Erbe	Überhandnehmen historischer Stätten	Anteil der Top 20 TripAdvisor-Attraktionen, die historische Stätten sind

Im Bereich **„Gesamtkontext"** wird für den Indikator ***„Bedeutung des Tourismus"*** der BIP-Anteil bzw. der Arbeitsmarktanteil des Tourismus sowie die Wachstumsgeschwindigkeit der Ankunftszahlen verwendet. Abgesehen davon, dass die beiden Parameter (direkter) Anteil am BIP und Anteil an den Beschäftigten unterschiedliche Werte aufweisen (so beträgt der direkte Anteil am BIP in Deutschland 4,4 % und der direkte Anteil an den Beschäftigten 7,0 %; vgl. Kap. 1.1), sind die sich aus den Quintilsgrenzen ergebenden Werte sicherlich auf ihre Tragfähigkeit zu hinterfragen. So würde ein Beschäftigungsanteil von 7 % bereits die zweithöchste Gefährdungsstufe bedeuten. Ab dem Wert von 8,5 % wird dann (für ein Fünftel der erfassten Städte) die höchste Gefährdungsstufe vergeben (Alle Grenzwerte aus McKinsey 2017, S. 22). Dementsprechend werden sowohl Berlin als auch München (vgl. Abb. 18) der mittleren Gefährdungsstufe zugeordnet. Nachvollziehbarer erscheint die Einstufung von Venedig und Dubrovnik in die höchste Gefährdungsstufe (vgl. Abb. 17). Sobald die Stadtökonomie fast ausschließlich vom Tourismus abhängt, wird diese sicherlich verwundbarer bei volatilen Nachfrageschwankungen (wie dies sich ja 2020 im Kontext der COVID-19-Krise des Tourismus wieder einmal gezeigt hat).

Damit wird zwar letztendlich über diesen Indikator die Abhängigkeit vom Tourismus abgebildet. Welche Aussagekraft er für die Overtourism-Gefährdung besitzt muss allerdings dahingestellt bleiben.

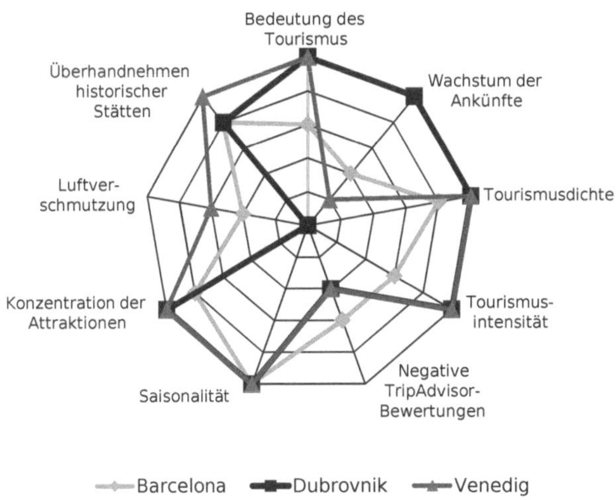

Abb. 17: Overtourism-Gefährdungspotential nach quantitativen Kriterien von McKinsey für Barcelona, Dubrovnik und Venedig (Quelle: Eigener Entwurf nach McKinsey 2017, S. 54f.)

Dabei ist auch nicht ganz nachvollziehbar auf welcher Basis die Daten berechnet werden. So ergibt sich z. B. für Berlin auf der Basis der Angaben von Berlin Tourismus & Kongress GmbH (2017, S. 6) zu den Beschäftigungseffekten des Tourismus und der IHK-Berlin (2016, S. 9) zu den Erwerbstätigen im Jahr 2016 ein Anteil der Beschäftigten im Tourismus von 12,7 % für diese Stadt. Dies entspräche der höchsten Risikostufe. Nur dann, wenn lediglich die Erwerbstätigen im Gastgewerbe (Amt für Statistik Berlin-Brandenburg 2020c, T5) verwendet werden, erklärt sich das Ergebnis in der mittleren Risikostufe (4,5 % bis 6,0 %).

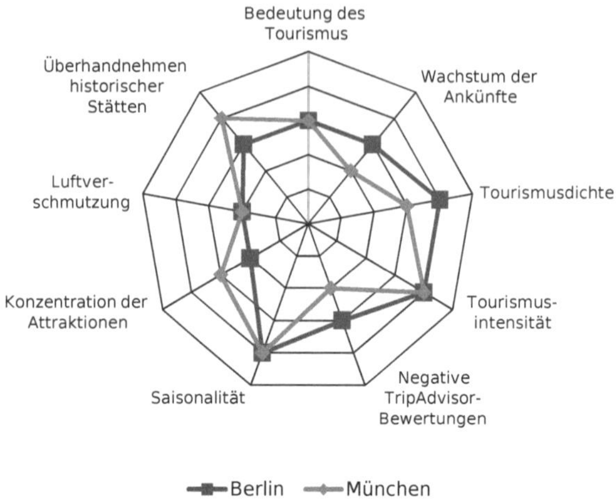

Abb. 18: Overtourism-Gefährdungspotential nach quantitativen Kriterien von McKinsey für Berlin und München (Quelle: Eigener Entwurf nach McKinsey 2017, S. 54f.)

Bei den Einteilungen der ***„Wachstumsraten der Ankünfte“*** zwischen 2011 und 2016 (McKinsey 2017, S. 21), ergibt sich aus der Verteilung bei den 68 einbezogenen Städten die Einstufung in die höchste Risikogruppe ab einer durchschnittlichen jährlichen Zunahme von mehr als 7,7 %. In dieser höchsten Risikogruppe liegt Dubrovnik (vgl. Abb. 17), auch wenn bereits erwähnt wurde (vgl. Kap. 4.1), dass dort inzwischen durch Restriktionen hinsichtlich der Zahl zugelassener Kreuzfahrtschiffe ein Rückgang erzielt werden konnte. In die niedrigste Risikogruppe bei diesem Indikator wird Venedig eingestuft – auch wenn nicht klar ist, ob hier die auf den Schiffen übernachtenden Kreuzfahrtgäste mit einbezogen worden sind. München und Barcelona (vgl. Abb. 17 und Abb. 18) werden in die zweitniedrigste Risikostufe (2,0 % bis 3,9 % jährliches Wachstum) eingeordnet, während die Zunahme in Berlin, die in Kapitel 2.1 als fast disruptiv charakterisiert worden ist, in die mittlere Risikogruppe (4,0 % bis 6,1 %) eingestuft wird (vgl. Abb. 18). Bei dieser Einstufung bleibt angesichts des berücksichtigten Zeitraums außer Acht, dass insbesondere in Barcelona die Entwicklung vor 2011 besonders dynamisch war und auch in Berlin (wo sich die ersten Proteste bereits 2011 formierten) das erste Jahrzehnt des 21. Jahrhunderts starkes Wachstum verzeichnete (vgl. Abb. 5 in Kap. 2.1).

Im zweiten Bereich **„Entfremdung der Bewohner“** erscheint der Indikator ***„Tourismusdichte“*** fast stärker auf die Besuchererfahrung als auf die der Bewohner ausgerichtet zu sein. Hier wird die (in der offiziellen Statistik fassbare) Zahl der Ankünfte von Übernachtungsgästen in gewerblichen Einrichtungen verwendet. Damit werden die Tagesbesucher ebenso ausgeblendet wie Gäste des sog. VFR-Segments (= Visiting Friends and Relatives), das ebenfalls bis zur Hälfte der Übernachtungsgäste in Großstädten ausmachen kann (vgl. z. B. Berlin Tourismus & Kongress GmbH, 2017, S. 8; Landeshauptstadt München 2012, S. 9). Gleichzeitig wird dieser Wert bezogen auf die Fläche, die von den Top 10 der jeweiligen Stadt in TripAdvisor aufgespannt wird. Betrachtet man z. B. die TripAdvisor Top 10 in München (vgl. Abb. 19), wird deutlich, dass neben den klassischen Highlights im historischen Kern der Stadt auch weiter außerhalb liegende Attraktionen – wie z. B. Schloss Nymphenburg, die Allianz Arena des FC Bayern, der Olympiapark und die BMW-Welt – dazu gehören (vgl. Abb. 19).

Die Top 10-Attraktionen bilden also keine kontinuierliche flächenhaft genutzte Tourist Bubble, sondern sind von Diskontinuitäten geprägt, welche mechanistisch generierte Dichtewerte verzerren. Ähnliches gilt für Berlin mit seiner polyzentrischen Struktur, die stark auch noch von den beiden Stadtzentren der Teilungsphase geprägt ist (zwischen denen der Tierpark liegt, der damit auch in die Flächenberechnung eingeht), sowie dem exzentrisch liegenden Schloss Charlottenburg oder der East Side Gallery.

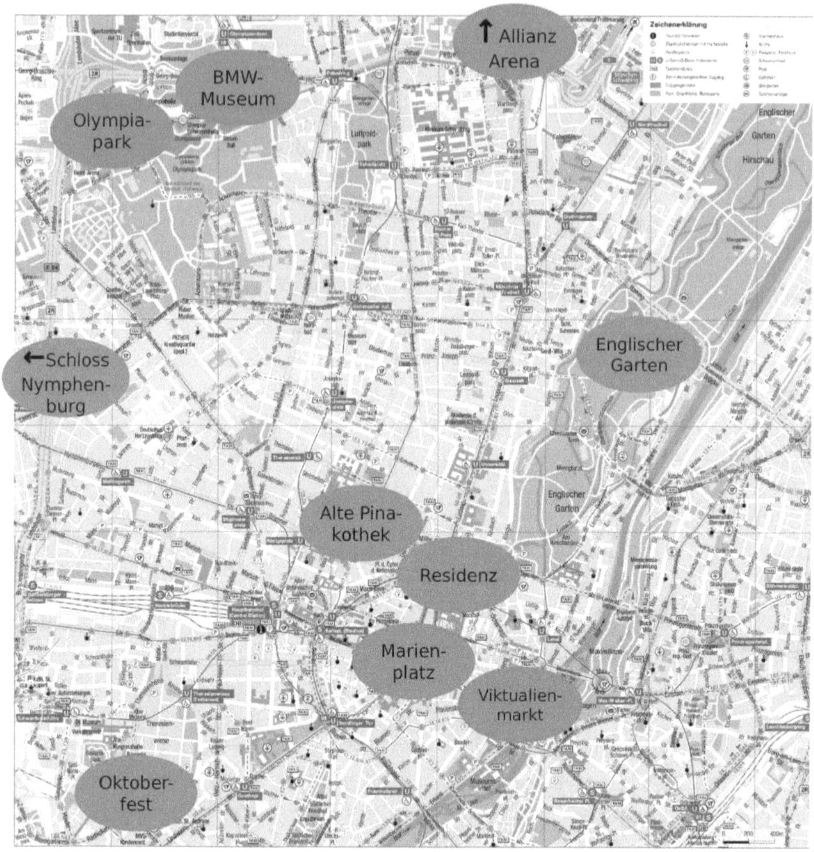

Abb. 19: TripAdvisor Top 10 Highlights in München (Quelle: Eigener Entwurf unter Verwendung einer Basiskarte von Landeshauptstadt München 2015 und TripAdvisor 2020c)

Ebenfalls enthalten in diesem zweiten Bereich ist der Indikator ***„Tourismusintensität“***. Dieser wurde aufgrund der häufigen Verwendung im Kontext von Belastungsdiskussion ja bereits in Kapitel 4.1 eingeführt. Anzumerken ist, dass er methodisch bedingt keine Tagesbesucher und keine Übernachtungen im VFR-Segment einbezieht. In der McKinsey-Studie werden die Ankunftszahlen (in gewerblichen Übernachtungseinrichtungen) in Verhältnis zu den Einwohnerzahlen gesetzt. Da die Präsenz von Besuchern aber auch von deren Aufenthaltsdauer beeinflusst wird, war in Kapitel 4.1 für diesen Indikator auf die Übernachtungszahlen (und damit auch die Zahl der Präsenztage von Besuchern) verwendet worden. Dass Dubrovnik und Venedig (auch aufgrund der relativ geringen Bevölkerungszahlen) bei dieser Kategorisierung ebenfalls in die höchste Gefährdungsstufe (über 5,3 Übernachtungen pro Einwohner) eingeordnet werden überrascht nicht. Barcelona, Berlin und München liegen alle in der zweithöchsten Risikostufe. Allerdings ist aufgrund der konkreten Verteilung der absoluten Zahlen der Wertebereich in diesem Quintil mit 2,8 bis 5,3 Ankünften pro Einwohner sehr groß.

Ausschließlich auf die Besucher zielt der Bereich **„Verschlechterte touristische Erfahrung"** ab (vgl. Tab. 2). Für diesen wurde lediglich ein Indikator „Negative TripAdvisor-Bewertung" ausgewertet. Entsprechend der relativen Verteilung der Werte im Sample wird bereits ab 2,8 % negativer Bewertungen das höchste Overtourism-Risiko ausgewiesen. Dabei wird dann z. B. auch Marrakesch in die höchste Overtourism-Risiko-Gruppe eingestuft. Ein qualitativer Blick in die Bewertungen zeigt aber, dass es bei den negativen Bewertungen nicht nur das Crowding-Gefühl aufgrund der hohen Besucherdichte ist, das zu schlechten Ratings führt. Vielmehr sind es oftmals auch Erfahrungen, die mit den Händlern in den Souks, falschen „Guides" oder den rücksichtslosen Mopeds der Einheimischen gemacht werden: *„Not a pleasant place with pestering shopkeepers and motorbikes coming at you from both directions". „If you dare stop to check your map, they will jump in with offers to guide you then walk you around the Souks". "It's a tourist trap and you are the cash cow!"* (TripAdvisor 2020a). Bei den negativen Erfahrungen handelt es sich damit um Aspekte, die wenig direkt mit Overtourism zu tun haben, sondern teilweise auch mit Unsicherheiten des Verhaltens in einem anderen Kulturkreis bzw. einer sehr offensiven Adressierung von vermeintlich reichen Touristen aus dem Globalen Norden durch Händler und andere vom Tourismus lebende Personen vor Ort. Auch wenn es sich damit sicherlich um einen – bereits seit Jahrzehnten diskutierten – negativen Effekt der Kommodifizierung des Tourismus im Globalen Süden handelt, ist der Bezug zur Overtourism-Diskussion nur marginal.

Polyvalent auf die Bewohner und die Besucher bezogen sind der Bereich **„Überlastete Infrastruktur"**. Hierfür werden die ***„Saisonalität"*** (Verhältnis der Ankünfte an den Flughäfen im stärksten und schwächsten Monat) sowie die ***„Konzentration der Attraktionen"*** (ausgedrückt als Anteil der Bewertungen der Top 5 Attraktionen) verwendet. Bei den

Ankünften an den Flughäfen sind auch die Flugreisen der lokalen und regionalen Bevölkerung mit enthalten. Damit werden – je nach Bevölkerungszahl im regionalen Einzugsgebiet – die Besuchsaktivitäten nicht so klar abbildet wie bei den Ankünften oder Übernachtungen in Übernachtungseinrichtungen. Gleichzeitig beginnt die höchste Gefährdungsstufe beim Wert von 1,36 (McKinsey 2017, S. 22), d. h. im stärksten Monat werden ein Drittel mehr Ankünfte an den Flughäfen registriert wie im schwächsten Monat. Dies ist der Fall in den drei mediterranen Destinationen Dubrovnik, Venedig und Barcelona. Die beiden deutschen Städte Berlin und München landen in der zweithöchsten Risiko-Stufe (mit einem Verhältnis zwischen höchsten und niedrigsten Ankunftszahlen von 1,29 bis 1,36). Damit erscheint dieser Indikator Saisonalität nicht wirklich geeignet, ein Overtourism-Risiko angemessen abzubilden.

Auch der Aspekt „***Konzentration der Attraktionen***“ berücksichtigt weder die absoluten Besucherzahlen noch die Kapazität. Eine gleiche Zahl von Besuchern kann in einer flächenmäßig beengten Attraktion ganz anders empfunden werden als in einer weitläufigen Schlossanlage wie Nymphenburg oder Sanssouci. Auch hängt die Konzentration von der Zahl der in TripAdvisor aufgeführten Attraktionen ab (bei nur 5 Attraktionen insgesamt in einer Destination wäre der Wert immer automatisch 100 %). Dementsprechend liegen die beiden kleinere Städte Dubrovnik und Venedig in der höchsten Risiko-Stufe (mit mehr als 36 % Anteil), während Barcelona – sicherlich eben auch aufgrund der größeren Zahl von Attraktionen in der zweithöchsten Risiko-Stufe landet (33 % bis 36 %). Ähnlich stellt es sich bei München (mittlere Risikostufe) und Berlin (zweitniedrigste Stufe) dar. Die Zahl der touristisch relevanten Attraktionen in Berlin ist eben größer als in München und damit auch die „Verdünnungswirkung“.

Ebenfalls etwas dubios wirkt der Bereich **„Schäden an der Natur“**. Hier wird als Indikator ohne weiter Begründung der Indikator ***„Luftverschmutzung“*** verwendet. Dieser wird operationalisiert als (für die meisten der berücksichtigten Städte, aber z. B. nicht für Dubrovnik verfügbaren) Konzentration von Feinstaub-Partikeln in der Luft. Inwieweit dieser Indikator Schäden an der Natur repräsentiert, erscheint zumindest fraglich. Gleichzeitig trägt der touristisch bedingte Verkehr nur zu ganz wenigen Prozentpunkten zur Feinstaub-Immission bei. Der Indikator kann damit nicht auf das Overtourism-Risiko für die Bewohner abzielen. Inwieweit er das Besuchererlebnis beeinträchtigt, sei zumindest für die meisten europäischen Städte dahingestellt.

Der letzte Bereich **„Bedrohung für Kultur und kulturelles Erbe"** wird versucht, anhand des Indikators ***„Überhandnehmen historischer Stätten"*** zu fassen. Dieser wird als Anteil von historischen Stätten gefasst, die bei den Top 20 TripAdvisor Bewertungen enthalten sind. Auch hier wird das städtetouristische Profil der Städte nicht angemessen berücksichtig. Dass – mit Ausnahme Berlins – die vier anderen in Abb. 17 und Abb. 18 dargestellten Städte in den beiden höchsten Risiko-Gruppen liegen (34 % bis 36 % bzw. über 36 %) liegt eben zum Teil auch an deren kulturhistorischen Portfolio. Das Spektrum der in TripAdvisor für Berlin unter den Top 20 gerankten Attraktionen ist demgegenüber deutlich breiter, und umfasst z. B. auch den Friedrichstadt-Palast, die East Side Gallery, den Tiergarten oder den Zoo (TripAdvisor 2020b).

Insgesamt muss damit dieser Versuch, auf der Basis von weltweit mittels Desk-Research abrufbaren oder ermittelbaren scheinbar objektiven und quantifizierbaren Indikatoren Overtourism zu fassen als zumindest teilweise dilettantisch und nur partiell geeignete Parameter verwendend eingestuft werden. Dass die WTTC sich hinter diese Befunde stellt, wirft auch nicht unbedingt ein positives Bild auf diese.

Neben der bereits in Kapitel 4.1 thematisierten Tourismusintensität erscheint nur der Indikator der Wachstumsgeschwindigkeit als tragfähig.

Wie bereits in Kapitel 2.1 thematisiert, unterscheiden sich die Wachstumsraten zwischen den in Abb. 5 betrachteten fünf Städten mit einer ähnlichen Tourismusintensität deutlich. Barcelona und Berlin hatten – ausgehend von einem relativ niedrigen absoluten Niveau – in den letzten 25 Jahren seit 1995 eine durchschnittliche jährliche Zunahme der Übernachtungszahlen von 10,41 % bzw. 14,34 % zu verzeichnen (Observatori del Turisme a Barcelona 2020, Amt für Statistik Berlin-Brandenburg 2020a). In beiden Städten haben sich (vgl. Kap. 4.1) intensive Overtourism-Diskussionen entzündet. In München wurde das Wachstum mit immerhin noch 8,28 % (München Tourismus 2020a) als fast „organisch" eingestuft. Dort ist bislang noch keine intensive Diskussion über Overtourism zu beobachten, auch wenn sich in jüngerer Zeit erste Hinweise auch in den Medien finden, dass zumindest im Bahnhofsviertel inzwischen die Hoteldichte von der Bevölkerung als zu hoch empfunden wird (Krass 2019). Eine Mittelposition zwischen München und Berlin nimmt Hamburg ein – sowohl hinsichtlich der Wachstumsraten (11,27 %; Statistisches Amt für Hamburg und Schleswig-Holstein 2019a, 2019b, 2020) als auch von in den Medien sichtbaren Diskussionen über Overtourism oder Befunden aus wissenschaftlichen Studien (vgl. z. B. Beyer et al. 2017 oder Reif 2019). Damit kann die Hypothese formuliert werden, dass ein langsameres, quasi „organisches" Wachstum der Besucherzahlen in einer Art Lernprozess die Anpassung der lokalen Bevölkerung begünstigt, während bei stärker disruptiven Entwicklungen dieser Anpassungsprozess nicht mehr wirksam wird. Bei einer aktuell gleichen oder ähnlichen Tourismusintensität kann die Empfindlichkeit der lokalen Bewohner auf diesen Stimulus durchaus unterschiedlich ausfallen. Neben der Ist-Zustandsaufnahme, die über die Tourismusintensität gefasst wird, sprechen die Befunde dafür, dass der diachrone Aspekt ebenfalls eine Rolle spielt.

Auch bei Expertengesprächen (vgl. Kagermeier und Erdmenger 2019, S. 80ff.) wurden rasante bzw. fast als disruptiv anzusprechende Zuwächse als ein Aspekt identifiziert, der die Sensibilität der Bevölkerung deutlich negativ beeinflusst.

4.2.2 Roland Berger: "Protecting your city from overtourism"

Allerdings scheint der Zusammenhang nicht ganz so monokausal zu funktionieren, wie das Beispiel Wien zeigt. Dort sind (wiederum bei hohen absoluten Ausgangswerten) in den letzten 25 Jahren durchschnittliche Steigerungen von „nur" 6,33 % zu verzeichnen gewesen (Statistik Austria 2020a). Gleichwohl ist auch in Wien in jüngerer Zeit die Diskussion über Overtourism aufgeflackert (ORF 2019b, Siebenhaar 2019), auch wenn durchaus klar gemacht wird, dass die Verhältnisse nicht vergleichbar wären mit den mediterranen Kreuzfahrt-Hotspots und nach Umfrageergebnissen noch neun von zehn Wienern dem Tourismus positiv gegenüberstünden (Zach 2020).

Gleichwohl hat die Österreichische Hoteliervereinigung (ÖHV) das Beratungsunternehmen Roland Berger 2018 beauftragt, eine vergleichende Studie in 52 europäischen Städten mit dem programmatischen Titel „Protecting your city from overtourism" durchzuführen. Ziel war es sicherlich, die Verhältnisse in Wien auch zu relativeren und entsprechend für Akzeptanz zu werben. Dementsprechend wird beim Bericht über die Vorstellung der Studie auch der Wiener Tourismusdirektor mit der Aussage zitiert: "Wir haben in Wien kein Overtourism-Problem"

(VIENNA ONLINE 2018), so dass dementsprechend das Ziel der Tourismusstrategie Wiens die Erhöhung der Wertschöpfung sei.

Auch bei dieser Studie wurde der Indikator Tourismusintensität als zentraler Maßstab für den Nachfragedruck verwendet. Gleichzeitig wurde diesem Wert für jede Stadt in einer Matrix auch das Preisniveau in den gewerblichen Übernachtungseinrichtungen gegenübergestellt und in einer Vier-Felder-Matrix abgebildet. Damit sollte auf den Aspekt der ökonomischen Wertschöpfung abgestellt werden (vgl. Abb. 20).

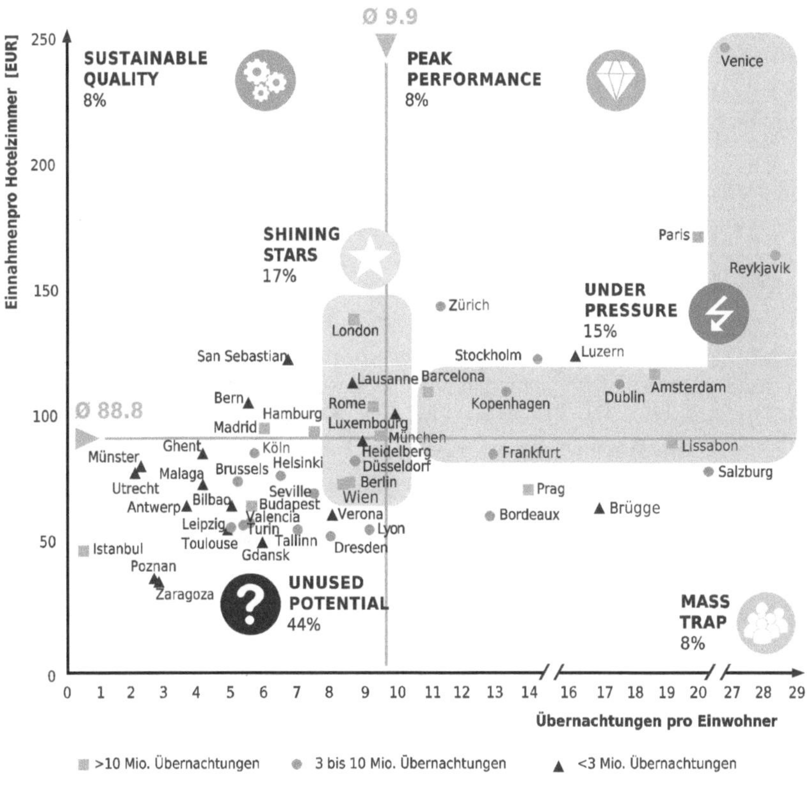

Abb. 20: Einstufung von 52 europäischen Städten nach Tourismusintensität und Hotelpreisniveau
(Quelle: Eigene Bearbeitung unter Verwendung von Roland Berger 2018, S. 8)

Die Einteilung in die vier Quadranten erfolgt (wie bei solchen Darstellungen oftmals praktiziert) auf der Basis der Mittelwerte, so dass diese nicht weiter inhaltlich begründet wird. Gleichwohl wird auch bei dieser Studie implizit unterstellt, dass die Werteverteilung eine inhaltliche Aussage ermöglichen würde. Bei der Vorstellung der Studie wurde von einem „optimalen Verhältnis" um die Mittelwerte herumgesprochen (VIENNA ONLINE 2018). Städte, die bezüglich der Tourismusintensität und des Hotelpreisniveaus in etwa im Bereich des Mittelwerts (der einbezogenen Städte) liegen werden als „Shining Stars" bezeichnet. Unter diesem Blickwinkel wird Wien – zusammen mit (den anderen, über mehr als 10 Mio. Übernachtungen aufweisenden Städten) Berlin, London, München und Rom als Stadt mit „*healthy and sustainable levels of tourism*" eingestuft (Roland Berger 2018, S. 9). Dabei meint „healthy" wohl „ökonomisch gesund" und „sustainable" zielt auf die Akzeptanz ab.

Städten mit unterdurchschnittlicher Tourismusintensität und unterdurchschnittlichen Hotelpreisen wird „Unused Potential" zugesprochen (Dresden und Köln liegen in diesem Quadranten). Städten mit unterdurchschnittlicher Tourismusintensität und überdurchschnittlichem Preisniveau wird „Sustainable Quality" attestiert (in dieser Kategorie liegen z. B. Hamburg und Bern). Der Quadrant mit überdurchschnittlichen Werten bei der Tourismusintensität und unterdurchschnittlichen Werten bei den Hotelpreisen wird als „Mass Trap" (Massenfalle) bezeichnet. Salzburg und Prag liegen zum Beispiel in diesem Quadranten. Entsprechend dem Ziel, die Wertschöpfung durch das Abstellen auf eher höherpreisige Angebote zu erhöhen, werden Städte mit überdurchschnittlicher Tourismusintensität und überdurchschnittlichem Hotelpreisniveau als „Peak Performance" eingestuft. In diese Kategorie fallen Zürich, Luzern aber auch Stockholm und Paris.

Auch bei dieser Studie wird die Frage nach Grenzen der touristischen Nachfrage gestellt. Im Quadranten „Peak Performance" wird (dargestellt durch den grauen Bereich und den Blitz in Abb. 20) ein Bereich ausgewiesen, der „Under Pressure" genannt wird. Hier werden z. B. Barcelona und Venedig (Dubrovnik war nicht bei der Studie berücksichtigt) mit eingeordnet, aber auch Amsterdam, Kopenhagen und Dublin werden hier mit zugeordnet. Allerdings bezieht sich die Einstufung als „Under Pressure" nicht auf die Artikulation der Bewohner oder der Besucher. Vielmehr erfolgt die Zuordnung, wenn die Zunahme der Touristenzahlen hoch ist und gleichzeitig die Wertschöpfung stagnierende Tendenzen aufweist (Roland Berger 2018, S. 9). Die etwas einseitige Ausrichtung auf den ökonomischen Aspekt und den hohen Wert welcher der Wertschöpfung zugewiesen wird, belegt die Verwunderung der Autor*innen hinsichtlich der Zuordnung von Venedig zu diesem Bereich gefährdeter Destinationen veranschaulicht: „*Most notable on the city front is Venice, whose categorization as 'Under pressure' is perhaps unexpected bearing in mind it shows the highest value creation and a very high tourism density*“ (Roland Berger 2018, S. 9). Implizit wird damit unterstellt, eine hohe Wertschöpfung könnte den Overtourism abmildern oder verhindern.

Unabhängig von den methodischen Schwächen und manchen inhaltlichen „Scheuklappen“ der beiden vorgestellten Studien, bleibt festzuhalten, dass in beiden als wohl relativ valider Indikator die Wachstumsgeschwindigkeit identifiziert worden ist. Diese kann neben der Tourismusintensität mit dazu beitragen, Overtourism-Gefährdungen zu deuten.

4.2.3 Grenzen von objektiven Indikatoren

Allerdings – und es ist weiter oben bereits am Beispiel von Wien angeklungen – sind diese beiden Indikatoren auch nur begrenzt tragfähig, um tragfähige Prognosen zur realen Overtourism-Wahrnehmung durch die Bevölkerung vorzunehmen. Als Beispiel soll auf die oberfränkische Stadt Bamberg Bezug genommen werden. Dort hat in den letzten 25 Jahren die Zahl der Übernachtungen um das 1,8-fache von knapp 300.000 auf etwa 750.000 zugenommen (vgl. Abb. 21).

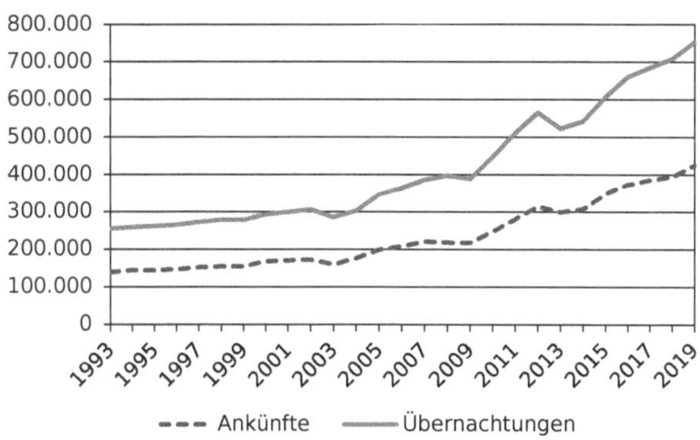

Abb. 21: Entwicklung der Ankünfte und Übernachtungen in gewerblichen Übernachtungseinrichtungen in Bamberg (Quelle: Eigene Darstellung nach Daten: Bayerisches Landesamt für Statistik 2020)

Damit liegen die Zunahmen in der gleichen Größenordnung wie der Durchschnitt der deutschen Großstädte (vgl. Abb. 4 in Kap. 2.1) bzw. München (vgl. Abb. 5 in Kap 2.1). Auch wenn Bamberg 1993 zum UNESCO-Weltkulturerbe erklärt worden ist, hat diese Ausweisung nicht zu einer signifikant ausgeprägten Beschleunigung der Zunahme an Übernachtungsgästen geführt, wie dies im Zusammenhang mit einem solchen Prädikat oftmals befürchtet wird. Die Zunahme erfolgte relativ gleichmäßig ohne markante Brüche. Die Tourismusintensität beträgt 9,7 (Übernachtungen pro Einwohner) im Jahr 2019. Auch dieser Wert ist dem von München relativ ähnlich.

Für Bamberg liegen aus einer Studie von Wittig (2017b) Befragungsergebnisse vor, die mit denen aus München (vgl. Abb. 12 in Kap. 3.4) vergleichbar sind. Dabei wird deutlich, dass die subjektive Einschätzung des touristischen Geschehens durch die Bamberger Bevölkerung bereits im Jahr 2016 deutlich kritischer als die der Münchner*innen (vgl. Abb. 22).

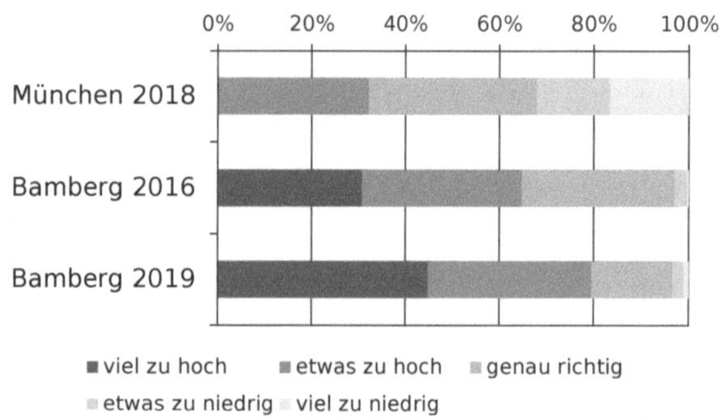

Abb. 22: Einschätzung der quantitativen touristischen Tragfähigkeit durch Bewohner in München und Bamberg (Quellen: Eigene Darstellung nach eigenen Erhebung für München 2018, Wittig 2017, S. 8 für Bamberg 2016 und Heger 2020, S. 1 für Bamberg 2019)

So bewerteten 2016 bereits etwa ein Drittel der befragten Bamberger*innen die Zahl der Besucher als „viel zu hoch“ und ein weiteres Drittel als „etwas zu hoch“ und brachte damit mehrheitlich zum Ausdruck, dass die quantitative Tragfähigkeitsgrenze aus ihrer subjektiven Sicht überschritten ist. In Bamberg meinte auch nur ein knappes Drittel, dass die Zahl der Besucher gerade recht sei, während in München zwei Drittel die Zahl als gerade recht oder auch noch steigerungsfähig ansahen (ähnlich dwif 2018a, S. 118 und 2019, S. 12). 2019 wurde die Befragung mit gleicher Fragestellung von der BAMBERG Tourismus & Kongress Service online nochmals durchgeführt. Dabei zeigt sich – auch wenn die Ergebnisse aufgrund unterschiedlicher Stichprobenziehung nicht vollkommen vergleichbar sind – dass die ablehnenden Positionen deutlich zugenommen haben.

Allerdings ist in Bamberg 2006 eine neue Flusskreuzfahrtanlegestelle mit einer Kapazität von bis zu neun Flusskreuzfahrtschiffen gebaut worden. In der Folge sind in den letzten Jahren die Zahl der Flusskreuzfahrtpassagiere (die nicht in den offiziellen Übernachtungsstatistiken mit enthalten sind) auf etwa 140.000 angestiegen (vgl. Abb. 23). Dabei erfolgte – wie in vielen anderen Flusskreuzfahrtstädten entlang der gleichen Route an Donau und Main (vgl. Hentschel 2015, S. 3) in den Jahren 2013 bis 2015 ein markanter, sprunghafter Anstieg.

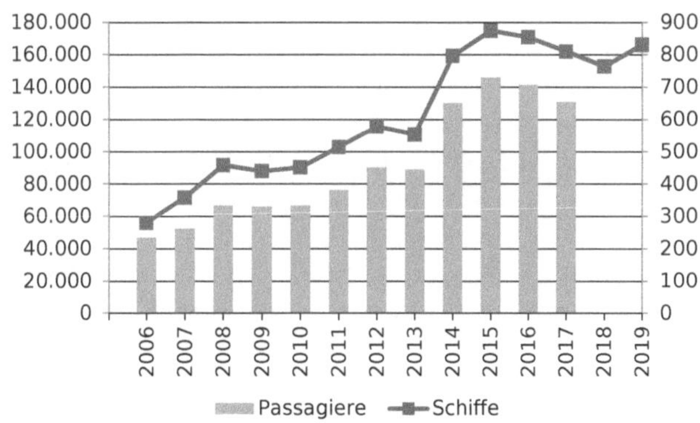

Abb. 23: Entwicklung der Zahl der Kreuzfahrtschiffe und der Kreuzfahrtpassagiere in Bamberg (Quellen: Eigene Darstellung nach Daten von BAMBERG Tourismus & Kongress Service 2018 und Bayernhafen Bamberg 2020)

Auch wenn – bei unterstellten 140 Saisontagen damit zwar nur etwa 1.000 zusätzliche Besucher in die Bamberger Innenstadt kommen, entzündet sich die Overtourism-Diskussion vor allem auch an den Kreuzfahrtpassagieren. So nehmen 2017 etwa 80 % der Bamberger Bevölkerung Straßen und Plätze als überfüllt wahr (Wittig 2017b, S. 10). Im Rahmen einer Masterarbeit hatte Hentschel ermittelt, dass sich bereits im Sommer 2015, d. h. unmittelbar nach den markanten Anstieg ein gutes Drittel der Bamberger Einwohner von Flusskreuzfahrtgästen gestört fühlen (Hentschel 2015, S. 15).

Da dabei mit nur ca. 28 € Ausgaben pro Gast (Hentschel 2015, S. 5) wenig an ökonomischer Wertschöpfung generiert wird, bedeuten diese Gäste aus Sicht der Bamberger*innen *„keinen nennenswerten Mehrwert für den Einzelhandel und die Gastronomie, da zu kurze Aufenthaltsdauer“* (Hentschel 2015, S. 16). Aber insbesondere das massierte Auftreten der Kreuzfahrtgäste stört die Bamberger*innen: *„Der Bustransfer mit Halt an der Promenade ist ein großer Missstand. Teilweise blockieren mehr als 5 Busse auf einmal den wichtigen innerstädtischen Verkehrsknoten. Anschließend hunderte hochbetagte Amerikaner etc. auf einmal die Fuß- und Radwege auf der wichtigen innerstädtischen Verbindung der Langen Straße“* (Hentschel 2015, S. 17). Dabei wird insbesondere die Gruppengröße moniert: *„Durch die Technik der ‚head-sets‘ werden viel zu große Gruppen gebildet mit zu wenig Gästeführern. Dadurch ist schon das erste Erscheinungsbild lächerlich und Gassen/Plätze werden blockiert“* (Hentschel 2015, S. 18).

Umgekehrt wird aus der Perspektive der Kreuzfahrtgäste das Aufenthaltserlebnis in Bamberg kaum negativ beeinträchtigt. Bei einer Befragung von Hentschel 2015 haben neun von zehn Flusskreuzfahrtgästen ihren Eindruck von der Stadt (auf einer 4er-Skala von sehr gut bis sehr schlecht) als „gut“ oder „sehr gut“ angegeben (vgl. Abb. 24). Damit wird die Situation aus Sicht der Besucher kaum als Overcrowding wahrgenommen. Gleichzeitig scheint auch das Unbehagen über die Kreuzfahrtgäste nicht bei diesen „anzukommen“. Auf eine entsprechende Frage, wie zufrieden die Passagiere mit der Freundlichkeit der Bevölkerung seien (ebenfalls eine 4er-Skala von sehr zufrieden bis sehr unzufrieden) sei, gaben ebenfalls knapp 90 % ihre Zufriedenheit zum Ausdruck. Da der Kontakt mit dem Reiseleiter separat (in der Fragenreihenfolge vorher) abgefragt wurde, dürfte dieser also nicht mit subsummiert sein. Dabei kann nicht ausgeschlossen werden, dass auch der Kontakt mit dem Busfahrer beim Transfer vom Hafen mit einfließt, bzw. die ggf. gemachten Kontakte mit Bamberger*innen, denen sie in ihrer beruflichen Rolle (als Verkäufer*in oder Bedienung) begegnet sind. Auch wenn im Rahmen einer geführten Stadtbesichtigung die Kontakte mit der Bamberger Bevölkerung sicherlich lediglich oberflächlich sein können, ist doch festzuhalten, dass sich die Mehrheit der Kreuzfahrtpassagiere in Bamberg nicht unwillkommen fühlen.

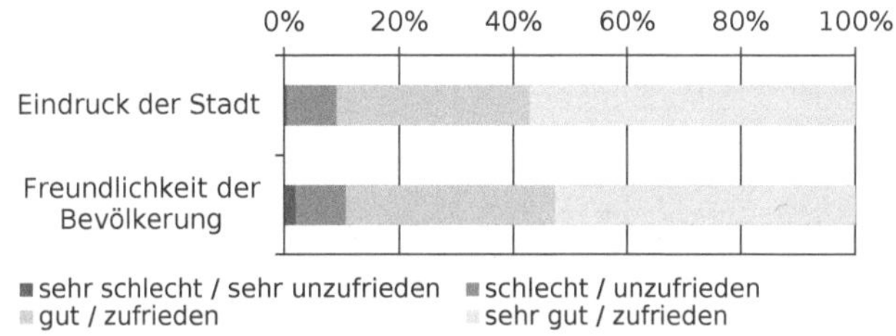

Abb. 24: Eindruck der Stadt und Zufriedenheit mit Bevölkerung aus Sicht der Kreuzfahrtpassagiere in Bamberg (Quelle: Eigene Darstellung nach Daten: Hentschel 2015, S. 7ff.)

Vom dwif werden die Tagesgäste in Bamberg (einschließlich Kreuzfahrtgäste) mit jährlich 7,8 Mio. angegeben (dwif 2018b, S. 6). Damit machen die etwa 140.000 Kreuzfahrtgäste nur 1,8 % der Tagesbesucher aus. Die Tatsache, dass diese als so störend wahrgenommen werden, liegt sicherlich an der Massivheit von deren Auftreten. Nicht nur die Gruppengröße, sondern auch die zeitliche und räumliche Konzentration auf wenige Highlights während ihres meist drei bis vierstündigen Aufenthaltes (Hentschel 2015, S. 18) in der Stadt kann als Erklärung für die überproportionale Störungswahrnehmung gesehen werden. Darüber führen die Hauptwege auf der „Straße der Kreuzfahrt-Ameisen“ durch zumeist relativ enge mittelalterliche Gässchen (vgl. Abb. 25).

Abb. 25: Enge Gassen in der Bamberger Altstadt führen bereits bei relativ geringen Besucherzahlen zu Overcrowding-Wahrnehmung (Quelle: Eigene Aufnahme)

In Bamberg – wie auch in vielen anderen historischen Städten mit einem mittelalterlichen Grundriss weisen die Straßen nur niedrige Straßenquerschnitte auf. Dort ist dementsprechend – wie z. B. auch in Amsterdam oder Kopenhagen – die Overcrowding Gefahr relativ hoch.

Demgegenüber liegt ein großer Teil des touristisch relevanten Kernbereichs in München außerhalb der mittelalterlichen Altstadt. Die Stadterweiterungen des 19. Jahrhunderts sind als weitläufige Residenzstadt mit großzügigen Prachtstraßen und Plätzen angelegt worden. Hierzu zählt auch der sogenannte Englische Garten als große innerstädtische Parkanlage in direkter Innenstadtnähe, der ebenfalls zu einer gewisse Entzerrung der Besucherströme führt. Damit ist das historische Zentrum flächenmäßig deutlich größer als in räumlich stärker beengten Städten. Dementsprechend verteilen sich die Touristen auch auf eine größere „Tourist Bubble", die sowohl das Museumsquartier in der Maxvorstadt, als auch die (aufgrund der entsprechend kaufkraftstarken Lebensstilgruppen bereits früh) gentrifizierten Viertel Haidhausen oder Gärtnerplatzviertel mit ihrer gehobenen Gastronomie umfasst, die sowohl von den Bewohnern als auch den Besuchern frequentiert werden.

Es ist damit festzuhalten, dass standardisierte Messwerte von objektiven Parametern des Tourismus eben nur sehr partiell geeignet sind, die Overtourismus-Gefährdung angemessen abzubilden. Zwar vermitteln die beiden Indikatoren „Tourismusintensität" und „Wachstumsgeschwindigkeit" als relativ leicht aus der amtlichen Statistik zu ermittelnde Größen zumindest erste Anhaltspunkte. Bei gleichen oder ähnlichen Ausprägungen dieser Indikatoren kann aber die Vehemenz von aversiven Artikulationen bei der lokalen Bevölkerung große Unterschiede aufweisen. Damit spielt die subjektive Wahrnehmung – teilweise auch im Wechselspiel mit weiteren Gegebenheiten – wohl eine zentrale Rolle für das Entstehen von Overtourism.

Da diese nicht klar mit objektiven Kennwerten korrespondiert und damit nicht einfach aus diesen abgeleitet werden kann, wird im nächsten Abschnitt der Fokus stärker auf die direkte Fassung der subjektiven Wahrnehmung (insbesondere bei den Bewohnern) gelegt. Letztendlich zeigt sich an dieser Stelle auch, dass die Overtourism-Begriffsfassung der UNWTO, die ja auch die Perzeption der Besucher und der Bewohner abgestellt hat (vgl. Kap. 1.2), eben nicht einfach durch Sekundärdaten abgebildet werden kann. Vielmehr sind für eine valide Fassung des

Overtourism-Phänomens eben sozialwissenschaftliche Ansätze mit einzubeziehen.

4.3 Wahrnehmung negativer Auswirkungen

Die Tatsache, dass sog. objektive Kriterien wie die Tourismusintensität scheinbar nur begrenzt geeignet sind, um das Entstehen von Overtourism-Reaktionen zu deuten, legt nahe, dass es vor allem auch die Perzeption der lokalen Bevölkerung ist, die für die unterschiedlichen Reaktionen und Artikulationen relevant wird. Dabei ist aufgrund der bisher vorgestellten Befunde klar festzuhalten, dass die Perzeption der Überschreitung subjektiver Tragfähigkeitsgrenzen deutlich niedrigere Schwellenwerte aufweist als bei der Verwendung von reinen Crowding- oder Tourismusintensitätswerten. Allerdings ist das Wechselspiel zwischen dem konkreten Volumen der Präsenz von Besuchern in einem räumlichen Setting und der Perzeption des Tourismusgeschehens weder monokausal noch linear.

4.3.1 Betroffenheit als relevante Größe

Einer der Einflussfaktoren auf die Perzeption ist sicherlich die Betroffenheit der jeweiligen Personen. In einer Befragung zum Overtourism in München wurde von dwif eine Frage gestellt, die (wenn auch etwas anders formuliert; vgl. Abb. 22 in Kap. 4.2.2) letztendlich auf die soziale Carrying Capacity abzielt. Die Antworten auf die Frage an die Bewohner „Wie soll sich der Tourismus in München aus Ihrer Sicht entwickeln?" wurden dabei differenziert nach den Wohnstandorten ausgewertet.

4.3.1.1 Rolle des Wohnstandortes

Dabei überrascht es nicht, dass Bewohner der Innenstadt – wenn auch auf relativ niedrigem Niveau – tendenziell zu etwas höheren Anteilen ein leichtes Sinken der Besucherzahlen wünschen (vgl. Abb. 26). Allerdings ist anzumerken, dass immerhin noch ein Drittel der Innenstadtbewohner ein (leichtes) Wachstum der Touristenzahlen befürwortet (ähnlich bei Wittig 2017, S. 25 für Bamberg).

Hinter diesen Unterschieden steht sicherlich die Intensität des konfrontiert Seins mit der konkreten Präsenz von auswärtigen Besuchern in der Stadt. Ein Blick auf die Verteilung der Übernachtungen im gewerblichen

Übernachtungseinrichten nach den einzelnen Münchner Stadtbezirken (vgl. Abb. 27) zeigt deutlich die bereits mehrfach erwähnte Konzentration auf den zentralen Innenstadtbereich, die sich letztendlich auch in der Konzentration von Hotels und Hostels in den um den mittelalterlichen Stadtkern liegenden Vierteln spiegelt.

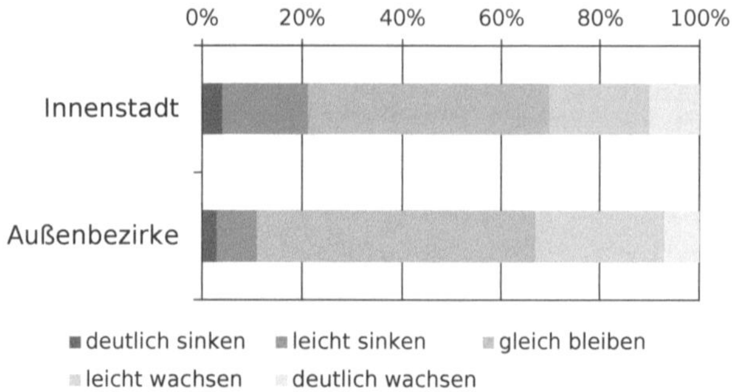

Abb. 26: Gewünschte quantitative Entwicklung des Tourismus in München nach Wohnstandort (Quelle: Eigene Darstellung nach Daten: dwif 2019, S.13)

Der Schwerpunkt der Übernachtungen liegt in dem (südlich des Hauptbahnhofs gelegenen) Bezirk Ludwigsvorstadt-Isarvorstadt sowie Altstadt-Lehel (mit einer Tourismusintensität von über 50 Übernachtungen pro Einwohner im Jahr). In den anderen Innenstadtbezirken Maxvorstadt, Au-Haidhausen, Schwabing (-Freimann) und Bogenhausen werden mit Werten zwischen 10 und 50 auch überproportionale Tourismusintensität registriert.

Demgegenüber liegt die Tourismusintensität in vielen Außenbezirken unter 2 bzw. unter 5. So werden im Stadtbezirk Feldmoching-Hasenbergl oder Allach-Untermenzing pro Einwohner nur etwas mehr als eine Übernachtung pro Einwohner und Jahr realisiert. Die Wahrscheinlichkeit, bei Aktivitäten in seinem eigenen Viertel auswärtige Übernachtungsgäste zu treffen ist dort damit deutlich geringer als bei Bewohnern von innerstädtischen Vierteln und Bezirken.

Auch wenn Tagesgäste methodisch deutlich weniger leicht fassbar sind, spricht vieles dafür dass sich diese ebenfalls (außer sie haben aus beruflichen Gründen in der jeweiligen Stadt zu tun) stark auf die Innenstädte konzentrieren.

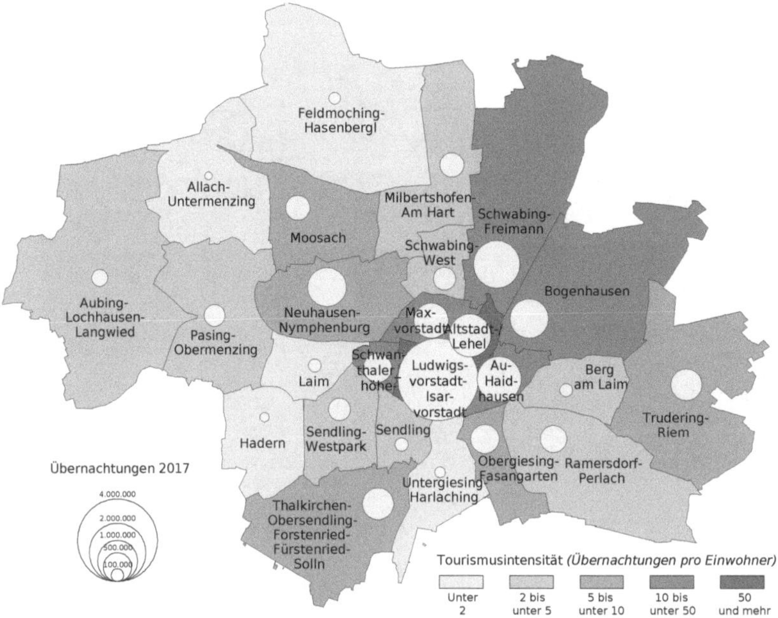

Abb. 27: Übernachtungen und Tourismusintensität in München nach Bezirken 2017 (Quelle: Eigene Darstellung nach Daten: Zednik 2018 und Landeshauptstadt München 2018a)

Aus einer GPS-Tracking-Studie von Reif (2019) liegen Daten vor über das aktionsräumliche Verhalten von Tagesbesuchern in der Stadt Hamburg (vgl. Abb. 28). In der Darstellung wird deutlich, dass – abgesehen von den Hauptzufahrtswegen (beginnend mit der Ausfahrt des Elbtunnels nördlich der Elbe im Westen des Kartenausschnitts) – sich die meisten GPS-Tracking-Punkte auf den Kern der Innenstadt, den Hafen und die Hafen-City konzentrieren.

Abb. 28: GPS-Trackpoints von Hamburger Tagesausflüglern (12:00 bis 18:00) (Quelle: Reif 2019, S. 271)

Didaktisch noch deutlicher wird es auf einer sog. Chrono-Map dargestellt. Je länger Zeit an einem bestimmten Koordinatenpunkt verbracht wird, desto größer wird dessen Fläche dargestellt. Das Ergebnis für die gleichen Tracking-Points in einer anderen Form der Darstellung ist in Abb. 29 wiedergegeben.

Damit wird noch klarer deutlich, dass sich Tagesbesucher fast ausschließlich in den vier Vierteln Neustadt (mit Neuer Wall und Jungfernstieg), Altstadt (mit Fußgängerzone Mönckebergstraße), Hafencity und St. Pauli aufhalten.

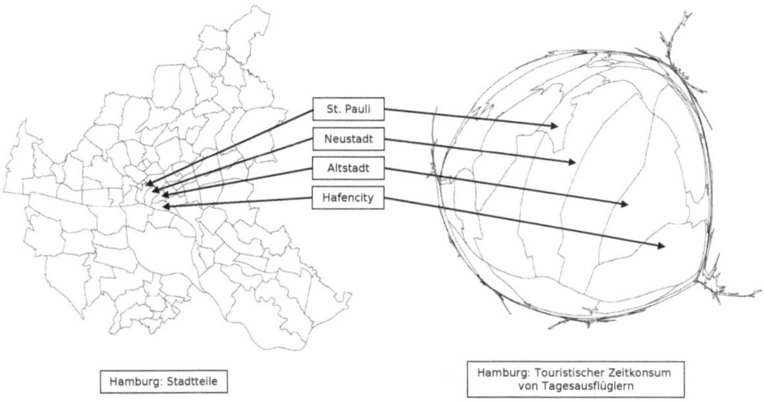

Abb. 29: Chronomap: Touristischer Raum-Zeitkonsum von Tagesausflüglern in Hamburg (Quelle: Reif 2019, S. 274)

Dass das Störungsempfinden schwerpunktmäßig bei den Bewohnern von zentralen Stadtbezirken vorhanden ist, zeigt auch eine Erhebung aus Berlin aus dem Jahr 2017. Hierzu zunächst ein darstellungsmethodischer Hinweis: 2000 wurden dort die ursprünglich 23 Bezirke zu 12 „Groß“-Bezirken zusammengefasst. Diese umfassen teilweise sehr unterschiedliche „Alt“-Bezirke, so z. B. der neue Groß-Bezirk Mitte die drei Alt-Bezirke Mitte, Wedding und Tiergarten oder der neue Groß-Bezirk Pankow den Innenstadtbezirk Prenzlauer Berg und die Außenbezirke Weißensee und Pankow. Aus inhaltlichen Gründen wurde bei der Darstellung von der Berlin Tourismus & Kongress GmbH die Datenpräsentation auf der Basis von Teil-Bezirken (d. h. in der Abgrenzung von 2000) präferiert. Dementsprechend sind in Abb. 30 die Ergebnisse auf Teilbezirksergebnisse widergegeben.

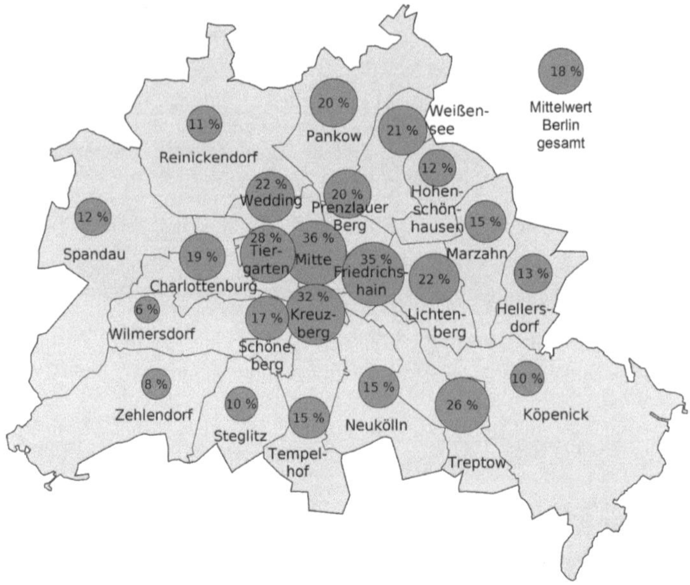

Abb. 30: Prozentanteil der Berliner, die sich von Touristen gestört fühlen nach Wohn-Bezirken (Quelle: Eigene Darstellung nach Daten: Berlin Tourismus & Kongress GmbH 2017, S. 7f.; Bezirksgrenzen Stand 2000)

Dass das Störungsempfinden bei den Bewohnern des Bezirks Mitte mit über einem Drittel am höchsten ist, überrascht wenig. Dort konzentrieren sich die klassischen Attraktionen in der Tourist Bubble des Städtetourismus: Brandenburger Tor, Reichstag, Museumsinsel, Alexanderplatz, Gendarmenmarkt etc., die nach wie vor die meisten Besucher anziehen.

Fast genauso hoch ist allerdings das Störungsempfinden der Bewohner der Bezirke Kreuzberg und Friedrichshain. In Kreuzberg hatten sich – wie bereits in Kapitel 4.1 erwähnt – bereits 2011 die ersten Proteste gegen Touristen manifestiert. Abgesehen vom Alt-Bezirk Tiergarten, der zwischen den beiden wichtigsten städtetouristischen Polen „Unter den Linden/Potsdamer Platz" und „Kurfürstendamm/Zoo" liegt, weist die Intensität des Störungsgefühls in den anderen Bezirken einen deutlichen Abstand zu diesen drei „Hochburgen" auf. Überdurchschnittliche Werte ergaben sich aber noch für die anderen gründerzeitlich geprägte Bezirke Prenzlauer Berg, Wedding, Lichtenberg und Treptow. Diese sind teilweise – ähnlich wie Kreuzberg und Friedrichshain – auf dem Weg der

Gentrifizierung mit sich entwickelnden Szene-Kiezen. Dass sich in den Gentrifizierungsvierteln von Kreuzberg, Friedrichshain und v. a. auch Prenzlauer Berg ein deutliches Unbehagen manifestiert, ist sicherlich mit dadurch bedingt, dass diese Viertel für New Urban Tourists (vgl. Kap. 2.2) besonders attraktiv sind. Dort konzentrieren sich gleichzeitig auch die Sharing-Übernachtungsangebote (vgl. Abb. 6 in Kap. 2.3). In den randstädtischen Bezirken sind demgegenüber die Störungsempfindungen deutlich geringer ausgeprägt.

Bei der Aufbereitung der jährlich durchgeführten Erhebung wurde 2019 ein anderer Blickwinkel gewählt. Es wurde nicht mehr nach dem Wohnort und der Störung ganz allgemein gefragt, sondern nach den Kontaktorten mit den Touristen. Auf die Frage: „In welchen Bezirken fühlen Sie sich besonders durch Touristen gestört“ ergaben sich die in Abb. 29 dargestellten Ergebnisse. Dargestellt sind dabei die Prozentwerte für die 16 der insgesamt 23 Bezirke, in denen die Nennungsanteile über 1,5 % lagen.

4.3.1.2 Erhöhte Sensibilität im Wohnquartier

Dabei zeigt sich, dass sich mehr als drei Viertel der Berliner*innen dann von Touristen gestört fühlt, wenn er ihnen im Bezirk Mitte begegnet. Die zweit- bzw. dritthöchsten Störungsanteile entfallen auf Begegnungen mit Touristen (bzw. als Touristen wahrgenommenen Personen) in den Bezirken Kreuzberg (38 %) und Friedrichshain (32 %). Dabei wurde in der Auswertung nicht unterschieden zwischen Bewohnern des jeweiligen Bezirks oder Bewohner anderer Berliner Bezirke, die in Kreuzberg oder Friedrichshain als Besucher unterwegs sind. Der Anteil der in Kreuzberg und Friedrichshain Lebenden beträgt etwa 7 % an der Berliner Gesamtbevölkerung (Amt für Statistik Berlin-Brandenburg 2020b, T3). Damit haben mindestens ein Drittel bzw. ein Viertel der Berliner*innen aus anderen Bezirken angegeben, dass sie – selbst ja Besucher aus einem anderen Bezirk dort – sich von auswärtigen Besuchern während ihres Aufenthalts in Kreuzberg oder Friedrichshain gestört fühlen würden.

Abb. 31: Prozentanteil der Berliner, die sich in bestimmten Bezirken von Touristen gestört fühlen (Quelle: Eigene Darstellung nach Daten: Berlin Tourismus & Kongress GmbH 2019, S.7; Bezirksgrenzen Stand 2000)

Mit einem deutlichen Abstand folgen Nennungen der beiden von Gentrifizierung geprägten Bezirke Prenzlauer Berg (20 %) und Neukölln (12 %) sowie Charlottenburg, das frühere Zentrum von West-Berlin mit dem Kurfürstendamm (21 %). Sofern auf die Außenbezirke mehr als 1,5 % der Nennungen entfielen, lagen diese meist im Bereich von 2 % bis 5 %. Damit wird deutlich, dass sich ein erheblicher Teil der Berliner*innen vor allem dann von Touristen gestört fühlt, wenn er sich in innerstädtischen Bereichen bewegt, in denen die Konzentration der Besucher am höchsten ist.

Darüber hinaus sind es vor allem die gentrifizierten gründerzeitlichen Quartiere (insbesondere im ehemaligen Ostteil der Stadt), in denen sich einerseits die Bewohner von Besuchern gestört fühlen, aber auch Berliner*innen aus anderen Stadtteilen Störungsempfinden artikulieren. Gleichzeitig sind diese Viertel – wie bereits mehrmals angesprochen – die Schwerpunkte des New Urban Tourism und der Sharing Economy.

Die Gentrifier haben mit ihrem Zuzug in die in den 1990er-Jahren noch relativ heruntergekommenen Viertel die Ansiedlung von Szene-Kneipen und entsprechenden Hipster-Läden erst induziert und beschleunigt. Inzwischen sind viele selbst teilweise „in die Jahre gekommen“, teilweise etabliert, bzw. in späteren Lebensabschnittsphasen (auch der Familiengründung). Dementsprechend empfinden viele vor einigen Jahren nach Kreuzberg, Friedrichshain, Prenzlauer Berg oder inzwischen auch Neukölln Gezogenen die Nachfrage von jüngeren Berliner*innen aus anderen Bezirken und von Touristen von außerhalb Berlins inzwischen oftmals als störend. Dies insbesondere dann, wenn es sich um abendliche oder nächtliche Außenaktivitäten handelt.

Abb. 32: Abendliche informelle Gatherings von jüngeren Berlinern und New Urban Tourists auf der Admiralbrücke in Berlin-Kreuzberg werden von den Anwohnern als störend empfunden (Quelle: Eigene Aufnahme)

Ein relativ bekanntes Beispiel eines „IN“-Treffpunktes in Berlin-Kreuzberg ist die Admiralbrücke. Auf dieser – eigentlich nur aus baustatischen Gründen notgedrungenermaßen – verkehrsberuhigten Brücke über den Landwehrkanal versammeln sich bei guter Witterung abends mehrere Dutzend junge Leute (vgl. Abb. 32). Eigene Gespräche mit den Besuchern der Brücke deuten darauf hin, dass Berliner*innen (aus allen Bezirken) und auswärtige Besucher zu gleichen Teilen gut gemischt vertreten sind. Egal ob es sich um Besucher aus anderen Kiezen in Kreuzberg, anderen Bezirken oder von außerhalb Berlins handelt: alle werden von den Anwohnern als störend empfunden, so dass inzwischen zeitliche Limitierungen eingeführt worden sind.

Ähnliche Strukturmuster der Störung – wenn auch auf in absoluten Werten deutlich niedrigerem Niveau ergeben sich auch für München. Auf die Frage an Einwohner, ob sie sich in ihrem Wohnviertel von Touristen gestört fühlen, stimmten weniger als zwei Prozent dieser Aussage zu (vgl. Abb. 33). In der Stadt insgesamt wird ein Störungsgefühl von knapp neun Prozent der Münchner*innen bejaht.

Damit paust sich auch hier wieder – und es sei nochmals darauf hingewiesen, vor dem Hintergrund ähnlicher absoluter Werte der Tourismusintensität – deutliche Akzeptanzunterschiede zwischen den beiden deutschen Metropolen durch.

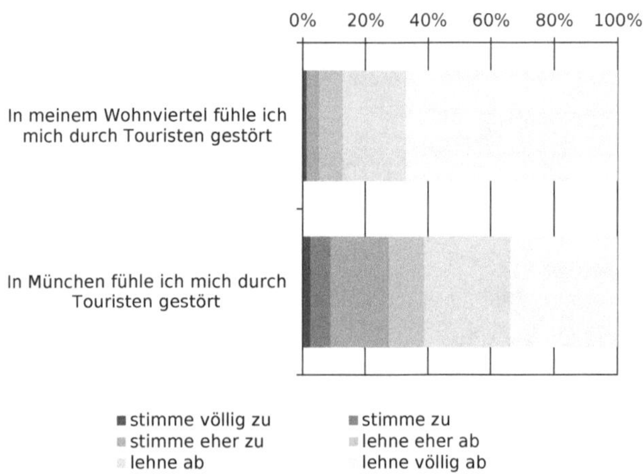

Abb. 33: Empfinden von Störung durch Touristen im eigenen Wohnviertel bzw. in der Stadt München insgesamt (Quelle: Eigene Erhebung; Bewohner München)

München ist aus historischen Gründen – im Vergleich zum stärker polyzentral strukturierten Berlin – relativ klar monozentrisch aufgebaut. Dementsprechend konzentrieren sich die Besucher auch viel stärker im historischen Stadtzentrum und den angrenzenden Stadtquartieren der planmäßigen Stadterweiterung des 19. Jahrhunderts als Residenzstadt.

Das kompakte Hauptaufenthaltsgebiet der auswärtigen Besucher umfasst Altstadt, Museumsviertel, Schwabing, Englischer Garten, Theresienwiese, Isar. Analog zu den in Abb. 27 dargestellten Übernachtungszahlen spiegelt sich dies auch bei der Erwähnung von touristisch relevanten Zielen z. B. in *tripadvisor.com* oder der Visualisierung von georeferenzierten Fotos auf Plattformen wie sightsmap.com (vgl. Abb. 34) wider. Daneben lassen sich in München mit dem Schloss Nymphenburg im Westen, dem Olympiapark und der BMW-Erlebniswelt sowie der Arena des FC Bayern München (außerhalb des dargestellten Kartenausschnitts) im Norden relativ klar abgegrenzte touristische Hotspots außerhalb des Zentrums identifizieren (vgl. auch Abb. 19 in Kap. 4.2.1). Deren touristische Anziehungskraft strahlt kaum in die umliegenden Quartiere aus. Vielmehr werden diese meist im Rahmen von monofinalen Besuchen frequentiert, ohne dass die Besucherströme in umgebenden Quartieren virulent würden.

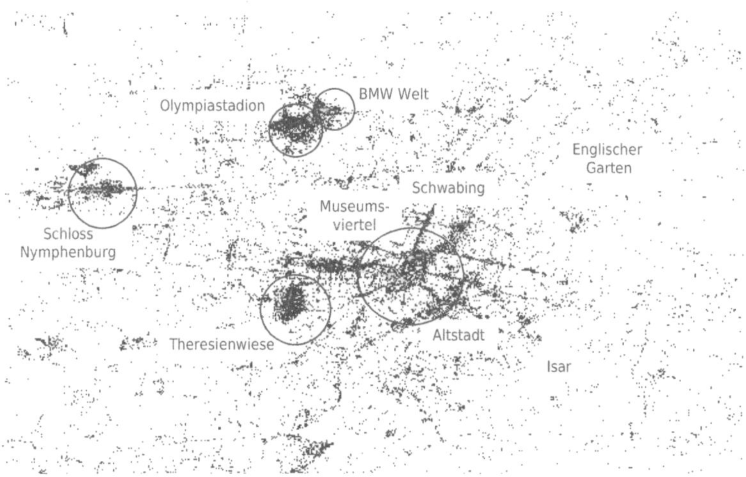

Abb. 34: Heatmap der meist fotografierten Sehenswürdigkeiten in München (Quelle: Modifiziert nach www.sightsmap.com)

Im Gegensatz dazu ist das Verteilungsbild der in sightsmap.com registrierten hochgeladenen Fotos in Berlin deutlich disperser (vgl. Abb. 35). Dort sind neben den beiden Zentren des ehemaligen Ostberlin (zwischen Brandenburger Tor und Alexanderplatz) und Westberlin (Kurfürstendamm und Zoo mit Schloss Charlottenburg) auch in den gründerzeitlichen Stadtvierteln Kreuzberg, Friedrichshain und Prenzlauer Berg, ansatzweise aber auch im Wedding und in Moabit einige Cluster von oft fotografierten (und dann georeferenziert ins Netz hochgeladenen) Fotos zu erkennen. Daraus lässt sich auf eine intensivere Präsenz von auswärtigen Besuchern in diesen Vierteln schließen.

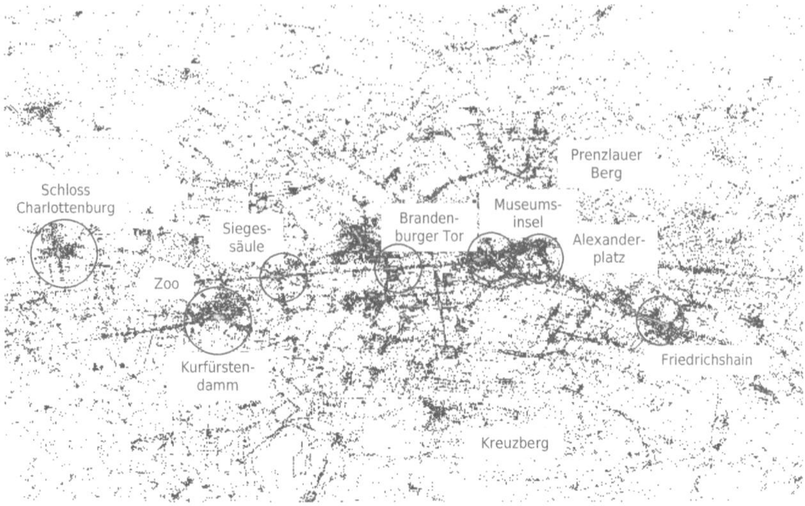

Abb. 35: Heatmap der meist fotografierten Sehenswürdigkeiten in Berlin (Quelle: Modifiziert nach www.sightsmap.com)

Dass – anders als in Berlin – die korrespondierenden Viertel aus dem 19. und dem Beginn des 20. Jahrhunderts in München, wie Haidhausen, Ludwigsvorstadt, Maxvorstadt, Giesing keine so große städtetouristische Rolle spielen, belegen auch Befragungsdaten.

Im Rahmen eines studentischen Lehrforschungsprojekts wurde 2016 bei (jüngeren) Übernachtungsgästen in München erhoben, welche Attraktionen und Stadtviertel von diesen frequentiert werden (vgl. Abb. 36). Dabei haben Erstbesucher erwartungsgemäß im Wesentlichen die Hauptattraktionen und die historische Innenstadt besucht.

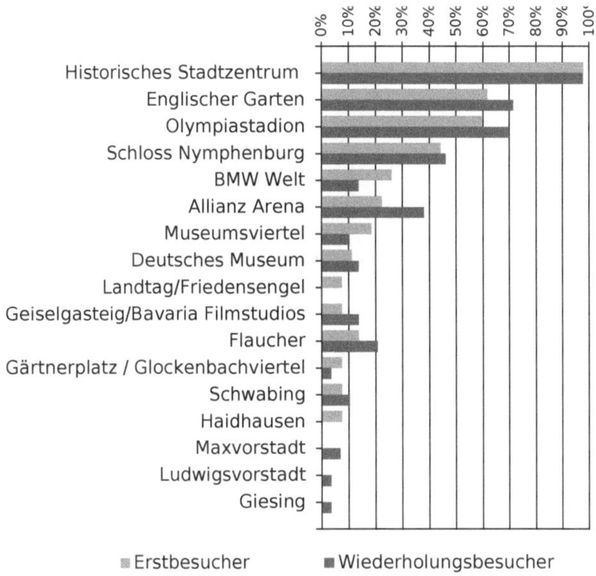

Abb. 36: Besuchte Attraktionen und Quartiere in München nach Erst- und Wiederholungsbesuchern (Quelle: Eigene Erhebung 2016, nur Übernachtungsgäste)

Außerhalb der Tourist Bubble bewegen sie sich kaum. Die Nennungen beschränken sich auf den Flaucher (eine Badeinsel in der Isar südlich der Innenstadt), den Gärtnerplatz bzw. die dort beginnende angesagte Ausgehmeile im Glockenbachviertel, Schwabing und Haidhausen am Isarhochufer.

Etwas entgegen der Erwartungen (vgl. Freytag 2010), sind die in München befragten Wiederholungsbesucher ebenfalls stark auf die Hauptattraktionen ausgerichtet. Dabei lassen sie sich allerdings durchaus aus entsprechend dem Ansatz des New Urban Tourism etwas mehr treiben z. B. bei ihrem Aufenthalt im Englischen Garten, im Schlosspark von Nymphenburg oder beim Sonnen auf der Flaucher-Insel. Aber auch Repeat-Visitors sind in München nicht so stark auf die im 19. und zu Beginn des 20. Jahrhunderts entstandenen Viertel (Haidhausen, Maxvorstadt, Ludwigsvorstadt, Giesing) orientiert.

Dass die Dispersion von Besuchern im Zuge des sog. New Urban Tourism (vgl. Kap. 2.2) kein Phänomen von Berlin alleine ist, zeigt z. B. auch die Verteilung der hochgeladenen Fotos von Kopenhagen (vgl. Abb. 37).

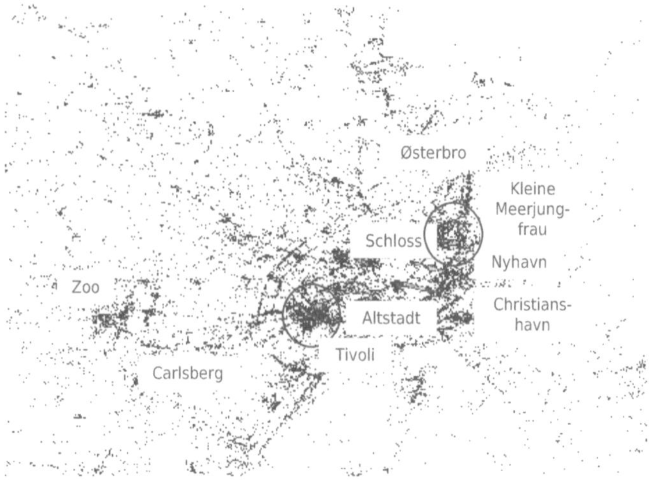

Abb. 37: Heatmap der meist fotografierten Sehenswürdigkeiten in Kopenhagen (Quelle: Modifiziert nach www.sightsmap.com)

Abb. 38: Stadtviertel von Kopenhagen mit Markierung der gentrifizierten Viertel (Quelle: Stors und Kagermeier 2013, S. 119)

Die gentrifizierten Viertel der Hipster stellen in Kopenhagen die sog. „Brückenvierteln“ aus dem 19. bzw. frühen 20. Jahrhunderts, Vesterbro, Nørrebro und Østerbro sowie Christianshavn und die formal eigenständigen Kommune Frederiksberg dar (vgl. visitDenmark 2020, Stors und Kagermeier 2013). Diese liegen im Kreis um die Altstadt herum (vgl. Abb. 38).

Diese Viertel lassen sich in der Heatmap von Kopenhagen auf sightsmap.com relativ klar identifizieren, auch wenn die Zahl der Fotos dort natürlich geringer ist als im Kernbereich der Tourist Bubble (vgl. Abb. 37).

Angesichts der relativ stark überlaufenen Altstadt mit ihren Hotspots im Westen am Tivoli, dem Schloss und dem Nyhavn (vgl. Abb. 39) – einschließlich der Kleinen Meerjungfrau im Osten der Altstadt – versprechen die Brückenviertel etwas entspanntere Aufenthalte in einem chilligen Ambiente (vgl. Abb. 40).

Abb. 39: Statt am von Crowding überfüllten Nyhavn in Kopenhagen ...
(Quelle: Eigene Aufnahme)

Gleichzeitig sind es auch diese Viertel, in denen sich die AirBnB-Angebote konzentrieren und damit das Spannungsfeld zwischen dem Entspannungsinteresse der Besucher und dem Ruhebedürfnis der Bewohner ganz konkret aufgespannt wird. Während allerdings die AirBnB-Diskussion in Berlin sehr intensiv geführt wird, scheint das Eindringen in den privaten Raum in Kopenhagen nicht so sehr problematisiert zu werden (vgl. Stors und Kagermeier 2013, S. 127ff.).

Abb. 40: ... zieht es die New Urban Tourists in das teils hygge teils hipster Nørrebro (Quelle: Eigene Aufnahme)

Teilweise wird in Gesprächen auch ein Stolz auf den in der Stadt praktizierten „hyggen" Lebensstil zum Ausdruck gebracht: „*the Copenhageners are actually proud to have tourists. [...] when you say to people that the main reason people come here is not because of the queen, not because of the castle, it is because of the way you live. They want to see how you live. They want to see how you bring your kids to school on your bike every day*" (Erdmenger 2019, S. 443).

Zusammenfassend ist festzuhalten, dass in diesem Abschnitt zwar deutlich wurde, dass die Betroffenheit von der räumlichen Dimensionen mit beeinflusst wird. Der Wohnstandort prägt die Intensität der Wahrnehmung von Irritationen und damit auch die Betroffenheit mit. Andererseits scheinen die Wahrnehmungsfilter doch differenzierter zu funktionieren. Ähnliche Belastungsstimuli führen zu teilweise sehr unterschiedlichen Reaktionen. Im nächsten Abschnitt soll deshalb auf die Rolle unterschiedlicher Gästegruppen für die Intensität der Wahrnehmung von Störung eingegangen werden.

4.3.2 Einfluss der Gästestruktur

Bereits in Kap. 2.2 hat sich herausgestellt, dass durch den New Urban Tourism auswärtige Besucher den Bewohnern nicht nur in der Tourist Bubble im Stadtzentrum, sondern verstärkt – insbesondere wenn sie in gentrifizierten Quartieren wohnen – auch in den eigenen Wohnvierteln begegnen (vgl. auch Kap. 4.3.1.2) können. Dabei wurde in Kap. 2.3 auch auf die spezifische Rolle von AirBnB bei der Wahrnehmung von Störung eingegangen, wenn Bewohner des Öfteren auch im direkten Wohnumfeld des eigenen Wohngebäudes mit auswärtigen Besuchern konfrontiert werden. Aber auch die Rolle von anderen spezifischen Typen von Touristen wurde am Beispiel der Flusskreuzfahrtbesucher in Bamberg in Kap. 4.2.3 ebenfalls bereits angesprochen. Ähnlich stellt sich die Situation auch in Regensburg dar (vgl. Bouchon und Rauscher 2019, S. 607f; siehe Abb. 41). Dies legt nahe, dass auch die Gästestruktur eine gewisse Rolle bei der Wahrnehmung und dem Empfinden von Störung spielen kann, bzw. die Formen des Tourismus ggf. noch weitere relevante Dimensionen aufweisen.

4.3.2.1 Kulturelle Distanz als Einflussfaktor

Eine der manchmal formulierten Hypothesen ist, dass „Fremdheit" bzw. das Maß der kulturellen Distanz zwischen der lokalen Bevölkerung und den Besuchern eine Rolle bei der Akzeptanz spielt (Bauer, Gardini und Skock 2020, S. 95). Besucher aus anderen Kulturkreisen können dabei aufgrund ihres teilweise andersartigen Verhaltenssetting als negativ wahrgenommen werden und damit Irritationsgefühle verstärken bzw. die Akzeptanzschwellen senken.

In München entfiel im Jahr 2019 von den gut 18 Mio. Übernachtungen knapp die Hälfte auf den Incoming-Tourismus. (Bayerisches Landesamt für Statistik 2020). Damit weist München den höchsten Ausländeranteil unter den größeren deutschen Städten auf (Kagermeier 2020, S. 230).

Abb. 41: Die Passagiere von Flusskreuzfahrten werden an manchen Städten entlang von Donau-Main-Rhein und Mosel (wie hier in Regensburg) als störend empfunden (Quelle: Eigene Aufnahme)

Unter den zehn Hauptquellmärkten in München liegen Übernachtungen von Gästen aus den Arabischen Golfstaaten – nach den USA, Italien und Großbritannien – bereits an vierter Stelle. Bei gut einer halben Million Übernachtungen von Gästen aus den Golfstaaten realisieren diese etwa 6 % der Übernachtungen ausländischer Gäste (vgl. Abb. 42). Reisende aus dem Kulturkreis der Arabischen Welt sind physiognomisch oftmals relativ leicht identifizierbar, wenn sie verschleiert in der Öffentlichkeit auftreten.

Dementsprechend zählen verschleierte Shopping-Touristinnen in den Haupteinkaufsstraßen Münchens zu einer häufigen Erscheinung (vgl. Abb. 43).

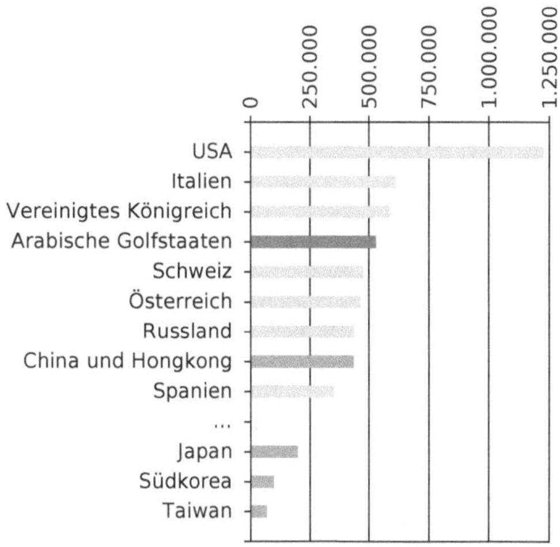

Abb. 42: Incoming-Übernachtungen in München aus den zehn Hauptquellmärkten sowie drei weiteren asiatischen Ländern im Jahr 2019 (Quelle: München Tourismus 2020b)

Darüber hinaus ist ein wichtiges Motiv für Besucher aus der Arabischen Welt in München auch der Medizintourismus.

Einer der wenigen Aspekte, die in München im Zusammenhang mit AirBnB diskutiert wird, ist die Zweckentfremdung von Wohnraum im Umfeld der Uni-Kliniken in Bogenhausen für Zwecke des Medizintourismus von Besuchern aus der Arabischen Welt: *„Gleichzeitig mit diesem Phänomen werden in München zusätzlich in kliniknahen Wohngebieten Wohnungen bevorzugt an Touristen aus dem arabischen Raum und deren Familien vermietet, die sich zu medizinischen Behandlungen in München aufhalten“* (Landeshauptstadt München. Sozialreferat. Amt für Wohnen und Migration 2016, S. 1; ähnlich auch Kahl 2017). Dementsprechend war in München eine gewisse Sensibilisierung für die Präsenz von Touristen aus der Arabischen Welt zu vermuten (Hoben 2017).

Unter den ausländischen Besuchern aus anderen Kulturkreisen sind in München auch Gäste aus Ostasien relativ stark vertreten. Von den Übernachtungen ausländischer Gäste in München entfallen knapp 10 % auf Besucher aus China, Japan, Südkorea und Taiwan (vgl. Abb. 42).

Ostasiatische – und insbesondere chinesische – Touristen fallen auch deshalb auf und werden teilweise als irritierend empfunden, weil diese – ähnlich wie Kreuzfahrtpassagiere – überproportional häufig in Gruppen auftreten (vgl. Abb. 44). Dementsprechend können sie durch die massierte Präsenz (teilweise auch ihr Fotografierverhalten) als Bremsfaktor für sich in ihrem alltäglichen Umfeld zügig bewegende Einheimische wahrgenommen werden. Sie fallen damit eher auf und werden oftmals stärker wahrgenommen als Einzelreisende.

Abb. 43: Verschleierte arabische Touristinnen gehören in der Münchner Hauptfußgängerzone zu einem vertrauten Bild (Quelle: Eigene Aufnahme)

Abb. 44: Chinesische Touristen bewegen sich überproportional häufig in Gruppen (hier vor dem Karl-Marx-Haus in Trier) (Quelle: Eigene Aufnahme)

Mit einer Kaskade von Fragen, die auf die Reaktionen (und damit teilweise auch auf individuelle Coping- bzw. Anpassungs-Strategien) abzielt, wurde bei der Befragung 2018 in München auch gefragt, ob diese zwei Gruppen von ausländischen Gästen wahrgenommen werden, sich die Befragten davon gestört fühlen und ggf. dann auch Vermeidungsansätze verfolgt werden (vgl. Abb. 45).

Dabei zeigte sich, dass Touristen aus (Ost-)Asien von der Mehrheit der Bewohner und auch einem großen Teil der Besucher wahrgenommen werden. Die befragten Bewohner gaben zu etwa zwei Drittel an, dass sie asiatische Touristen zwar wahrnehmen, dies aber nicht als störend empfinden. Von den befragten Besuchern gab ein fast gleich hoher Anteil an, andere Touristen aus Asien – die sich schwerpunktmäßig an den zentralen Sehenswürdigkeiten in der Tourist Bubble bewegen – wahrzunehmen, ohne sich davon gestört zu fühlen.

Etwa jeder zehnte Besucher und jeder achte Bewohner fühlt sich von asiatischen Touristen zwar gestört, nimmt das aber bei seinen Wegen in der Stadt in Kauf. Allerdings fühlt sich auch fast jede/r siebte Münchner*in von diesen gestört und versucht bei seinen alltäglichen Routinen Räume in der Stadt zu vermeiden, wo diese überproportional häufig auftreten. Als vermiedene Orte wurden von den Bewohnern vor allem die zentralen Sehenswürdigkeiten in der Stadt, wie Marienplatz, Odeonsplatz oder die Frauenkirche genannt.

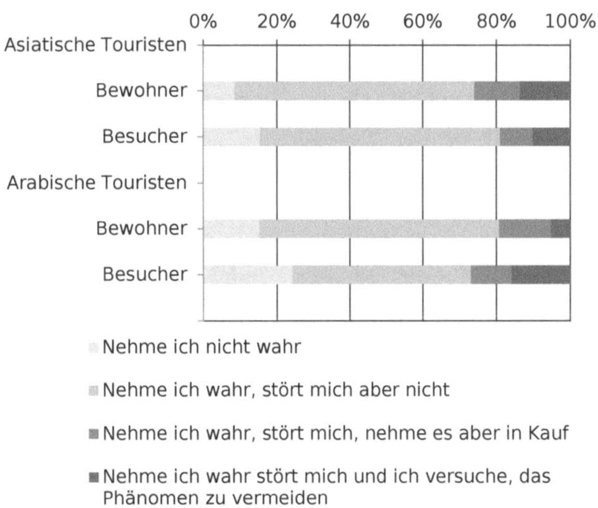

Abb. 45: Wahrnehmung, Störungsempfinden und Vermeidung der Auswirkungen von Touristen aus anderen Kulturkreisen in München (Quelle: Eigene Erhebung)

Etwas anders stellt sich das Bild bei den Touristen aus der arabischen Welt dar. Da diese weniger an den Hauptsehenswürdigkeiten präsent sind und mehr in den „Einkaufsmeilen" in Erscheinung treten, werden sie von einem Viertel der befragten Besucher gar nicht wahrgenommen. Die Hälfte der Besucher und zwei Drittel der Bewohner fühlt sich von arabischen Touristen nicht gestört. Etwa jeder siebte Bewohner fühlt sich von dieser touristischen Zielgruppe gestört, nimmt das aber bei seinen Wegen in der Stadt in Kauf. Nur jeder zwanzigste Bewohner München fühlt sich so stark gestört, dass er versucht, bei seinen alltäglichen Routinen Räume in der Stadt zu vermeiden, wo diese überproportional häufig auftreten. Allerdings handelt es sich dabei im Wesentlichen um die Haupteinkaufsstraßen Münchens. Diese werden auch unter Crowding Gesichtspunkten oftmals gemieden (vgl. Kap. 4.4.1.1), so dass sich hier ggf. auch zwei Formen des „Gestört-Fühlens" überlagern. Etwas erstaunlich erscheint, dass das Störungsempfinden mit insgesamt etwa einem Viertel der Nennungen bei den Besuchern stärker ausgeprägt ist als bei den Bewohnern. Insgesamt kann aber festgehalten werden, dass Besucher aus fremden Kulturen – zumindest in München – keinen größeren Problemdruck generieren.

4.3.2.2 Lebensstile und Urlaubsstile

Bei der Befragung in München wurde festgestellt, dass es weniger die kulturelle Distanz zu den (oftmals kaufkraftstarken) arabischen Touristen (zum großen Teil von der arabischen Halbinsel) oder den als Barrieren wahrnehmbaren Gruppen insbesondere asiatischer Touristen ist, die als störend empfunden wird.

Als möglicher Störungsfaktor wurde auch mit der einer gleichen Abfolge von Fragen nach dem spezifischen Sozialverhalten von feiernden jüngeren Gästen gefragt. Diese fallen auch in München negativ auf. Dies führt dazu, dass an den Wochenendabenden entsprechende Bereiche der Innenstadt mit einer hohen Auftrittswahrscheinlichkeit von oftmals angetrunkenen Gruppen von Bewohnern und Besuchern vermieden werden. Anders als in manchen LCC-Destinationen sind es in München dabei nur zum geringeren Teil ausländische Besucher, die zur Feier des sog. Junggesellenabschiedes nach München kommen, sondern – neben Münchner*innen selbst – insbesondere auch Gruppen aus dem weiteren südbayerischen Umland. Auch an diesem Phänomen hat sich ein kleiner medialer Diskurs entzündet (vgl. z. B. Freymark 2019). Dementsprechend wurden stellvertretend für den Partytourismus nach dem auch in München greifbaren Phänomen der Junggesellenabschiede gefragt (vgl. Abb. 46).

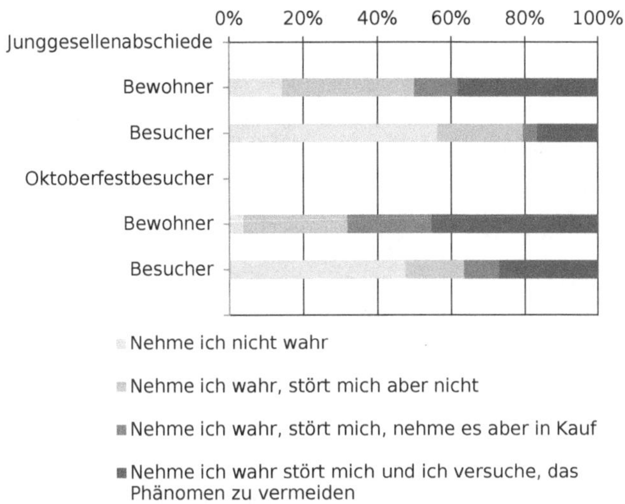

Abb. 46: Wahrnehmung, Störungsempfinden und Vermeidung der Auswirkungen von Touristen mit spezifischem Sozialverhalten in München (Quelle: Eigene Erhebung)

Dabei ist bemerkenswert, dass Junggesellabschiede von fast der Hälfte der Besucher gar nicht wahrgenommen werden. Junggesellenabschiede bewegen sich oftmals in den Abend- und Nachtstunden im zentralen Bereich der Innenstadt, insbesondere auch der Fußgängerzone und der Kneipenszene im Gärtnerplatzviertel. Möglicherweise sind andere Besuchergruppen zu diesen Tages- (bzw. eher Nacht-)Zeiten nur wenig in den entsprechenden Gebieten unterwegs. Zu diesem Zeitpunkt werden diese Bereiche auch nur noch partiell von Bewohnern frequentiert.

Gleichwohl weisen Junggesellenabschiede ein großes Störungspotential bei den Bewohnern auf. Diese werden von fast der Hälfte der befragten Bewohner als störend empfunden. Das Störungsempfinden ist dabei so stark ausgeprägt, dass viele Bewohner versuchen, bestimmte Orte mit einer Häufung von Junggesellenabschiede zu den entsprechenden Uhrzeiten auch zu vermeiden.

Dass bereits diese rudimentären Ansätze von Partytourismus in München aufgrund des spezifischen, teilweise devianten Sozialverhaltens entsprechend negativ markiert werden, bedeutet umgekehrt, dass es für die Akzeptanz bei der Bevölkerung von Vorteil ist, dass München nicht wie Berlin zu einem (auch durch LCC-Verbindungen geförderten) Zentrum der Club- und Partyszene geworden ist (Nibbrig, Pletl und Dietrich 2015), bzw. sich nicht wie z. B. Amsterdam auch bewusst als eine vom Nachtleben geprägte städtetouristische Destination positioniert hat (Heeley 2011, S. 137ff.; Oskam und Wiegerink 2020, S. 108).

Bei Amsterdam werden in den Medien Crowding-Phänomene bzw. Störungen durch Touristen insbesondere mit dem Blickwinkel auf Partytourismus erwähnt. Allerdings hat die touristische Vermarktung der Stadt lange Jahre mit seinem Rotlicht-Milieu und auch den Coffee-Shops für eine spezifische Klientel geworben. Dieses spezifische touristische Segment führt inzwischen zu deutlichen aversiven Reaktionen bei der Bevölkerung (Slegers 2017, Kirchner 2018, McGuire 2018, Spiegel Online 2018).

Abb. 47: Die Kneipenszene in Berlin-Friedrichshain mit ihren Freischankflächen ist eine Quelle der Störung für die Anwohner (Quelle: Eigene Aufnahme)

Auch in Berlin entzündet sich ein erhebliche Teil der Diskussion auch an der Partyszene – insbesondere in Friedrichshain, aber auch in Kreuzberg und dem Prenzlauer Berg (Berlin – Bezirksverordnetenversammlung Friedrichshain-Kreuzberg 2014 sowie Nibbrig, Pletl und Dietrich 2015):

Damit ist festzuhalten, dass in sehr viel stärkerem Maß als Besucher aus anderen Kulturräumen als irritierend und störend empfunden werden, die nächtlichen Störungen der Partytouristen ein das Overtourism-Gefühl beförderndes Potential aufweisen (Nilson 2020, S. 4). Dieses Phänomen ist z. B. auch in Dublin virulent. Diese Destination hat sich mit der Guinness-Brauerei und der Temple Bar zu einem Ziel für Bier-orientierte Besucher entwickelt. Die mit dem Bierkonsum verbundenen unzivilisierten Verhaltensweisen und die Lärmentwicklung als Folge des übermäßigen Alkoholkonsums stören die Bewohner und führen zu aversiven Tendenzen (Tranum 2019).

Nun ist zu vermuten, dass insbesondere auch Mega-Events, die auf Alkoholkonsum ausgerichtet sind und mit ihren Begleiterscheinungen zu erheblichen Irritationen und Störungen führen können, auch zum Empfinden von Overtourism beitragen.

Abb. 48: Das Oktoberfests in München: ein Großereignis, mit dem sich zu arrangieren die Münchner gelernt haben (Quelle: Elisabeth Kagermeier)

Eines dieser „bier-orientierten" Mega-Events mit einer starken zeitlichen – und partiell auch räumlichen – Konzentration von sehr hohen Besucherzahlen ist das Münchner „Oktoberfest“. Dieses zieht jährlich etwa 6 Mio. Besucher an (Landeshauptstadt München 2018b; siehe Abb. 48). Während seiner Dauer von gut zwei Wochen ist die Stadt – zumindest partiell fast im Ausnahmezustand – auch mit der Vermietung aller verfügbaren Übernachtungsplätzen zu teilweise exorbitanten Preisen (Kaufmann 2019a). Dabei machen die Einwohner von München und seinem Umland mehr als die Hälfte der „Wiesn“-Besucher aus.

Etwa jeder siebte Besucher reist (wohl vorwiegend als Tagesausflügler) aus dem übrigen Bayern an. Dementsprechend kommen „nur“ etwa 30 % der Besucher aus der übrigen Bundesrepublik und dem Ausland. Bei einer etwa hälftigen Aufteilung dieser (wohl meist Übernachtungsgäste) bedeutet dies, dass während der Oktoberfestzeit etwa 1 Mio. deutsche und etwa 1 Mio. ausländische Touristen in der Stadt sind (Landeshauptstadt München. Referat für Arbeit und Wirtschaft 2014b).

Vor dem Hintergrund der Bedeutung der Veranstaltung für mögliche touristische Belastungsgrenzen wurde bei der Befragung auch nach der Wahrnehmung von und der Störung durch Oktoberfestbesucher gefragt (vgl. Abb. 45). Dabei verwundert es nicht, dass – die Befragung fand im Juli und damit außerhalb der Oktoberfestzeit statt – der Großteil der Besucher (insbesondere die Erstbesucher) angab, keine Oktoberfestbesucher wahrgenommen zu haben. Bei den Wiederholungsbesuchern, gaben dann immerhin fast 40 % an, München während der Oktoberfestzeit zu vermeiden (= knapp ein Viertel bezogen auf alle befragten Besucher in Abb. 45).

Während die Bewohner Münchens gegenüber anderen Overtourism-Gefühle auslösenden Aspekten sich als relativ „robust“ erwiesen hatten, fühlen sich von den Erscheinungen des Oktoberfestes dann doch etwa zwei Drittel gestört. Allerdings gab knapp die Hälfte an, aufgrund des (vermuteten) Störungsgefühls das Oktoberfest selbst bzw. während dieser Zeit beeinträchtigte Bereiche zu meiden. Bei aller Identifikation vieler Bewohner Münchens mit dem Oktoberfest und dem Stolz auf eine der bekanntesten Großveranstaltungen weltweit bringt Kaufmann (2019b) das Gefühl vieler Münchner*innen wohl treffend auf den Punkt, wenn sie titelt: *„Das Schönste am Wiesnbesuch ist, wenn die Gäste wieder fahren“*.

4.3.3 Gewöhnungseffekte und Erwartungshaltungen

Es wurde bereits (vgl. Kap. 2.1 und Kap. 4.2.2) erwähnt, dass die Wachstumsgeschwindigkeit einen Einfluss auf die Ausprägung von Overtourism-Wahrnehmungen bei der lokalen Bevölkerung ausübt. Im Vergleich zu manchen anderen Destinationen wies München einerseits in den letzten 25 Jahren relativ moderate Steigerungsraten auf. Andererseits zählt die Stadt zu den Destinationen mit einer langen städtetouristischen Tradition. Dies unterscheidet München von manch anderen Destinationen, die erst durch das Aufkommen der Low Cost Carrier einen deutlichen Wachstumsschub erfahren haben und dabei oftmals auch eher auf das Nachtleben ausgerichtete jüngere Gäste angezogen haben.

Nun deuten Aussagen von Ansprechpartnern in München darauf hin, dass die Tradition des Oktoberfestes durchaus einen Teil zur Erhöhung des Toleranzniveaus der Münchner*innen beitragen kann. Denn die Oktoberfesttouristen sind nicht nur ein sehr internationales Publikum, sondern häufig auch ein, insbesondere durch den erhöhten Alkoholkonsum, verhaltensauffälliges Publikum, mit dem die Münchner*innen „gelernt“ haben sich entweder zu arrangieren oder diese zu meiden. So formuliert der Vertreter der Stadtmarketingorganisation „City Partner“ bei einem Gespräch 2018: *„Da ist vielleicht zumindest auch hier temporär mittelbar große Touristenströme gelernt durch das Oktoberfest, da hast einfach die ganze Stadt voll und das gehört zu München, da wird ja auch viel toleriert und auch mal irgendwie die Luft angehalten*“ (Fischer 2018).

Eine historisch gewachsene Exposition scheint also auch dazu beitragen zu können, dass die Sensitivität bzw. Empfindlichkeit hinsichtlich räumlich und zeitlich begrenzter großer Touristenzahlen abgenommen hat, bzw. sich ein gewisser Gewöhnungseffekt gebildet hat (vgl. Bouchon und Rauscher 2019, S. 609). Dazu trägt sicherlich auch bei, dass es sich beim Oktoberfest um ein Event handelt, das die Münchner bzw. bayerische „Bierkultur“ in den Mittelpunkt stellt und damit einen Aspekt, der von vielen Münchner*innen als Teil der eigenen lebensweltlichen kulturellen Praxis bzw. des Selbstverständnisses angesehen wird (vgl. Landeshauptstadt München 2013, S. 11). Die Identifikation mit dem Themenfeld Bierkultur und ein gewisser Lokalstolz darauf „Hauptstadt des Bieres“ (Landeshauptstadt München 2014a) zu sein dürfte als förderlich für die Toleranz gegenüber den negativen Effekten wirken.

Auch wenn zu Gewöhnungseffekten im Zusammenhang von Overtourism bislang kaum belastbare Befunde vorliegen, spricht vieles dafür, dass dieser Aspekt im Kontext des Umgangs mit Overtourism sicherlich eine gewisse Rolle zukommen dürfte.

4.3.4 Irritation und Entfremdung

Anders als in München – wo sich die Bevölkerung über die letzten Jahrzehnte an das Phänomen der auswärtigen Oktoberfestbesucher gewöhnen konnte, manifestiert sich in Bamberg das Störungsempfinden (vgl. Kap. 4.2.3) auch daran, dass in den letzten Jahren mehr und mehr auswärtige Besucher (zum überwiegenden Teil Tagesbesucher aus der näheren und weiteren Umgebung) auf eines der wichtigen Altstadtfeste, die sog. „Sandkerwa" kommen (Martin 2019). Wie München ist auch Bamberg für seine Brauereien berühmt, aber dort wird der „Sauftourismus" deutlich negativer wahrgenommen.

Dabei artikulieren die Bamberger*innen das Gefühl, dass eben die Sandkerwa inzwischen nicht mehr „ihre" Kerwa (= Kirchweih) sei sondern zu einer Touristenattraktion kommodifiziert worden wäre. Ob in jüngerer Zeit diese traditionellen Feste signifikant mehr von Auswärtigen besucht werden – möglicherweise auf der Suche nach vermeintlich „authentischen" Erlebnissen und animiert durch entsprechende Posts von Besuchenden in den sozialen Medien – lässt sich nicht eindeutig belegen und nachweisen. Denkbar ist aber zumindest partiell auch, dass sich hier die Sensibilisierung durch die Flusskreuzfahrttouristen (vgl. Kap. 4.2.3) durchschlägt und inzwischen das Overtourism-Gefühl durch Projektion auch auf andere Besuchergruppen übertragen wird.

Gleichzeitig ist dieses sich „fremd in der eigenen Stadt" fühlen sicherlich als eine Art Deprivation anzusehen (vgl. Diaz-Parra und Jover 2020 am Beispiel von Sevilla). Das Vertraute in der alltäglichen Umgebung, die als Heimat empfunden wird, verändert sich durch die Präsenz von externen Besuchern. Damit sind es eben im Kontext von Overtourism nicht nur konkrete Erfahrungen der Massierung von Besuchern und von Crowding in bestimmten Settings. Wenn das Gefühl der Vertrautheit in der gewohnten Umgebung abhandenkommt, werden auswärtige Besucher als Zuviel und als störend empfunden.

Bereits 1975 wurde von Doxey ein „Irritation Index" formuliert. Doxey (1975) unterstellt bei der touristischen Inwertsetzung von Destinationen eine Entwicklung in vier Stufen, die von einer anfänglichen Euphorie über Apathie zu Irritation und Antagonismus verläuft. Dieser Ansatz ist sicherlich konzeptionell relativ einfach angelegt. Doxey unterstellt eine quasi lineare Entwicklung mit steigenden Touristenzahlen. Auch wurde keine eindeutige Operationalisierung hinterlegt.

In Bamberg gibt es eine Interessensgemeinschaft interesSAND. Diese ist bezogen auf den Stadtteil Sand, in dem sich einerseits viele Gastwirtschaften – darunter das sog. Schlenkala mit seinem bekannten Rauchbier – konzentrieren, und andererseits auch die Sandkerwa stattfindet. Diese hat 2018 eine – sicherlich ebenfalls nicht unbedingt als repräsentativ anzusprechende – Umfrage auf ihrer Facebook-Seite geschaltet. Dabei wurden die vier Stufen des Irritation Index durch einfache Antwortoptionen operationalisiert. Die Zuordnung zur dritten Stufe erfolgte über die Zustimmung auf die Antwortoption: *„Die Einheimischen haben zunehmend Bedenken angesichts steigender Touristenzahlen und der damit verbundenen Veränderungen im Stadtbild*". Dabei haben sich zwei Drittel der Antwortenden dieser Irritationsstufe zugeordnet (Schäfer 2019, S. 12).

Ebenfalls mit Bezug auf Doxey (1975) hatten Gerritsma und Vork (2017) eine Befragung zum Grad der Irritation (ohne darzulegen, warum sie statt vier Stufen dann fünf gewählt hatten) bei den Bewohnern von Amsterdam durchgeführt.

Wenn sich auch die Irritation in Amsterdam aufgrund dieser Befunde als nicht ganz so ausgeprägt darstellt wie in Bamberg, fühlt sich doch ein gutes Viertel der Amsterdamer bei Aufenthalten im Stadtzentrum durch die Anwesenheit von Touristen irritiert (vgl. Abb. 49).

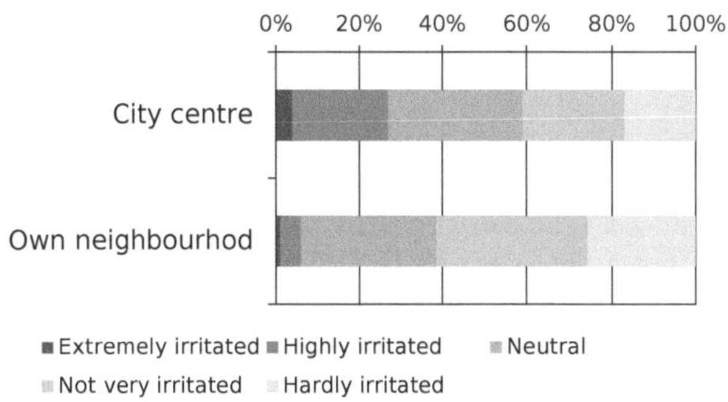

Abb. 49: Irritation der Bewohner von Amsterdam durch Touristen in der Innenstadt und im eigenen Wohnquartier (Quelle: Eigene Darstellung nach Gerritsma und Vork 2017, S. 91)

Demgegenüber ist aber in Amsterdam die Irritation durch Touristen in der eigenen Nachbarschaft noch nicht groß ausgeprägt.

Auch bei der Befragung der Bewohner in München im Jahr 2018 wurde auf die Aspekte der Irritation und der Entfremdung abgezielt. Dabei ergaben sich wiederum ein geringerer Grad der Störung im eigenen Wohnviertel und ein etwas höherer Anteil von sich im übrigen Stadtgebiet gestört fühlenden Einwohnern. Im Vergleich zu Amsterdam oder Bamberg ist der Grad der Störung bzw. Irritation in München absolut gesehen aber noch deutlich niedriger.

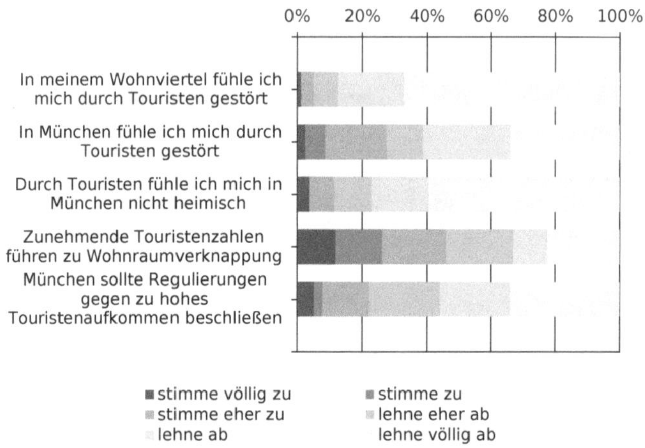

Abb. 50: Irritation und Entfremdung der Bewohner München durch Tourismus (Quelle: Eigene Erhebungen)

Bei der Befragung der Münchner Einwohner wurde auch versucht, sich dem Aspekt der Entfremdung zu nähern. Bei der standardisierten Bewohnerbefragung wurde die Frage gestellt, ob sich die Münchner*innen aufgrund der Touristen in ihrer Stadt nicht mehr heimisch fühlen würden. Auch auf diese Frage stimmte nur gut jeder Zehnte zu. Entfremdung stellt sich damit aufgrund dieses – zugegebenermaßen etwas oberflächlichen Indikators als kein zentrales Problem in München dar.

Ein Vertreter der lokalen DMO, München Tourismus, führt auch hier wieder den Gewöhnungseffekt an: *„Dieser internationale Anteil war im-*

mer schon so hoch, es heißt die Münchner Bevölkerung ist auch gewohnt, Gäste aus dem Ausland zu haben. Früher waren es überwiegend die Japaner, die aufgefallen sind, ein Amerikaner fällt vielleicht nicht so auf, oder ein Spanier oder Italiener, aber Asiaten fallen auf, arabische Gäste fallen auf. Die hatte man schon immer in München, deswegen ist es auch vielleicht ein gewohntes Bild in der Stadt, diese internationalen Gäste auch zu haben“ (Zednik 2018).

Demgegenüber verursachen die Entwicklungen auf dem Wohnungsmarkt – zum Teil auch ganz unabhängig vom Tourismus – den Münchner*innen deutlich mehr Unbehagen (vgl. z. B. Bayerischer Rundfunk 2020, Landeshauptstadt München. Referat für Stadtplanung und Bauordnung 2019). Ähnlich sieht es auch der Vertreter von München Tourismus, dass angesichts der Gesamtdimension die touristisch bedingte (Um-)Nutzung von Wohnraum klar in den Hintergrund tritt: „*Tourismus ist überhaupt kein Thema, Wohnraum ist* ***das*** *Thema in München. Klar wenn man dann fragt Overtourism, dann bringt man das vielleicht ein bisschen mit Airbnb in Zusammenhang, aber letztendlich, wenn man fragt welche 5 Themen brennen dir unter den Nägeln, dann ist es Wohnen Wohnen Wohnen, Verkehr, Infrastruktur, Kita-Plätze*“ (Zednik 2018). Und auch ein Stadtratsvertreter der Grünen meint, dass vor dem Hintergrund des Wachstumsdrucks in München ein Unbehagen artikuliert wird, das sich weniger am Tourismus entzündet: „*und wenn ich hier in München so ein Grummeln höre, dann ist es eher gegen dieses Wachstum. Da gibt es schon viele, die sagen, wieso sollen wir weiterwachsen? Hier muss doch keiner mehr herziehen. Also da geht es eher weniger um die Touristen, sondern eher um den Zuzug allgemein. … Wo man sagt dieses Wachstum der Stadt, aber Tourismus spielt da keine große Rolle*“ (Bickelbacher 2018).

Dementsprechend sprechen sich nur wenige Münchner*innen dafür aus, dass die Stadt auch entsprechende Maßnahmen zur Eindämmung des Touristenaufkommens ergreift. Dass sich bislang in München noch keine weiter verbreitenden Irritationen in einem Umschlagen der Stimmung niedergeschlagen hätten, wird auch vom Vertreter der Grünen geäußert: „*Also die Stimmung gegen Tourismus, tatsächlich nicht da ist und München bislang noch nicht vom Overtourism voll erfasst ist*“ (Bickelbacher 2018).

Zusammenfassend ist festzuhalten, dass angesichts der unzureichenden Aussagekraft von rein quantitativen Indikatoren zur Belastung durch Tourismus in Kap. 4.3 die Tragfähigkeit von eher qualitativ ausgerichteten Aspekten der subjektiven Wahrnehmung für die Deutung von Overtourism-Reaktionen bei der lokalen Bevölkerung überprüft wurde. Dabei konnte aufgezeigt werden, dass diese ergänzend zu den sog. „objektiven" Indikatoren zusätzliche Deutungshinweise generieren. Der Grad der Betroffenheit, Gewöhnungseffekte und Irritationen sowie Entfremdungs-Gefühle sind geeignet, die bei gleichen objektiven Belastungsindikatoren zu beobachtenden unterschiedlichen Reaktionen der Wohnbevölkerung einordnen zu können. Dementsprechend spielt also die subjektive Wahrnehmung – über die objektiven Kriterien hinaus – eine wichtige Rolle für den Umgang mit dem Phänomen Overtourism.

Dieser Logik folgend haben Bouchon und Rauscher 2019 versucht, auf der Basis von Sekundäranalysen und Studien zu einzelnen Städten ein auf subjektiven Wahrnehmungen der Bewohner basierendes Belastungsprofil zu erstellen (vgl. Abb. 51).

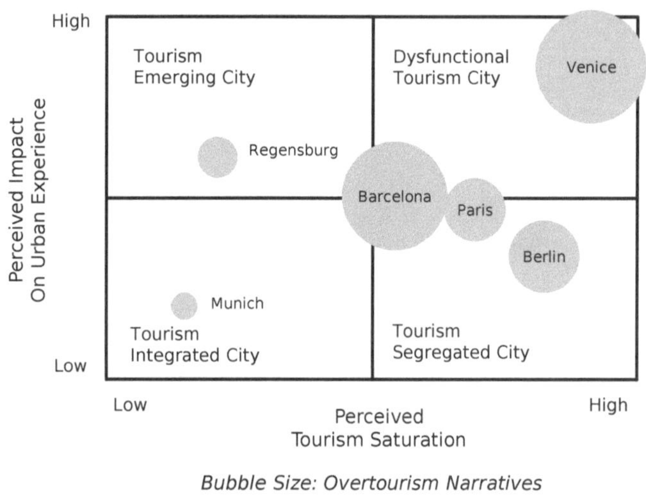

Abb. 51: Wahrgenommene Sättigung des Tourismus und Auswirkung auf das Erleben der Stadt durch die Bewohner (Quelle: Eigene Darstellung nach Bouchon und Rauscher 2019, S. 602)

Bei dieser – wenn auch nicht vollständig intersubjektiv nachvollziehbaren – Analyse wird, weist Venedig sowohl bezüglich der wahrgenommenen Sättigung mit Touristen als auch des Einflusses auf das Erlebens der Stadt hohe Werte auf. Es liegt damit im als „Dysfunctional Tourism

City“ bezeichneten Quadranten. Dies entspricht auch dem hohen Wert der Tourismusintensität von fast 60 Übernachtungen pro Einwohner (vgl. Abb. 15 in Kap. 4.1). Demgegenüber ergab die Sekundärquellenanalyse von Bouchon und Raucher, dass in München – bei einer Tourismusintensität von etwas über 10 – weder Quellen auf eine hohe wahrgenommene Sättigung noch eine hohe Beeinträchtigung hinweisen. München wird dementsprechend als „Tourism Integrated City“ bezeichnet.

In Berlin, das einen etwa gleichen Wert bei der „objektiven“ Tourismusintensität (vgl. Abb. 15 in Kap. 4.1) aufweist wie München, wird die Sättigung als deutlich höher wahrgenommen. Dies zeigt wiederum, dass das rein quantitative Volumen der touristischen Nachfrage nicht in einem direkten Zusammenhang mit der subjektiven Wahrnehmung steht.

Dies bestätigt sich auch bei Paris, das mit ca. 20 Übernachtungen pro Einwohner und Jahr (Zednik 2018, S. 34) eine etwa doppelt so hohe Tourismusintensität aufweist wie Berlin, dem bezüglich der wahrgenommenen Sättigung aber ein etwas niedrigerer Wert zugewiesen wird. Für Barcelona liegt die Wahrnehmung von Sättigung und Beeinträchtigung in einem mittleren Bereich – ähnlich wie dies ja bereits beim quantitativen Indikator Tourismusintensität, der in der Größenordnung von 15 liegt – konstatiert worden ist (vgl. Abb. 15 in Kap. 4.1).

Ohne weitere Begründung (Bouchon und Rauscher 2019, S. 602) wird als kleinere Destination noch Regensburg mit in die Analyse aufgenommen. Diese Flusskreuzfahrtdestination war in Kap. 4.3.2 bereits erwähnt worden, weil dort – ähnlich wie in Bamberg (vgl. Kap. 4.2.3) – Flusskreuzfahrtgäste physiognomisch in der Innenstadt als größere Gruppen wahrnehmbar sind. In der Darstellung wird Regensburg (noch als „Tourism Emerging City“ bezeichnet) verortet als Destination, in der bei einer relativ niedrigen wahrgenommenen Sättigung aber die Wahrnehmung der Einschränkung des Erlebens der Stadt durch die Bewohner relativ hoch ausgeprägt ist.

Die Größe der Kreise in Abb. 51 soll die Intensität des Overtourism-Diskurses in der Stadt repräsentieren. Auch hier ist Venedig „Spitzenreiter“. Entsprechend der geringeren wahrgenommenen „Belastung“ signalisiert der kleine Kreis für München, dass dort von den Autor*innen kaum Overtourism-Narrative in den Sekundärquellen identifiziert worden sind.

Fast etwas kontradiktorisch wirkt es, dass der öffentliche Diskurs in Barcelona als fast genauso intensiv wie in Venedig dargestellt wird. Damit ist zu konstatieren, dass auch die Wahrnehmung der Bevölkerung und der mediale Diskurs bzw. die Intensität der Artikulationen und Proteste nicht unbedingt miteinander korrespondieren. Dies wird auch dadurch gestützt, dass in Paris der öffentliche Diskurs – bei höherer wahrgenommener Sättigung und auch höherer Tourismusintensität als deutlich weniger ausgeprägt eingestuft wird. Entsprechend der höheren wahrgenommenen Sättigung ist in Berlin der öffentliche Diskurs intensiver als in München.

Der sich aufgrund der Medienanalyse der Autor*innen für Regensburg ergebende intensivere Diskurs als in München wird von den Autor*innen – wie die Beeinträchtigung des Erlebens der Stadt – auf die Zielgruppe der Flusskreuzfahrttouristen und deren deutlich wahrnehmbare Präsenz in der Innenstadt zurückgeführt.

Die wahrgenommene Intensität der Exposition und Betroffenheit sind damit Größen, die möglicherweise auch von anderen Aspekten mit beeinflusst werden. Im nächsten Kapitel soll daher der Frage nachgegangen werden, ob das Vulnerabilitätskonzept – im Zusammenhang mit der Resilienz – hier weitere Deutungsansätze für die Overtourism-Diskussion erlaubt.

4.4 Vulnerabilität und Resilienz

Im letzten Abschnitt wurde deutlich, dass über objektive Indikatoren hinaus die subjektive Wahrnehmung der Bevölkerung einen entscheidenden Einfluss darauf ausübt, wie intensiv das Phänomen Overtourism empfunden wird und entsprechendes Unbehagen bzw. Proteste artikuliert werden.

Dementsprechend erscheint es sinnvoll, auf der Suche nach Erklärungsansätzen auf andere Konzepte zurückzugreifen, die sich mit Belastungen auseinandersetzen. Wenn auch in einem anderen Kontext entwickelt, versucht der Vulnerabilitäts- (bzw. Resilienz-)Ansatz zu erklären, warum ein gleiches Ereignis in unterschiedlichen Kontexten abweichende Intensität der Konsequenzen induziert. Dementsprechend wird beim Vulnerabilitätskonzept nicht nur die konkrete Exposition gegenüber einem externen Einfluss berücksichtigt, sondern auch die Empfindlichkeit einbezogen. Empfindlichkeit und Betroffenheit wird dabei als von der Vulnerabilität mit beeinflusst aufgefasst.

Turner et al. (2003) setzten sich intensiv mit den globalen Veränderungen der Umwelt sowie deren Folgen im Kontext der Nachhaltigkeitsforschung auseinander. Unter Bezugnahme auf das Risk-Hazard-Modell (Turner et al. 2003, 8074), in dem Vulnerabilität (Verwundbarkeit) als Funktion von „Exposure“ (Exposition/Gefährdung) und „Sensitivity“ (Sensitivität/Empfindlichkeit) gegenüber Risiken und Gefahren versteht, haben Turner et al. das Modell um das aus der Ökosystemforschung stammende Konzept der Resilienz eines Systems ergänzt. Diese wird – wie in Abb. 52 dargestellt – mit der Exposition und der Sensitivität in Relation gesetzt. Dadurch soll die wechselseitige Beeinflussung des gekoppelten Mensch-Umwelt-System auf die Vulnerabilität verdeutlicht werden. Die Resilienz eines Systems stellt nach diesem Verständnis die Fähigkeit dar, auf ein externes Ereignis selbstorganisiert zu reagieren, es zu bewältigen sowie sich entsprechend anzupassen (Turner et al. 2003, 8074). Im Sinne des Vulnerabilitätskonzeptes wird die Sensitivität der lokalen Bevölkerung auch davon geprägt, welche Coping-Möglichkeiten vorhanden sind.

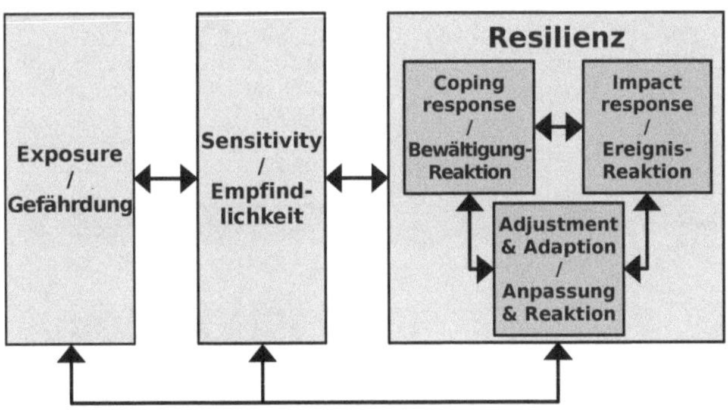

Abb. 52: Dimensionen des Konzepts der Vulnerabilität und Kategorien der Resilienz (Quelle: Eigene Darstellung in Anlehnung an Turner et al. 2003, 8077 sowie Bohle und Glade 2007, S. 211)

Im übertragenen Sinne kann mit diesem Ansatz versucht werden, zu beantworten, warum ein gleiches Ereignis in unterschiedlichen Kontexten eine abweichende Intensität der Konsequenzen verursacht (Turner et al. 2003). Mit diesem erweiterten Blickwinkel scheint das Konzept geeignet, auf das Overtourism-Phänomen übertragen zu werden. Auch bei der Overtourism-Diskussion ist die Tragfähigkeit nicht nur direkt von der Exposition der lokalen Bevölkerung mit einer gewissen Anzahl an Touristen abhängig. Vielmehr ist eine komplexere Analyse der Bevölkerungs-Besucher-Beziehung notwendig. Wie in den vorangegangen Abschnitten deutlich gemacht wurde, weisen die Sensitivität und die Resilienz der Bewohner in verschiedenen städtischen Destinationen mit vergleichbaren Tourismusintensitäten große Unterschiede auf.

4.4.1 Coping Optionen

Dabei scheint für den direkten Umgang mit und die Bewältigung von aus der touristischen Nachfrage resultierenden Belastungen für die einheimische Bevölkerung relevant zu sein, inwieweit diese über Coping-Optionen verfügt.

4.4.1.1 Räumliches Ausweichen

Am Beispiel von München wurde bereits darauf hingewiesen, dass die räumliche Konzentration der meisten Besucher auf den zentralen Innenstadtbereich es der lokalen Bevölkerung relativ leicht erlaubt, überlaufene Bereiche der Innenstadt einfach zu vermeiden (vgl. Kap. 4.3.1). Es seien hier nochmals die Befunde zur Fußgängerzone angeführt (vgl. Abb. 53).

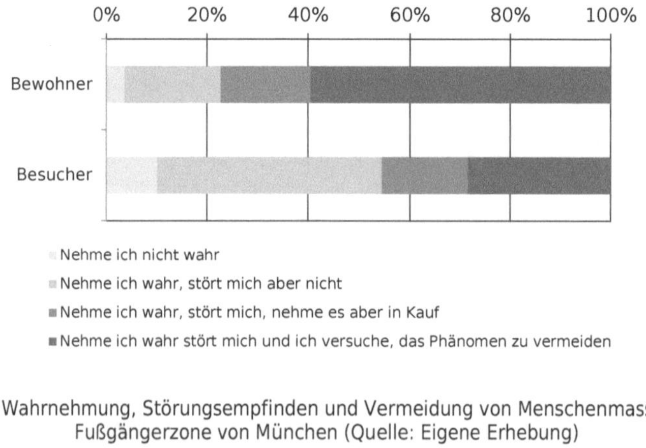

Abb. 53: Wahrnehmung, Störungsempfinden und Vermeidung von Menschenmassen in der Fußgängerzone von München (Quelle: Eigene Erhebung)

Die Kaufinger/Neuhauser Straße als zentrale Hauptachse der Münchner Fußgängerzone ist mit bis zu 5.500 Passanten pro Stunde die am stärksten frequentierte Einkaufsstraße Deutschlands (Süddeutsche Zeitung 2018). Die bereits angesprochene hohe Zahl von Menschen in der Fußgängerzone wird dementsprechend von den befragten Besuchern und Bewohnern als besonders störend empfunden wird.

Auch wenn teilweise ausgesagt wurde, dass es nicht nur Touristen, sondern auch Münchner*innen und Einkäufer aus der Region seien, die zur hohen Passantendichte führen, gaben fast 60 % der Bewohner und mehr als ein Viertel der Besucher an, diese Bereiche möglichst zu meiden. Dabei wurde von den Befragten ausgesagt, dass sie zwar manche Bereiche wie z. B. den Marienplatz als überfüllten touristischen Hotspots empfinden, dieser aber leicht zu Umgehen ist.

Abb. 54: Die Weitläufigkeit des innenstadtnahen Englischen Gartens trägt mit dazu bei, das Crowding-Gefühl in München zu entspannen und bietet räumliche Coping-Optionen für Bewohner und Besucher (Quelle: Eigene Aufnahme)

Bei qualitativen Expertengesprächen in München wurde ebenfalls die hohe Passantenfrequenz in der Fußgängerzone thematisiert. Allerdings wurde dabei auch immer wieder klar gemacht, dass es eben nicht nur die Touristen, sondern auch die Münchner*innen und die Einkäufer aus dem Umland sind, die hier relevanter sind: „*Also ich sehe keine* [Overtourism] *Grenze und ein Aspekt ist auch, dass manche sagen, in die Fuß-*

gängerzone können wir nicht mehr gehen, die wird als Einfallzone bezeichnet, weil sie schon so voll ist, aber das sind, glaube ich, nicht nur Touristen" (Bickelbacher 2018).

Gleichzeitig ist es eben aufgrund der weitläufigen Stadtstruktur relativ einfach möglich, überlaufene Bereich zu vermeiden, wie der Vertreter der IHK berichtete: „*Also ich fahr jeden Tag mit dem Fahrrad zur Arbeit und fahre am Marienplatz vorbei. Wenn Freitagnachmittag schönes Wetter ist, dann fahre ich die Runde eher andersrum, dass ich dann nicht am Marienplatz vorbei komm*" (Nordhorn 2018).

Auch eine Münchner Crowding-Forscherin betont die Relevanz von Coping-Optionen für die Wahrnehmung: „*Das ist dieser Aspekt, was machen die um es zu vermeiden. ... Aber was kann ich tatsächlich an Coping Strategien anwenden, um es entweder in der Masse trotzdem positiv zu erleben oder mich eben von der Masse zu trennen und dann wo anders was zu machen*" (Popp 2018a).

Angesichts der Größe der Stadt fällt es eben dann auch relativ leicht bestimmte Hotspots zu vermeiden: „*Also als Münchner geht man nicht zum Hofbräuhaus, weil man tatsächlich dort nichts zu tun hat im Regelfall*" (Popp 2018a).

Abb. 55: So lange die Besucher in ihrer „Tourist Bubble" bleiben (hier im Umfeld des Hofbräuhauses) und die Münchner diese vermeiden können, stören sie die Besucher nicht (Quelle: Eigene Aufnahme)

Die Meidung von solchen zentralen Hotspots gilt dabei natürlich auch für die Wohnungssuche, wie der Vertreter von City Partner München anspricht: „*Und da ist eigentlich schon, wie gesagt jemand der eine ruhige Wohnung findet bei aller Schwierigkeit in München eine Wohnung zu suchen, der wird nicht am Platzl gegenüber vom Hofbräuhaus sich eine Wohnung angucken, weil da weißt du, was da los ist*“ (Fischer 2018).

Die Konzentration der meisten touristischen Aktivitäten auf den zentralen Innenstadtbereich bedeutet in München aber auch, dass die Einwohner in vielen Stadtvierteln außerhalb der Innenstadt kaum mit Übernachtungsbesuchern konfrontiert werden. Damit finden die Bewohner in den Nebenzentren und Wohnquartieren auch entsprechende Rückzugsräume.

In Kap. 2.2 wurde bereits auf die Rolle des New Urban Tourism hingewiesen. Gerade dadurch, dass sich die New Urban Tourists vom Mainstream abheben möchten und sich damit bewusst auch abseits der Tourist Bubble bewegen, dringen sie in Wohnquartiere vor und reduzieren damit auch die Rückzugsmöglichkeiten der Bewohner.

Mit dem Blickwinkel auf die Coping-Optionen kann auch die starke Fokussierung der Overtourism-Diskussion auf den Städtetourismus mit gedeutet werden. Im Städtetourismus halten sich Touristen weitgehend im Lebensraum der lokalen Bevölkerung auf. Demgegenüber ist die Konfrontation im ländlichen Raum bei vorherrschenden Tourismusformen mit Naturbezug (Wandern, Radfahren, Wassersport) meist nicht so direkt. Dort bewegen sich Besucher zum erheblich Teil nicht im unmittelbaren alltäglichen Lebensumfeld der Einheimischen. Bei eigenen Erhebungen zum Badetourismus in Tunesien konnte auch genau dieser Aspekt der räumlichen Trennung von Strandresorts und den Wohnbereichen der lokalen Bevölkerung als ein die Akzeptanz begünstigender Aspekt identifiziert werden (Kagermeier 1999, S. 105).

4.4.1.2 Zeitliche Dimension

Ähnliches wie für räumliche Coping-Optionen gilt auch für zeitlich befristete Peaks der touristischen Nachfrage. Hier soll wiederum nochmals auf die Aussagen zum Oktoberfest zurückgegriffen werden. Dabei sagt knapp die Hälfte der Bewohner und knapp ein Viertel der Besucher aus, dass sie diese für München sicherlich imageprägende Veranstaltung wenn möglich meiden.

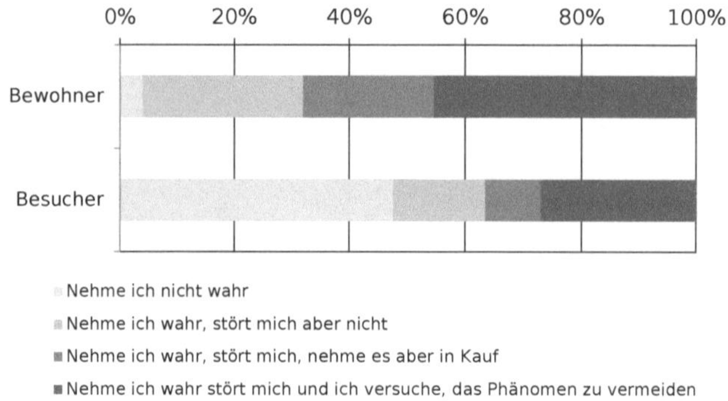

Abb. 56: Wahrnehmung, Störungsempfinden und Vermeidung der Auswirkungen des Oktoberfestes in München (Quelle: Eigene Erhebung)

Auch hier wurden bei Expertengesprächen Aussagen getroffen, die diese oberflächlichen quantitativen Befunde stützen und inhaltlich vertiefen. So äußerte ein Stadtratsvertreter der Grünen: „*Also ich glaube, das ist vor allem, ich bin in dem Stadtbezirk, wo das Oktoberfest stattfindet, auch politisch aktiv und das sind vor allem die Leute, die direkt daran wohnen. Die sagen, das brauch ich dann nicht, weil diese Folgen, wenn die Leute stark betrunken sind und dann in den Vorgarten pieseln usw., das ist noch das harmlosere oder sonstige Sachen sich entleeren, das ist natürlich unangenehm und dann sagen einige, es sind zu viel. Ich glaube das sind dann die, die in diesem Umfeld wohnen auch, die da sagen, die zwei Wochen fahre ich lieber weg und das sind zum Glück nur zwei Wochen, da kann man im Urlaub mal wegfahren. ... Aber ich bin auch kein großer Fan davon, aber für die meisten Münchner gehört es irgendwie dazu. Das dort dann auch viele Touristen sind, ist auch OK. Aber das stimmt, das ist auf jeden Fall was, wo man eher nochmal sagt, da kann es manchen Leuten zu viel werden. ... Aber ich glaube, es gibt Einzelne, die das ablehnen, aber keine Mehrheit. Ich glaube, wenn man jetzt rumfragen würde, dann würden 10 % sagen, das Oktoberfest ist zu schlimm und 43 % sagen, mein Gott es geht vorbei und die andern finden es ganz toll*“ (Bickelbacher 2018)

Dementsprechend schließt auch ein Zeitungsartikel in der Süddeutschen Zeitung nach dem Oktoberfest: „*Der Münchner als solcher mag also Touristen besonders gerne, wenn sie wieder fort sind*“ (Pfeifer 2019, S. 29). Nach einem Peak wieder „Luft holen“ zu können bzw. zu „verschnaufen“ kann damit auch als relevanter Aspekt des Umgangs mit hohen

Belastungen angesehen werden. Dies gilt sicherlich auch für Destinationen im ländlichen Raum, in denen eben nach der turbulenten Bade- oder Ski-Saison in der Vor- und Nachsaison wieder Ruhe einkehrt und der Bevölkerung ein Recovern ermöglicht. Dementsprechend wird auch oftmals die in der Literatur negativ gesehene Saisonalität von Arbeitsplätzen relativiert – vorausgesetzt die Wiederbeschäftigung in der nächsten Saison ist gesichert und die während der Hauptsaison erzielten Einkünfte sich hoch genug, um Schwachlastzeiten zu überbrücken. Phasen der Nichtbeschäftigung nach einer intensiven Hochsaison können durchaus auch von den Beschäftigen und Tourismusunternehmen als positiv eingeschätzt werden, weil sie eben einen Ausgleich für intensive Arbeitsphasen darstellen (Kagermeier 1999, S. 103).

Abb. 57: Der Gärtnerplatz ist ein beliebter Ort auch für den abendlichen Aufenthalt (Quelle: Eigene Aufnahme)

Damit spricht vieles dafür, dass kürzere, sehr intensive Belastungen möglicherweise eine leichtere Anpassung ermöglichen als länger andauernde. Damit ist die Münchner Bevölkerung als resilienter anzusprechen als z. B. die Einwohner von Berlin, wo die Besucher in stärkerem Maß auch in den gentrifizierten gründerzeitlichen Wohnquartieren präsent sind. Dort führt das Kneipen- und Nachtleben den ganzen Sommer zu erheblichen Beeinträchtigungen für die Anwohner, ohne dass diese über Vermeidungsoptionen verfügen würden. Dementsprechend entzünden sich auch in München die (wenigen) Proteste gegen nächtliche Partys (von externen Besuchern und zumeist jüngeren Bewohnern) auf öffentlichen Plätzen (Lotze 2020, R2), wie z. B. dem Gärtnerplatz in München (vgl. Abb. 57). Der Unterschied zu Events wie dem Oktoberfest besteht eben auch darin, dass sich diese Beeinträchtigungen über die gesamte warme Jahreszeit erstrecken und damit eben keine Vermeidungsoptionen bestehen.

Die Grenzen der sozialen Tragfähigkeit stellen damit nicht nur ein reines Mengenproblem dar. Gleichzeitig wird die Akzeptanz von Besuchern nicht nur von der Wachstumsgeschwindigkeit beeinflusst. Zwar können moderate Wachstumsraten – auch bei bereits hoher Tourismusintensität – zu einer Art Gewöhnungseffekt führen, so dass die Toleranzschwelle nicht überschritten wird.

Abb. 58: Gegen Störungen durch das Nachtleben im Freien gibt es für die Anwohner oft keine angemessenen Coping Optionen (Quelle: Eigene Aufnahme)

Dies gilt aber insbesondere dann, wenn der Bevölkerung entsprechende Vermeidungs- und Ausweichoptionen sowie Rückzugsmöglichkeiten in wenig von Touristen beeinflussten Quartieren zur Verfügung stehen. Damit ist die Akzeptanz auch nicht direkt mit der Expositionsintensität gekoppelt, sondern wird – im Sinne des Resilienz-Konzeptes – davon beeinflusst, inwieweit Coping-Optionen verfügbar sind.

4.4.2 Weitere Resilienz begünstigende Faktoren

Neben den direkten individuellen Coping-Optionen der Bewohner zur räumlichen und zeitlichen Vermeidung von als belastend empfundenen Settings mit einer hohen Zahl von Touristen, dürfte auch die Fähigkeit eines Destinationssystems als kollektiver Akteur zur Anpassung und Reaktion für die Resilienz relevant sein.

4.4.2.1 Situation auf dem Wohnungsmarkt

In Kap. 3.3 war als einer der indirekten Effekte des Städtetourismus eine mögliche Konkurrenz mit dem Wohnungsmarkt erwähnt worden (ähnlich Eisenstein und Schmücker 2020, S. 42f.). So betont z. B. für Kopenhagen Lund Hansen (2006, S. 10), dass der dortige relativ hohe Anteil öffentlicher bzw. genossenschaftlicher Wohnungen zu einer gewissen Entspannung des Wohnungsmarktes beiträgt. Damit wird von den Einwohnern Kopenhagens die Konkurrenz der touristischen Nachfrage nach Wohnraum weniger gravierend gesehen als in anderen städtetouristischen Destinationen.

Barcelona ist sicherlich ein extremes Beispiel für eine andere Situation. Dort macht der Mietwohnungsmarkt nur etwa 30 % des Wohnungsmarktes aus (Gebhardt 2017, S. 238). Gleichzeitig wurde stadtpolitisch gewollt, seit der Olympiade 1992 (Ajuntament de Barcelona 2004 oder König 2005) im Zuge des industriestrukturellen Wandels eine urbane Transformation der Hafenregion und der sich daran anschließenden früheren Arbeiterquartiere forciert, die auch stark auf eine Touristifizierung dieser Quartiere setzte. Die Strategie kann – ähnlich wie die Branding Kampagne in Amsterdam (vgl. Heeley 2011, S. 137ff.) – als so „erfolgreich" im Sinne der ursprünglichen Zielsetzungen angesprochen werden, dass fast im Sinne des Goethe'schen Zauberlehrling formuliert werden kann: *„Die ich rief, die Geister, werd ich nun nicht los*" (Goethe 1797).

Gleichzeitig erfolgte – insbesondere auch durch die Innovation der Internet Sharing Plattformen – die Umwandlung von Wohnungen in Unterkünfte für temporäre Besucher der Stadt (vgl. Kap. 2.3) gerade in solchen Transformationsquartieren in besonderem Maß. Von der Stadtverwaltung von Barcelona wird inzwischen für einzelne hafennahe Quartiere der Altstadt der Anteil der für touristische Zwecke genutzten bebauten Wohnbaufläche mit bis zu 40 % angegeben (2017, S. 31). Auch wenn dieser Wert nicht überprüft werden kann und sehr hoch gegriffen erscheint, ist wohl unbestritten, dass das Phänomen der touristischen motivierten Zweckentfremdung von Wohnraum in Barcelona sehr stark ausgeprägt ist. In der „AirBnB-Hauptstadt“ Deutschlands ergeben sich (bei unterstellten durchschnittlich zwei Einwohnern pro Wohnung) für Kieze in den besonders von AirBnB geprägten Bezirken Neukölln, Prenzlauer Berg, Friedrichshain und Kreuzberg (vgl. Abb. 6 in Kap. 2.3) nur zwischen vier und fünf Prozent. Bezogen auf die Gesamtstadt ist in der Hochphase nur jede 240ste der knapp 1,9 Mio. Berliner Wohnungen auf AirBnB zu finden gewesen (Skowronnek, Vogel und Parnow 2015).

Für München ist zu konstatieren, dass dort der Wohnungsmarkt in den letzten Jahrzehnten ohnehin schon relativ durchgängig angespannt gewesen ist. Dementsprechend hat München auch in den letzten Jahrzehnten mit die höchsten Mieten und Immobilienpreise in Deutschland zu verzeichnen gehabt. Neben dem Aspekt der „Gewöhnung“ der Einwohner an relativ hohe Mieten war damit auch nur begrenzt günstig verfügbarer Wohnraum vorhanden, der sich für touristische Vermietungen und damit eine Zweckentfremdung anbot. Die Gentrifizierung, die in Berlin oder auch in Barcelona in den letzten Jahren parallel zur Entwicklung der Sharing Economy ablief, fand am Beginn ja relativ niedrige Wohnungsmarktpreise vor, die eine Ansiedlung von Mitgliedern der sog. kreativen Milieus begünstigte. Damit wurden die Viertel erst für den NUT attraktiv. Entsprechend der in München durchgängig hohen Nachfrage auf dem Wohnungsmarkt vor relativ kaufkraftstarken Bevölkerungsgruppen sind dort das Upgrading und die Gentrifizierung bereits seit den 1980er-Jahren am Laufen.

Gleichzeitig bedeutet ein angespannter Wohnungsmarkt auch, dass von kommunaler Seite bereits seit 1971 Instrumente gegen die Wohnraumzweckentfremdung (damals v. a. gerichtet gegen eine Umnutzung in Dienstleistungsstandorte) praktiziert werden (Landeshauptstadt München. Sozialreferat 2011, S. 34).

München hat auch bereits 1994 Verfahrensgrundsätze für eine sog. „Sozialgerechte Bodennutzung“ festgelegt, um bei größeren Bauvorhaben sicherzustellen, dass mindestens ein Drittel der Neubauwohnungen nach Kriterien des Sozialen Wohnungsmarktes vergeben werden können (Landeshauptstadt München. Referat für Stadtplanung und Bauordnung 2017, S. 36). Gleichzeitig ist aufgrund der relativen wirtschaftlichen Prosperität die Stadt München in der Lage, einerseits Bodenvorratspolitik zu betreiben und damit auch Flächen entsprechend den wohnungspolitischen Zielen z. B. an Genossenschaften zu vergeben. Andererseits hält die städtische Wohnungsbaugesellschaft mit 7,5 % der Wohnungen durchaus einen signifikanten Marktanteil (Landeshauptstadt München. Referat für Stadtplanung und Bauordnung 2017, S. 89) – während umgekehrt das Land Berlin kurz nach der Jahrtausendwende – auch angesichts knapper öffentlicher Kassen – mit insgesamt etwa 150.000 Wohnungen einen erheblichen Anteil seiner sozial gebundenen Wohnungen auf dem freien Markt veräußerte (Oellerich 2009).

Der bereits seit längerem angespannte Wohnungsmarkt in München im Wechselspiel mit einem entsprechenden politischen Gestaltungswillen und auch den finanziellen Spielräumen hat sicherlich mit dazu beigetragen, dass die Anpassung an die Herausforderungen des Sharing Wohnungsmarktes in München wohl kein so große öffentliche Diskussion generiert hat wie z. B. in Barcelona oder Berlin. Eine gleiche Tourismusintensitäts-Exposition der Bevölkerung kann damit in München auch durch die Anpassungsmöglichkeiten der Stadtpolitik zu einer niedrigeren Empfindlichkeit beitragen. Der Umgang mit den Gefährdungen/Expositionen auf der gesamtkommunalen Ebene scheint damit einen weiteren Aspekt zur Förderung der Resilienz darzustellen. Dies gilt ja in gleicher Weise auch z. B. für die von den Touristen mit genutzte Verkehrsinfrastruktur. Zwar stellen die Touristen in Großstädten nur einen kleineren Teil der Nachfrager nach ÖPNV-Angeboten dar. Städte, die vorausschauend in die entsprechende Infrastruktur investiert haben, bzw. investieren konnten, sind leichter in der Lage auf Nachfragespitzen, die auch von Touristen mit verursacht werden, durch entsprechende Angebotsausweitungen zu reagieren. Damit kann auch hier bei gleicher Exposition (touristischer Nachfrage) die Sensitivität der Bewohner (bzw. deren daraus resultierende Reaktionen) entsprechend niedriger gehalten werden. Damit ist das Gesamtsystem resilienter.

4.4.2.2 Lebensstil-Gaps zwischen Besuchern und Bewohnern

Ein weites Kriterium, das dazu beiträgt, dass München resilienter gegenüber Overtourism erscheint als andere Destinationen, ist die Tatsache, dass die Lebensstil-Gaps zwischen Besuchern und Bewohner in der bayerischen Hauptstadt eher gering sind. Außerhalb der Oktoberfestzeit sind die meisten München besuchenden Städtetouristen eben mehrheitlich keine auf Alkoholexzesse und übermäßigen Bierkonsum ausgerichteten Partytouristen. Der Lebensstil der Besucher ist weitgehend geprägt vom

Interesse an Kunst und Kultur, inklusive der Bierkultur, die von großen Teilen der Münchner Bevölkerung ebenfalls als kulturelle Praktiken nachgefragt werden (Landeshauptstadt München 2013, S. 11).

Hinzu kommt, dass München eine eher hochpreisige Destination ist (HRS 2019), wodurch insbesondere kaufkraftstärkere Zielgruppen angesprochen werden. München hat sich nie als kostengünstiges Party-Reiseziel aufgestellt, wie es Amsterdam, Barcelona und auch Berlin getan haben. An diesen Zielgruppen-Richtlinien hält die DMO bis heute fest und fokussiert sich in ihrer Tourismusstrategie von 2013 auf die Sinus-Milieus (Hradil 2006, Barth et al. 2018) der „Bürgerlichen Mitte", des „Konservativ-etablierten Milieus" und des „Liberal-intellektuellen Milieus" (Landeshauptstadt München 2013, S. 42). Damit werden Zielgruppen angesprochen, die ähnliche Präferenzen wie ein großer Teil der Bewohner Münchens aufweisen. Aus der Art der Zielgruppen resultieren damit weniger direkte Friktionen (Postma und Schmücker 2017, S. 149). Da München als Arbeitsmarkt stark von gutverdienenden akademischen Berufen geprägt wird, fragen tendenziell die einheimische Bevölkerung und die Besucher keine diametral entgegengesetzten Freizeitangebote nach. Dementsprechend besteht auch kein ausgeprägtes „kulturelles Gap" zwischen den Besuchern und den Bewohnern.

Auch setzt der Flughafen München nur sehr begrenzt auf Low Cost Carrier (Ibel 2014, S. 76, DLR 2019, S. 14), so dass auch hierdurch kaum preissensible Party-Touristen in die Stadt gelockt werden. So werden Partytouristen – welche in Berlin stark vertreten sind – als irritierender empfunden als kulturorientierte Städtetouristen in München, da das Lebensstil-Gap zwischen den Besuchern und Bewohnern größer ist.

Der bereits in Kap. 4.3.2 angesprochene Einfluss der Besucherstruktur kann damit auch in das Vulnerabilitäts-Resilienz-Konzept integriert werden: Die Exposition der lokalen Bevölkerung gegenüber einer bestimmten Anzahl von Besuchern führt in Abhängigkeit von den Besuchern ausgehenden Irritationen zu unterschiedlich intensiven Coping und Anpassungs-Reaktionen bzw. einer unterschiedlich ausgeprägten Empfindlichkeit. Die Belastbarkeit einer gastgebenden Bevölkerung ist damit in starkem Maße auch ein soziales Phänomen, das durch ähnliche Lebensstile von Bewohnern und Besuchern positiv beeinflusst werden kann.

Auch ein Vertreter der lokalen DMO formuliert dies entsprechend: *„Bedeutet wir sprechen gezielt Gäste an, die eigentlich genau das gleiche Ver-*

halten zeigen, wie die Münchner selbst, die ähnliche Interessen haben, die ähnliche Neigungen haben. Das heißt wenn diese Gäste dann nach München kommen, fallen sie nicht auf, weil sie sich genauso verhalten, wie die Münchner selbst. Insofern sind die auch kein so großer Störfaktor, wie vielleicht ein Milieu das sehr auffällig ist, wie Partygäste zum Beispiel“ (Zednik 2018). Diese Strategie entspricht dem Anpassungsansatz im Resilienz-Konzept, auch wenn er in München sozusagen prophylaktisch bereits vor dem Auftauchen der Overtourism-Diskussion als originäre Tourismusstrategie verfolgt wurde. Das Setzen auf eher hochkulturelle und genussorientierte Zielgruppen im gehobenen Preissegment kann damit als eine Art Immunisierungsstrategie angesprochen werden.

4.4.3 Zwischenfazit: München und die „Biergarten-Toleranz“

Wie in den vorangegangenen Abschnitten dargelegt, weist die bayerische Landeshauptstadt im Vergleich zu anderen urbanen Destinationen begünstigende Faktoren auf, die zu der Resilienz der lokalen Bevölkerung gegenüber einer hohen Tourismusintensität beitragen. Ein gelerntes, erhöhtes Toleranzniveau und großzügige räumliche Stadtstrukturen lassen viele Münchner*innen bisher noch relativ entspannt auf die Frage nach Problemen durch touristische Übernutzung reagieren.

Im Zuge der Erhebungen in München ist auch immer wieder ein Aspekt aufgetaucht, der sich den bisherigen eher rational geprägten Deutungsmustern nur begrenzt erschließt. Ohne dass dies bei den Expertengesprächen durch entsprechende Fragen nahe gelegt wurde, tauchte als Topos bei vielen Gesprächen mit Tourismus-Akteuren das Motiv der „Biergärten“ auf. Dabei wurde fast dem Klischee der Werbung der Paulaner Brauerei mit den „*Geschichten aus dem Paulaner-Garten*“ (Paulaner 2008) in den Äußerungen entsprochen.

Referiert wurde dabei einerseits auf einen Mix aus stolzer Bierkultur, und auf die unter den Bewohnern weit verbreitete oberbayrisch-patriotische Position „Hauptstadt des Bieres“ zu sein (Landeshauptstadt München. Referat für Arbeit und Wirtschaft 2014a). Darüber hinaus haben sich die Experten wiederholt und ohne konkrete Nachfrage auf den Topos der Münchner Biergärten bezogen. Diese wurden nicht nur als wichtige Freizeitorte, sondern als integraler Bestandteil der Stadtgesellschaft und ihrer Kultur dargestellt. Und tatsächlich lässt sich die Biergarten-Situation metaphorisch auf die touristische Situation der Stadt übertragen. Neben dem Megaevent Oktoberfest, auf dem die bayerische Kultur und Kulinarik zelebriert werden, gibt es eine Vielzahl an kleineren Biergärten, die kaum von externen Besuchern und fast ausschließlich von Einheimischen aufgesucht werden und damit auch als eine Art Rückzugsraum fungieren. Ähnlich wie die Wohnquartiere, die durch AirBnB und die Sharing Economy touristifiziert werden, befürchten Experten nun, dass durch den Trend zum „Off-the-beaten-track"-Tourismus nicht nur die Wohnorte, sondern auch die Freizeitplätze der Bewohner häufiger von Touristen frequentiert werden: *„Jetzt schlagen viele vor dann müsst ihr es besser verteilen. Und dann kommen dann häufig solche Ideen ja, München so viele coole kleine Biergärten und bringt die Leute doch mal ein bisschen fernab vom Hofbräuhaus. Da gibt es auch ein Biergarten oder da gehen halt alle hin, die da ein Bierchen trinken wollen, oder es gibt paar große Biergärten. Es gibt so viele schöne Biergärten und ich sehe das auch kritisch. Ich sage nicht, dass ich es gut oder schlecht sehe, aber man muss zumindest dann überlegen, was die Konsequenz ist. Wenn diese letzten kleinen Biergärten, wo tatsächlich der Münchner sitzt und nach der Arbeit gemütlich sein Maß Bier oder seine Halbe Bier trinken kann, wenn dann da auch immer mehr Touristen kommen. Da sind wir bei einer Diskussion, die mit Airbnb schon losging"* (Namberger 2018)

Auch der Vertreter aus dem Stadtrat betont diese Rolle der Biergärten: *„Vielleicht ist da im ein gewisses Verständnis auch da und solang man im Biergarten noch einen Platz kriegt, das ist eh vielleicht so, wenn es im Viktualienmarkt ganz voll wird, dass man da keinen Platz mehr kriegt, vielleicht kippt dann die Stimmung"* (Bickelbacher 2018).

Ähnlich äußert sich auch der Vertreter der Stadtmarketing-Organisation: *„Wenn der Niederbayer zum Tagestourismus hierher kommt und sich dann ins Hofbräuhaus setzt, oder zum Augustiner oder in den Löwenbräu Biergarten geht, fällt der nicht auf, weil es eine ähnliche Klientel ist, auch dieses kulturorientierte klassische italienische Klientel. Mein Gott die schwimmen halt so mit, die reden ein bisschen anders, aber sind jetzt nicht verhaltensauffällig in dem Sinn, dass sie eben andere Settings mit präferieren. ... „Und da ist wieder, auch wenn der Münchner als grantelig manchmal gilt, da im Biergarten, da hockt dann halt alles durch die Schichten, quer durch den Gemüsegarten und alles ist gut"* (Fischer 2018).

Möglicherweise lässt sich die Situation um die Münchner Biergärten zumindest teilweise auf die Gesamtsituation übertragen und die Geduld der lokalen Bevölkerung mit den wachsenden Touristenströmen verkürzt auch als „Biergarten-Toleranz" charakterisieren (vgl. auch Erdmenger 2019). Gepaart ist diese „Biergarten-Toleranz" sicherlich auch mit einer gehörigen Portion von Lokalstolz.

Abb. 59: So lange der Münchner noch einen Platz im Biergarten findet scheint die Welt weitgehend in Ordnung (Quelle: Eigene Aufnahme)

Das Privileg, nicht nur im Urlaub die Biergärten frequentieren zu können, sondern eben fast zu „Leben, wo andere Urlaub machen" kann sicherlich – ohne jetzt zu sehr in sozialpsychologischen Sphären dilettieren zu wollen – als Beitrag zum festgestellten relativ hohen Resilienzniveau in München angesehen werden (vgl. nachfolgende Box).

Die Zufriedenheit mit der Stadt in der man lebt und ein gewisser Lokalstolz werden auch vom Tourismusdirektor in Würzburg für relevant gehalten. Würzburg hat bei vergleichbarer Stadtgröße weitgehend die gleiche Entwicklung im Flusskreuzfahrttourismus erfahren wie Bamberg, ohne dass bislang intensivere Diskurse über Belastungsgrenzen erkennbar sind. Als einer der Gründe hierfür wird angesehen: *„Und die Einheimischen sind schon ganz stolz und zeigen das dann auch, wie gut es sich hier leben lässt"* (Rudek 2020). Dass die wahrgenommene Lebensqualität einen positiven Einfluss auf die Sicht der Tourismus ausüben kann, wurde auch empirisch nachgewiesen (Nunkoo und So 2016, S. 850).

Das Geheimnis der Münchner Biergärten

Der Münchner Biergarten-Topos wird auch von der bundesrepublikanischen Presse mit gepflegt und weiterentwickelt. So titelt Björn (2019) in der Wochenzeitung „Die Zeit": ***„Schee! Wer in den Biergarten geht, muss nicht länger allein sein. Wer in den Biergarten geht, kann die horrende Miete vergessen, die er für kein Haus mit Garten zahlt"***

„Vielmehr beschäftigt mich eine große, wichtige, wirklich drängende Frage: Was ist das Geheimnis von Münchens Schönheit. ... Aber vor allem meine ich die Schönheit, die darin zum Ausdruck kommt, dass die Menschen hier gut zueinander sind. ...

Ich wollte schon aufgeben, da kam ich auf die Lösung. Sie ist so einfach, wie alle genialen Ideen einfach sind. Und ich glaube, wenn man sich ernsthaft mir ihr beschäftigt, kann man daraus ein Modell entwickeln. Vielleicht nicht für die ganze Welt, weil ich auf keinen Fall der bayerischen Großmannssucht das Wort reden möchte, aber zumindest für Deutschland: die Idee eines freundlicheren Landes, in dem die Menschen einander mit Zugewandtheit und Wohlwollen begegnen. ***Die Lösung ist: der Biergarten.***

Es gibt ja die verbreitete Klage, dass es der Politik an Visionen mangelt. Politiker widmen sich Problemen, tüfteln ... Lösungen aus, die sie hinterher als „alternativlos" präsentieren. ... Ich will nicht sagen, dass der Biergarten all diese Probleme lösen würde, aber zumindest in Sachen Demokratie könnte er helfen. Vielleicht sagen Sie jetzt: Der Biergarten?! Ist doch nur eine Ansammlung von Tischen und Stühlen! ... Aber das stimmt eben nicht. Nehmen wir zum Beispiel den Taxisgarten. Er ist nicht so berühmt wie der Hirschgarten, Europas angeblich größter Biergarten, ...

Aber das ist nicht das Entscheidende. Für den Biergarten gilt, was nicht einmal mehr auf Kneipen, Fußballstadien oder Schulen zutrifft: Er ist ein egalitärer Ort, an dem fremde Menschen aus verschiedenen Milieus aufeinandertreffen, nicht um sich – wie auf Twitter – zu beleidigen, sondern um zusammenzusitzen und sogar gelegentlich miteinander zu sprechen. ...

Wer in den Biergarten geht, durchbricht die Anonymität der Großstadt und begegnet echten Menschen, manchmal sogar seinen Nachbarn. Aber man muss nicht. Und deshalb kann man nicht nur im Taxisgarten beobachten, wie die meisten Menschen ihre prall gefüllten Tupperdosen auspacken und sich anschließend Brote schmieren mit Wurst oder Käse oder veganem Brotaufstrich. Man kann beobachten, wie sie ihre mitgebrachten Poke-Bowls essen oder ihre selbst gemachten Falafeln. Man kann beobachten, wie sie die größte Kunst der Münchner pflegen: die des gemeinschaftlichen Draußensitzens. ...

Wenn es nach mir ginge, würde ein ... Politiker bald endlich eine wirklich große Vision verkünden – und die Biergartenrepublik proklamieren! Nach dem ‚Gute-Kita-' und dem ‚Starke-Familien-Gesetz' könnte die Bundesregierung dann das ‚Super-Biergarten-Gesetz' erlassen, das einen Schlüssel von einem Biergarten pro 1000 Einwohner vorschreibt. Ich verspreche Ihnen, Sie würden dieses Land nicht wiedererkennen.

Keiner würde mehr von der Zersplitterung der Gesellschaft reden. Alle Standes- und Bildungsunterschiede würden weniger wichtig, Beruf und Einkommen, Herkunft und Hautfarbe wären bedeutungslos. Stattdessen würde unter allen Bürgerinnen und Bürgern der Biergartenrepublik, während sie leicht angetrunken unter Kastanien sitzen, ein ungekanntes Gefühl von Zusammengehörigkeit entstehen" (Stefan 2019, S. 50).

4.4.4 Rahmenbedingungen der Befindlichkeit einer Stadtgesellschaft

Über den fast etwas ironisch-lächelnden Blick auf die Münchner Biergärten soll der Fokus darauf gerichtet werden, dass es – über die objektiven Gegebenheiten von Tourismusintensität, Transformationsgeschwindigkeit sowie die subjektive Perzeption der lokalen Bevölkerung von Exposition, Sensitivität und Coping-Optionen hinaus – möglicherweise beim Themenfeld Overtourism um noch tiefer sitzende Dimensionen geht, welche die Befindlichkeit einer Stadtgesellschaft betreffen.

Ist eine Stadtgesellschaft disruptiven Prozessen ausgesetzt, geraten soziale, ökonomische oder gesellschaftliche Settings aus dem Gleichgewicht, dann scheint die Fähigkeit sich mit Stressfaktoren – und als ein solcher kann eine hohe Tourismus-Exposition sicherlich angesprochen werden – auseinanderzusetzen geringer zu werden. Umgekehrt – und in diese Richtung führen die Biergarten-Gedanken in München – ist eine in sich ruhend und relativ stabil bzw. wenig von Spannungen und Friktionen gekennzeichnete Stadtgesellschaft wohl als resilienter anzusehen. Damit scheinen – über den engeren Fokus auf den Tourismus hinaus – die Befindlichkeit der Stadtgesellschaft sowie der gesamte gesellschaftspolitische Diskurs eine wichtige Rolle zu spielen wie die Reaktionen auf ähnliche Overtourism auslösende Stimuli ausfallen.

Am Beispiel von Berlin – das klar von einem hohen Veränderungsdruck geprägt ist – drängt sich teilweise sogar die Vermutung auf, dass die Overtourism-Diskussion eine Art Projektion darstellt. Die Disruptionen und Spannungen in dieser Stadt werden möglicherweise als eine Art Ventil auf das „Fremde", die Touristen projiziert. Dahinter kann auch stehen, dass damit vermieden wird, nach stadtinternen und persönlichen Ursachen für empfundene Probleme und den Veränderungsdruck suchen zu müssen. Allerdings gibt es für diese Vermutungen bislang noch keine belastbaren empirischen Belege. Gleichzeitig würde es die Kompetenzen eines geographisch geprägten Tourismuswissenschaftlers eindeutig übersteigen, sich zu weit in diese soziologischen, politikwissenschaftlichen und sozialpsychologischen Bereiche vorwagen zu wollen.

Festgehalten werden kann aber, dass – auch wenn in München klare Herausforderungen eines angespannten Wohnungsmarktes und selbstverständlich auch einer zunehmenden Polarisierung und Fraktionierung der Stadtgesellschaft vorhanden sind – diese weniger stark in eine Diskurs über Overtourism münden.

Ähnliche Hintergründe für ein relativ hohes Resilienzniveau hat Erdmenger (2019) am Beispiel von Kopenhagen identifiziert. Wie München weist auch Kopenhagen eine relativ hohe Tourismusintensität und weit verbreitete AirBnB-Durchdringung auf, ohne dass dort bislang eine intensivere Overtourism-Diskussion entstanden wäre.

Die Zielgruppen in Kopenhagen sind – vergleichbar denen von München – auch als relativ kaufkraftstark, kulturell interessiert und umweltbewusst zu charakterisieren (Erdmenger 2019, S. 444). Gleichzeitig versucht die lokale DMO in der Interaktion mit allen lokalen Akteuren eine positive Atmosphäre zu schaffen. Gleichwohl können diese „Hard Facts“ allein eben nicht als ursächlich für die Offenheit und Toleranz in der Stadt herangezogen werden. Auch hier sind es Befindlichkeiten in der Stadtgesellschaft, die mit zu einem relativ hohen Resilienzniveau beitragen. Ohne dass dies schon das Phänomen vollständig ausloten würde, hat Erdmenger in ihrer Auseinandersetzung mit dem Phänomen den dänischen Begriff „Hygge“ als provisorische Deutungshilfe verwendet. Hygge lässt sich am ehesten mit dem Befinden von Gemütlichkeit und angenehmer Geselligkeit mit einem Gefühl von Wohlbefinden, Behaglichkeit und Zufriedenheit im Deutschen fassen. Wenn auch etwas verkürzt, kann wohl formuliert werden: Was dem Münchner sein Biergarten, ist dem Kopenhagener seine „Hyggelig-keit“. Beides hilft, Stressfaktoren leichter zu bewältigen und damit umzugehen.

Weiter gedacht kann durchaus vermutet werden, dass hinter den beiden Beispielen mit hoher Overtourism-Resilienz letztendlich sogar das Konzept des Sozialen Kapitals von Bourdieu stehen könnte: *„Das Sozialkapital ist die Gesamtheit der aktuellen oder potentiellen Ressourcen, die an die Verfügung über ein dauerhaftes Netzwerk von Beziehungen gebunden sind, welche mehr oder weniger durch gegenseitiges Erkennen sowie Anerkennen institutionalisiert sind – mit anderen Worten, an die Zugehörigkeit zu einer Gruppe, als Gesamtheit der Akteure, die nicht nur mit gemeinsamen Eigenschaften ausgestattet sind ... sondern die auch durch beständige und nützliche Verbindungen vereint sind“* (Bourdieu 2005, S. 263).

Von Nahapiet und Ghoshal (1998) wurden dabei drei Dimensionen des Sozialen Kapitals unterschieden:

[1] Strukturelles soziales Kapital

[2] Kognitives soziales Kapital

[3] Relationales soziales Kapital (vgl. Tab. 3).

Zu [1]: Strukturelles soziales Kapital: Das strukturelle Sozialkapital wird durch Institutionen, Führungskräfte und Governance gestärkt. Sowohl in München als auch in Kopenhagen wurden die Kommunen in gewisser Weise dadurch gestärkt, dass der spezifische lokale Lebensstil

(Hygge- und Biergarten-Kultur) ein zentrales konstituierendes Element darstellt (vgl. Erdmenger 2019, S. 447).

Zu [2] Kognitives soziales Kapital: Das kognitive Kapital basiert auf Wissen und Verständnis. Dies wird in Kopenhagen vor allem durch eine intensive Online-Kommunikation und offene Diskussion der Tourismus-Strategie gefördert. Dazu gehört auch eine offene Adressierung von AirBnB-Gastgebern (vgl. Erdmenger 2019, S. 446f.).

Tab. 3: Dimensionen von Sozialem Kapital
(Quelle: Eigene Darstellung nach: Nahapiet und Ghoshal 1998, S. 251)

strukturell	kognitiv	relational
Sozialstruktur	geteiltes Verständnis	Art und Qualität von Beziehungen
» Netzwerk-Bindungen » Netzwerk-Konfiguration » angemessene Organisation » Regeln und Vorgehensweisen	» gemeinsame Codes und Sprache » gemeinsame Narrative » gemeinsame Werte, Haltungen und Überzeugungen	» Vertrauen » Normen » Verpflichtungen » Identität und Identifizierung

Zu [3]: Relationales soziales Kapital: Das relationale Sozialkapital wird durch Vertrauen und starke Beziehungen gefördert. Auch hier sind München und Kopenhagen in der Kommunikation weitgehend offen und versuchen, persönliche Bindungen herzustellen (vgl. Erdmenger 2019, S. 446).

Damit sind im Tourismus- bzw. Overtourism-Kontext einerseits unter den professionellen Tourismus-Akteuren vor allem strukturelle Aspekte, die zu einer Steigerung des Sozialkapitals beitragen. In der Relation zu den Bewohnern dürften kognitive und relationale Aspekte eine größere Rolle spielen.

Unter diesem Blickwinkel widmet sich zwar inzwischen auch die lokale DMO intensiver dem Binnenmarketing und damit auch der Kommunikation und Interaktion mit der Bevölkerung. Gleichzeitig fungiert dort vor allem auch die lokale Presse als wichtiger Vermittler für Tourismusthemen. So hatte die Süddeutsche Zeitung im Frühjahr 2019 eine elfteilige Artikelserie „Touristenmagnet München – die Stadt und ihre Gäste" publiziert, in der unterschiedlichste Aspekte des Tourismus – teilweise auch aus ungewohnter Perspektive thematisiert worden sind:

[1] *Schaut auf diese Stadt. Jedes Jahr ein Besucherrekord und Tausende neue Hotelbetten: Der Tourismus in München boomt, doch von Auswüchsen wie in Venedig oder Barcelona ist hier noch wenig zu spüren* (Buchwald 2019)

[2] *Verblüffen und verzaubern. Sie zeigen Münchens schönste Seiten, erklären die Stadtgeschichte und vermitteln so ein Bild, ein Lebensgefühl, eine Stimmung. Sechs Stadtführer erzählen von ihrem Beruf und ihren liebsten Plätzen* (Aldenhoff 2019)

[3] *„Überall starrt Reichtum und Vornehmheit" Der Wohlstand in der Stadt hat Reisende schon vor Jahrhunderten beeindruckt. Doch auch von seltsamen Gerüchen und derben Bewohnern wird in alten Schilderungen häufig berichtet – und von hohen Preisen* (Wetzel 2019)

[4] *Willkommen daheim. Dominic von Moltke ist kein Hotelier, aber mit Gästen aus aller Welt kennt er sich aus: Seit 2015 vermietet er ein Zwölf-Quadratmeter-Zimmer in seiner Wohnung über AirBnB, gerne an Besucher aus Asien, weniger gern an Deutsche vom Land* (Hoben 2019)

[5] *Täglich grüßt der Wolpertinger. Mit leeren Händen verlassen die wenigsten Touristen die Stadt – zur Freude der vielen Souvenirladenbesitzer, die vom „Nutcracker" über ungenießbare Lebkuchenherzen bis zur Kuckucksuhr alles verkaufen, was mehr oder weniger an München erinnert* (Knoll 2019)

[6] *Fleisch von der Stange. Das Hofbräuhaus, der Haxnbauer, das Hackerhaus – die bekannten Großgasthäuser in der Innenstadt sind bei Touristen beliebt. Ein Selbstläufer aber ist auch das Geschäft mit der Tradition nicht* (Kotteder 2019a)

[7] *Bilder einer fremden Stadt. Glockenspiel? Hofbräuhaus? Viktualienmarkt? Von wegen. Wenn Touristen München fotografieren, dann halten sie ausgefallene Motive fest. Zum Beispiel das Schaufenster einer Änderungsschneiderei, das aus Sicht einer Portugiesin viel über Deutschland erzählt* (Skala 2019)

[8] *Weißwurst mit Haut und Haar. Wer Münchner Reiseführer studiert, kann vieles Interessante über die eigene Stadt erfahren – ob es um den Verzehr von Traditionsspeisen geht, die heimlichen Attraktionen oder den Stellenwert von Klassikern. Natürlich werden auch alle gängigen Klischees über die Bewohner ausgebreitet* (Anlauf 2019)

[9] *Hostel vs. Luxushotel. Achtbettzimmer oder 20000-Euro-Suite? Gemeinschaftsküche oder 24-Stunden-Room-Service? Zwischen einem günstigen Gästequartier und einem Fünf-Sterne-Haus gibt es gewaltige Unterschiede – ein Besuch in beiden Welten* (Kotteder 2019b)

[10] *Retter der Innenstädte. Geschäftsreisende und Touristen verbinden einen Aufenthalt in München gerne mit einem Einkaufsbummel. Kunden aus Russland, China oder vom Golf sind für manche Geschäfte inzwischen existenziell* (Hans 2019)

[11] *Meine Stadt. München hat viel mehr zu bieten als die Sehenswürdigkeiten, die es in jeden Reiseführer schaffen – nichts geht deshalb über einen einheimischen Begleiter. Ideen für einen Touristentag vor der eigenen Haustür (Forster 2019).*

Dabei wurden von der klassischen Overtourism-Diskussion im globalen Kontext und der Aussage, dass dies in München eben noch keine große Rolle spiele [1], über die traditionelle Wertschöpfungsdiskussion bzw. die Relevanz für den Einzelhandel [10] sowie die lange Tradition und historische Entwicklung des Tourismus [3], entsprechende Klischee-Angebote [5] [6] bis hin zum Spektrum des Übernachtungsangebotes [9] und der AirBnB-Thematik [4] viele zu erwartende Themen behandelt.

Im Kontext der Einbeziehung der Einwohner werden aber auch neue Perspektiven vermittelt, wenn versteckte und wenig bekannte Attraktionen aus Sicht von Gästeführer*innen dargestellt werden [2]. Auch das Bild Münchens in den Reiseführern kann den Leser*innen neue Perspektiven auf die eigene Stadt vermitteln [8]. Gleiches gilt für die Wiedergabe von Touristenfotos, mit denen bei den Leser*innen die Besuchersicht auf die Stadt und damit auf oftmals Unbemerktes und Alltägliches gelenkt wird [7] oder den Vorschlägen, auch mal Unbekanntes in der eigenen Stadt zu entdecken [11].

Insgesamt wurde damit ein umfassendes Bild vom touristischen Geschehen vermittelt und die lokale Bevölkerung – ohne mit dem erhobenen Zeigefinger direkt für Akzeptanz zu werben – sicherlich ein Verständnis mit befördert. Die positive Rolle von Wissen wird auch von Nunkoo und So (2016, S. 851) betont.

In Würzburg, das als Flusskreuzfahrthafen am Main bislang kaum Anzeichen einer Overtourism-Diskussion aufweist, spielt die Kommunikation ebenfalls eine zentrale Rolle für die lokale DMO: *„Also das sind so Dinge, Binnenmarketing, wo wir immer wieder glaub ich ganz aktiv von uns aus allein den Antrieb haben, zu informieren. Weil am Ende geben wir Steuergelder aus, das Geld muss erstmal verdient werden, verdient wird es von den Einheimischen, was wir hier ausgeben, von daher ist es nur recht zu sagen, „was machen wir mit dem Geld und wie profitiert auch ihr davon?“. Und dann ist es glaub ich relativ authentisch und die Bevölkerung identifiziert sich dann auch damit. Das ist wohl was anderes, als wenn man irgendwie im stillen Kämmerlein eine Strategie entwickelt. Die sieht dann ganz toll auf dem Papier aus und lässt sich online gut abfeuern, aber es steht niemand vor Ort dahinter oder identifiziert sich nicht damit“* (Rudek 2020)

Dabei kann Kommunikation nur funktionieren, wenn Vertrauen zwischen den Beteiligten herrscht (Nunkoo und So 2016, S. 851f.). Die Offenheit und das Ernstnehmen der Bürger mit ihren Befindlichkeiten stellen damit eine wichtige Voraussetzung für die Beförderung von sozialem Kapital dar.

Zum Abschluss des bisherigen – stärker analytisch ausgerichteten – Teils des Buches sollte deutlich geworden sein, dass Overtourism ein hochkomplexes und vor allem auch soziales Phänomen ist. Die Annahme, dass es sich vor allem um eine rein quantitative Überlastung der Host-Communities handeln würde, trifft zwar für einige wenige Destinationen – wie Venedig und Dubrovnik – zu. In den meisten Fällen sind aber die rein physischen Kapazitätsgrenzen nicht entscheidend für die Artikulation von Overtourism-Befindlichkeiten.

Dabei ist auch die Social Carrying Capacity kein einfach über Befragungen zu generierender und dann auf gleiche Destinationstypen zu übertragender Wert. Auch die soziale Tragfähigkeit wird von einer Vielzahl von Aspekten mit beeinflusst. Hierzu zählen letztendlich auch die Art des politischen Diskurses in einer Stadtgesellschaft und deren Befindlichkeit. Dies sind Bereiche, die weit über den engeren Kern des Tourismus und damit auch des Destinationsmanagements der DMOs hinausgehen. Destination Governance im Kontext von Overtourism darf dementsprechend nicht nur auf den Kern von tourismusbezogenen Fragen beschränkt bleiben. Um erfolgreich zu sein, muss ein integrierter

Ansatz verfolgt werden, welcher das soziale, gesellschaftliche und politische Geschehen in einer Destination einbezieht.

Die Komplexität der die (insbesondere die soziale) Carrying Capacity beeinflussenden Faktoren wurde bei einen Forschungsprojekt der Hochschule Luzern in Zusammenarbeit mit dem World Tourism Forum Luzern (WTFL) graphisch zusammengefasst. Diese ist in Abb. 60 wiedergegeben. Dabei werden die klassischen Faktoren Besuchervolumen, Besucherverhalten, touristische Trends und Stellung gegenüber den Mitbewerbern in traditioneller Tourismusmanagement-Perspektive als globale Umfeldbedingungen gesehen. Der üblicherweise als Handlungsfeld von DMOs und des Tourismusmarketings geltende Bereich mit den Aspekten Saisonalität und Zielgruppen, touristische Angebote und Tourismusmanagement wird als Kernbereich relevanter Faktoren dargestellt.

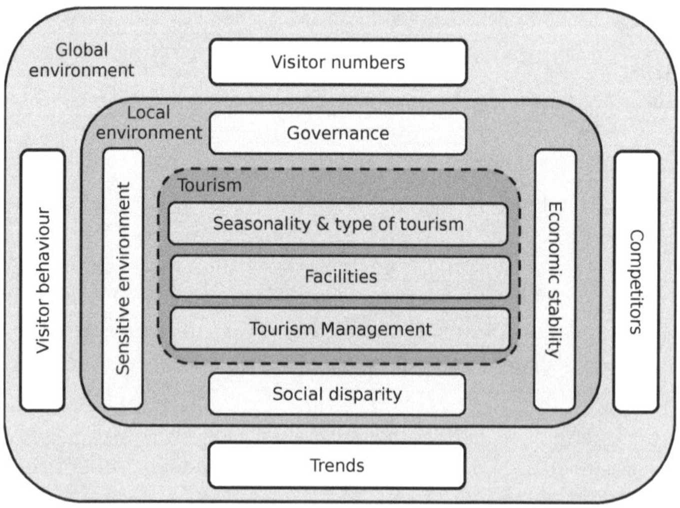

Abb. 60: Die Carrying Capacity beeinflussende Faktoren
(Quelle: Eigene Darstellung in Anlehnung an Weber et al. 2017, S. 190)

Aber auch bei diesem Forschungsprojekt zu Overtourism werden die lokalen Umfeldbedingungen stark betont. Teilweise noch auf traditionelle Tourismusmanagement-Blickwinkel sich beziehend kann hier Einbeziehung der ökologischen Tragfähigkeit (Sensitive Environment) angesehen werden. Auch die Berücksichtigung von Governance-Aspekten entspricht bereits dem Mainstream der Tourismusforschung und diffundiert auch sukzessive mehr und mehr in die Destinationspraxis. Aber als neu anzusehen ist die Berücksichtigung von sozialen Disparitäten sowie der ökonomischen Stabilität als relevant für die Overtourism-Entstehung in den Destinationen. Dementsprechend sind in den folgenden Kapiteln, die sich stärker dem Umgang mit Overtourism und entsprechenden Managementansätzen widmen, auch keine einfachen „Kochrezepte“ zu erwarten.

5 Managementansätze zum Umgang mit Overtourism

Die Overtourism-Diskussion ist in den Tourismuswissenschaften letztendlich nichts grundsätzlich Neues. Die Diskussion über Tragfähigkeitsgrenzen begleitet den Tourismus bereits seit längerem.

5.1 Traditionelle Ansätze zum Umgang mit intensiver touristischer Nachfrage

Früher fokussierte diese allerdings vor allem auf (Groß-)Schutzgebiete mit ihren fragilen Naturökosystemen. Dort handelt es sich zumeist um relativ klar identifizierbare physische Tragfähigkeitsgrenzen (vgl. z. B. Revermann und Petermann 2003, Mund 2003; Saarinen 2016). In Schutzgebieten können konkrete physische Schäden an Flora und Fauna oder Erosionsphänomenen relativ klar identifiziert werden. Damit lassen sich relativ leicht quantitative Grenzen ziehen. Auch kann dem Phänomen einer Übernutzung durch Besucher in Naturökosystemen auch relativ leicht durch Zonierung – mit der Ausweisung von Schutzzonen und Betretungsverboten – oder durch Besucherlenkungsmaßnahmen begegnet werden. Ganz anders stellt sich die Situation im öffentlichen Raum von Städten dar. Hier werden von den Besuchern – insbesondere im New Urban Tourism – ja gerade die Bereiche nachgefragt, die auch von den Bewohnern frequentiert werden. Betretungsverbote und Zonierungen als im Naturtourismus probate Ansätze sind daher im Städtetourismus nicht praktikabel.

Auch im Rahmen des Tourismus in den „Globalen Süden" wird der Aspekt von negativen Auswirkungen und Tragfähigkeitsgrenzen bereits seit langem diskutiert. Dabei steht insbesondere die Frage nach der kulturellen Überprägung durch die Besucher aus anderen Kulturkreisen im Fokus (vgl. z. B. Lüem 1985, Mowforth und Munt 2003).

Aber auch in diesem Zusammenhang sind bislang kaum Managementansätze entwickelt worden, die eine Übertragung auf die Overtourism-Settings erlauben würden. Zur Reduzierung wird vor allem auf die Aufklärung der Besucher und deren Sensibilisierung für die speziellen kulturellen Gegebenheiten in den Zielländern gesetzt. Exemplarisch für diesen Ansatz können die Aktivitäten des (Starnberger) Studienkreis für Tourismus und Entwicklung (2020b) genannt werden. Dieser beschäftigt sich seit Jahrzehnten mit Informations- und Bildungsarbeit im sog. Entwicklungsländer-Tourismus. Zentrales Instrument sind dabei die seit 1974 herausgegebenen sog. „Sympathie Magazine" (Studienkreis für Tourismus und Entwicklung 2020a). Mit diesen sollen die Besucher für die soziokulturellen Gegebenheiten in ihren Urlaubszielen sensibilisiert und zu einem verantwortungsbewussten und respektvollen Umgang mit der Bevölkerung in den Destinationen motiviert werden (vgl. Hartmann 1974). Letztendlich ist die Wirkung solcher Kampagnen aber relativ limitiert gewesen.

Lediglich im Zusammenhang mit der seit der Jahrtausendwende zunehmend an Bedeutung gewinnenden Diskussion über den Klimawandel und die Rolle des Flugverkehrs wird immer wieder intensiver über Limitierungen bzw. auch Reduzierungen der mit Reisen verbundenen CO_2-Emissionen – durch Verkürzung der bei Reisen zurück gelegten Distanzen bzw. der verwendeten Verkehrsmittel – diskutiert. Auch wenn immer wieder eine Reduzierung der Zahl der Reisen, der dabei zurück gelegten Entfernungen und ein stärkeres Setzen auf möglich CO_2-arme Verkehrsmittel gefordert worden ist, haben sich bislang letztendlich die Triebkräfte des Nachfragewachstums als stärker herausgestellt. Insbesondere die wachsende Nachfrage aus asiatischen Ländern (v. a. Indien und China) ist global gesehen eine der zentralen Triebkräfte für das quantitative Wachstum des globalen Tourismus und der Flugreisen.

Die Notwendigkeit der Einleitung einer Dekarbonisierung auch im Tourismus mit dessen ungebrochenem Wachstumstrend ist inzwischen unbestritten. Dabei wurde lange Zeit auf freiwillige Maßnahmen (weniger Flugreisen unternehmen, bzw. freiwillige Kompensation) gesetzt.

Allerdings konnte Eijgelaar (2011, S. 287) klar herausstellen, dass dadurch allein eine Minderung nicht erreichbar ist. Vor diesem Hintergrund haben vier Autoren, die in früheren Jahren mehr auf eine Umkehrung des Wachstums bzw. freiwillige Handlungen zur Reduzierung der klimarelevanten Emissionen gesetzt haben (Peeters und Dubois 2010, S. 453ff.; Scott et al. 2012), 2016 erstmals darauf verzichtet, von einer Plafondierung bzw. einem Rückgang des Flugverkehrs auszugehen. Vielmehr hatten sie sich jetzt das Ziel gesetzt, aufzuzeigen, dass eine Dekarbonisierung im Luftverkehr auch unter Akzeptierung der prognostizierten Wachstumsraten möglich ist. Dabei gehen sie mittelfristig von zusätzlichen Kosten von etwa 40 US$ pro Flug aus (Scott et al. 2016, S. 65), um – kurzfristig durch Kompensationsmaßnahmen, mittelfristig durch Umstellung auf synthetisches Kerosin (Power-to-Liquid) und längerfristig Nutzung von Wasserstoff (Power-to-Gas) die CO_2-Effekte des Luftverkehrs zu neutralisieren. Die Erwähnung dieses Umgangs mit dem Wachstumsdruck im Tourismus und den daraus resultierenden negativen Auswirkungen erfolgt auch vor dem Hintergrund, dass bei den Managementansätzen eben nicht mehr – so wie lange Zeit üblich – darauf gesetzt wird, dass die Reissenden selbst tätig werden, sondern durch die Setzung der Rahmenbedingungen negative Effekte vermindert bzw. vermieden werden sollen. Ähnlich erscheint es auch bei den bislang vorgelegten Managementansätzen beim Overtourismus.

5.2 Vorschläge für Overtourism-Managementansätze

Nachfolgend sollen zunächst erste Vorschläge für Steuerungs- und Managementansätze aus unterschiedlichen Studien kurz skizziert werden, die als erste Reaktionen auf die Overtourism-Diskussion vorgelegt wurden und teilweise auch als eine Art „Schnellschüsse" anzusehen sind. In Kap. 5.3 folgt dann eine etwas ausführlichere Auseinandersetzung mit dem bislang umfassendsten Managementansatz der von der UNWTO vorgelegt worden ist.

5.2.1 Vorschläge für Managementansätze der McKinsey-Studie für die WTTC

Mit einer der ersten Vorschläge für den Umgang mit der Overtourism-Herausforderung wird in der bereits 2017 vom Beratungsunternehmen

McKinsey in der vom WTTC in Auftrag gegebenen Studie „Coping with success. Managing overcrowding in tourism destinations“ (vgl. Kap. 4.2.1) formuliert. Diese Managementansätze lauten:

[1] „Smooth visitors over time

[2] Spread visitors across sites

[3] Adjust pricing to balance supply and demand

[4] Regulate accommodation supply

[5] Limit access and activities“ (McKinsey 2017, S. 40).

Auch diese Vorschläge zielen im Kern letztendlich nur auf eine Reduzierung bzw. gleichmäßigere räumliche Verteilung der Besucher.

Der Ruf nach Limitierung ist dabei eine fast reflexartige Reaktion, wenn – oftmals nach einer aktiv von den Tourismusverantwortlichen vor Ort oder in der Region betriebenen erfolgreichen Positionierung einer Destination – die Besucherzahlen nach oben gehen und die negativen Auswirkungen sichtbar werden (Gordin, Borovskaia und Fedorova 2020, S. 124).

In Fällen wie Venedig oder Dubrovnik, in denen die Besucherzahlen die physischen Kapazitätsgrenzen klar überschreiten, ist dies sicherlich eine wichtige erste kurzfristig wirkende Maßnahme. Dies gilt z. B. auch für Hallstadt in Österreich, das insbesondere von Tagesbesuchern, oftmals auch aus Asien, frequentiert wird. Durch eine Limitierung der zugelassenen Reisebusse sollte hier 2020 ein erster Schritt zur Limitierung umgesetzt werden (Gasper 2019).

Die Limitierung zu proklamieren dann, wenn „das Kind bereits in den Brunnen gefallen“ ist, erscheint zwar als eine naheliegende und nachvollziehbare Reaktion vor Ort. Gleichwohl erscheint dies definitiv nicht angemessen, vor allem darauf eine Managementstrategie aufzubauen. Zu umfassenden Managementstrategien zählen sicherlich das Phänomen deutlich umfassender angehende Ansätze.

5.2.2 Vorschläge für Managementansätze der TRAN-Studie für das Europäische Parlament

Bei der bereits erwähnten, vom Europäischen Parlament in Auftrag gegebenen sog. TRAN-Studie wurden für die untersuchten Fallbeispiele auch 16 bereits praktizierte Maßnahmentypen dokumentiert (European

Parliament 2018, S. 93f.): Diese lassen sich in folgenden Managementansätze gliedern:

[1] ***Limitierung*** (4 Maßnahmen): Verordnungen, Preiserhöhungen, Abgaben, dynamische Zugangskontrollen, Stopp von Werbemaßnahmen

[2] ***Verteilung der Besucherströme*** (zeitlich & räumlich; 3 Maßnahmen): zusätzliche Angebote bewerben, Saisonalität reduzieren, Echtzeit-Informationen über Auslastung

[3] ***Reduzierung negativer Auswirkungen*** (1 Maßnahme): Zonierung und Limitierung von Übernachtungsangeboten

[4] ***Kapazitätserweiterung*** (1 Maßnahme): durch Verkehrs- und Sicherheitsmanagement

[5] ***Zielgruppenbeeinflussung*** (1 Maßnahme): Umsteuerung auf Qualitätstourismus-Zielgruppen

[6] ***Bewohnerfokus*** (2 Maßnahmen): Stärkere Einbeziehung der Akteure und Verbesserung der Lebensbedingungen der Bewohner

[7] ***Besucherfokus*** (1 Maßnahme): Awareness-Kampagnen bei Besuchern um unerwünschtes Sozialverhalten zu vermeiden

[8] ***Monitoring/Forschung*** (2 Maßnahmen): Monitoring verbessern und Forschungsvorhaben durchführen

Die am häufigsten angewandten Maßnahmen beziehen sich dabei ebenfalls auf limitierende Verordnungen zur Steuerung des Zugangs (einschließlich Limitierung des Alkoholkonsums im öffentlichen Raum), die Werbung für Sekundär-Attraktionen und Ansätze zur Erhöhung der Kapazität.

Gleichwohl zeigt die Dokumentation, dass teilweise auch weitergehende Ansätze notwendig sind, um mit dem Overtourism-Phänomen umzugehen.

In vielen Fällen hatten Destinationen über Jahre hinweg (meist aus regionalökonomischen Motiven) die Ausweitung des Tourismus propagiert und werden nun von den Folgen dieser stark auf Wachstum setzenden Tourismuspolitik konfrontiert. So formuliert der irische Tourismusminister: „In Dublin, we're victims of our own success" (European Parliament 2018, S. 174).

Abb. 61: Das Pub-Viertel Dublins ist einer der Attraktionen für nationale und internationale Besucher und gleichzeitig Quelle von nächtlichen Beeinträchtigungen für die Bewohner (Quelle: Eigene Aufnahme)

Gleichzeitig fällt es vielen Destinationen schwer, sich von dem selbst gewählten Wachstumspfad zu verabschieden. Auch Dublin plant weiterhin, die Übernachtungskapazitäten auszuweiten und versucht gleichzeitig US-amerikanische und australische Touristen anzusprechen. Dies in der Hoffnung, durch längere Übernachtungsdauern mit „Qualität vot Quantität“ negative Auswirkungen des Party-Tourismus in der Innenstadt abzumildern.

Zu einer umfassenden Strategie zählt dabei sicherlich – neben einem breiten Bündel von kurzfristig greifenden Maßnahmen – insbesondere auch proaktiv das „Überlaufen des Fasses“ im Vorfeld zu vermeiden.

5.2.3 Vorschläge für Managementansätze der Roland Berger-Studie

Genau in diese Richtung zielt unter anderem bereits der Ansatz in der – ebenfalls bereits angesprochenen – Studie von Roland Berger aus dem Jahr 2018 mit dem Titel „Protecting your city from overtourism. European city tourism study 2018". Relativ klar strukturiert und umfassend wird bei den Maßnahmen eines Management-Ansatzes einerseits unterschieden zwischen kurzfristig, mittelfristig und längerfristig greifenden Maßnahmen. Andererseits erfolgt auch eine Differenzierung in reaktive und proaktive Maßnahmen (vgl. Abb. 62).

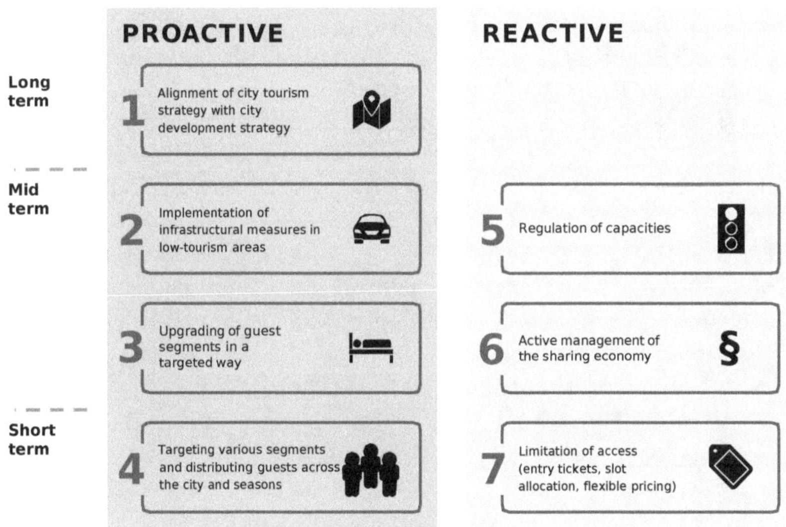

Abb. 62: Management-Ansätze der Roland Berger Studie
(Quelle: Eigene Bearbeitung unter Verwendung von Roland Berger 2018, S. 11)

Bei den sog. „reaktiven" Maßnahmen finden sich auch hier die Regulierung und Limitierung mit Zugangsbeschränkungen und einer der Nachfrage folgenden Preisgestaltung. Gleichzeitig wird auch eine aktive Stadtpolitik zum Umgang mit AirBnB (Sharing Economy) mit dazu gezählt.

Zu den sog. proaktiven, als kurzfristig wirkend eingestuften Schritten werden auch hier (die in vielen Fällen ja erst reaktiv angegangenen)

Maßnahmen der räumlichen und zeitlichen Verteilung bzw. der Ansprache von neuen Zielgruppen aufgeführt. Ob diese Maßnahmen – wie in der Darstellung von Roland Berger suggeriert – auch wirklich kurzfristig wirken, sei einmal dahingestellt. Neue – und zudem kaufkraftstarke und anspruchsvolle – Zielgruppen sowie eine Stärkung der Schwachlastsaisonzeiten ist (wenn überhaupt) wohl nicht von „heute auf morgen" zu erreichen. Als mittelfristig wirksam werden infrastrukturelle Maßnahmen in bislang noch nicht intensiv genutzten Gebieten und ein weiteres Mal das Upgrading von Zielgruppen vorgestellt.

Als innovativ anzusprechen ist bei den Vorschlägen von Roland Berger, die damit auch eine weitere Perspektive in die Diskussion einbringen, dass sie als längerfristig wirksame proaktive Maßnahmen auch die Einbettung der Tourismusstrategie in übergeordnete Stadtentwicklungsstrategien thematisieren. Damit wird deutlich gemacht, dass eben allein eng und direkt kausal auf den Tourismus abzielende Handlungsansätze wohl zu kurz greifen. Vielmehr ist die Reaktion der Bevölkerung auch integriert in den gesamt-stadtgesellschaftlichen Kontext eingebettet zu sehen.

Außertouristische Stressfaktoren in einer Stadtgesellschaft können – wie in den vorangegangenen Kapiteln immer wieder aufgezeigt – dazu führen, dass eben subjektive Tragfähigkeitsschwellen sehr viel schneller (und oftmals unwiederbringlich) überschritten werden, so dass auch nachträglich angesetzte reaktive Maßnahmen nicht den erhofften kurativen Erfolg zeitigen.

Die Umsetzung dieses Gedankens erfolgt dann allerdings – in bewährter Consulting-Manier unter der etwas reißerisch anmutenden Kapitelüberschrift „***Four steps to tourism heaven***. *Our strategy to tackle overtourism*" (Roland Berger 2018, S. 15). Solche fast wie „Heilsversprechen" anmutende Formulierungen suggerieren einfache „Kochrezepte". Zumindest ist positiv zu werten, dass – allen voran die Bewohner – die relevanten Akteure auf breiter Basis einbezogen werden sollen (vgl. Abb. 63).

Die vier vorgeschlagenen Schritte (die die meisten Tourismus-Studierende wohl stark an Grundlagenvorlesungen zu klassischen strategischen Managementschritten erinnern werden) lauten:

[1] ***Self-Asessment & Insights*** (Einschätzung der Ausgangssituation und Identifizierung von Schwachpunkten)

[2] ***Initiatives & Roadmap*** (ursachenorientierte Suche nach den Wurzeln von Schwachpunkten mit kurz- und längerfristigen Ansätzen, die strukturiert und strategisch angegangen werden sollen

[3] ***Implementation & Monitoring*** (Aufgabenzuweisung und Monitoring) sowie

[4] ***Iterate & Fine-Tuning*** (Nachsteuerung auf der Basis der Evaluierung).

Dabei werden die vier Schritte im Begleittext in einem zuversichtlichen Duktus als relativ einfach umzusetzen und zu durchlaufen dargestellt – auch dies erinnert stark an manche Lehrbücher zum Strategischen Management – und nur relativ kursorisch und nicht weiter problematisiert aufgeführt. Dabei scheint – auch wenn der Begriff Nachhaltigkeit mit verwendet wird – eine Sicherung von Wachstumspfaden eines der zentralen Ziele der Studie.

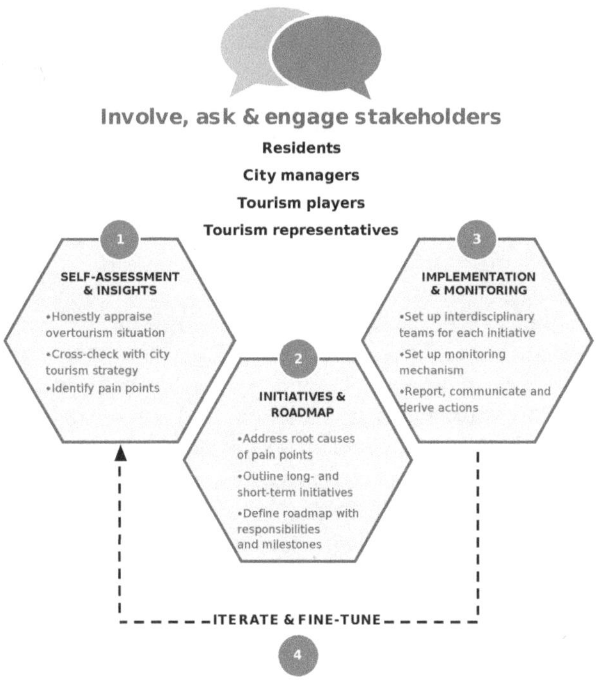

Abb. 63: Strategie zur Bewältigung von Overtourism nach Roland Berger (Quelle: Eigene Bearbeitung unter Verwendung von Roland Berger 2018, S. 15)

Zusammenfassend ist damit festzuhalten, dass erste Reaktionen auf die Overtourism-Diskussionen teilweise als recht kurzatmig und fast reflexartig einzustufen sind. Die – sicherlich naheliegenden und auch bei akuten Überlastungen und entsprechenden heftigen Reaktionen der lokalen Bevölkerung auch notwendigen – Maßnahmen zielen zuallererst auf eine Reduzierung und Limitierung der Besucherzahlen ab.

An zweiter Stelle wird auf eine räumliche und zeitliche Verteilung der Besucher abgezielt, um Überlastungsspitzen zu kappen. An dritter Stelle steht oft die Adressierung von Zielgruppen, von denen weniger Irritationen für die lokale Bevölkerung ausgehen dürften, sprich eine Reduzierung des Anteils der sog. Partytouristen.

Lediglich im Management-Ansatz von Roland Berger wird – wenn auch nur als Langfriststrategie und ohne auf die dabei möglicherweise Schwierigkeiten und Herausforderungen einzugehen – die systematische Einbeziehung aller lokalen Akteure als ein zentrales Gestaltungsinstrument thematisiert.

Im nächsten Abschnitt soll der bislang umfassendste Entwurf für Managementansätze ausführlicher behandelt werden. Da in diesem auch die meisten der bislang vorgestellten Handlungsansätze enthalten sind, werden sie dort dann mit bewertet.

5.3 UNWTO Managementansätze

Im Herbst 2018, hat die UNWTO als etwas umfassendere Antwort auf die Overtourism-Phänomene insbesondere in vielen städtetouristischen Destinationen einen Handlungsleitfaden veröffentlicht, in dem elf Strategieansätze formuliert wurden. Diese sollen dazu beitragen, das Risiko an zu hohen Touristenzahlen in urbanen Destinationen zu reduzieren und eine nachhaltige Tourismusentwicklung zu verwirklichen. Die elf Strategien lauten (UNWTO 2018, 27 ff.):

[1] „Promote the dispersal of visitors within the city and beyond

[2] Promote time-based dispersal of visitors

[3] Stimulate new itineraries and attractions

[4] Review and adapt regulation

[5] Enhance visitors' segmentation

[6] Ensure local communities benefit from tourism

[7] Create city experiences for both residents and visitors
[8] Improve city infrastructure and facilities
[9] Communicate with and engage local stakeholders
[10] Communicate with and engage visitors
[11] Set monitoring and response measures".

Der Managementansatz baut auf umfangreichen Recherchen und Studien der renommierten niederländischen Kollegen Koens und Postma auf, in der bereits zehn der Strategien formuliert worden sind (Koens und Postma 2017, S. 32f.). Auch diesen Ansatz zeichnet aus, dass er – neben den Akteuren der Tourismuswirtschaft und den Besuchern – auch einen starken Fokus auf die Bewohner und andere städtische Akteure legt.

Die UNWTO-Publikation wurde von einem Autorenkollektiv um die beiden genannten Kollegen erstellt. Dabei wird betont, dass neben dem (auch beim UNWTO-Ansatz implizit im Vordergrund stehenden) kurzfristigen Reagieren auch die längerfristige Perspektive zu berücksichtigen ist: „*Any successful management strategy on urban tourism must specifically address the short-term challenges arising from tourism growth, while simultaneously looking to the long-term challenges*" (UNWTO 2018, S. 27). Dabei wird heraus gestellt, dass die zeitliche Umsetzung der einzelnen Strategiebausteine vor Ort – je nach situativem Kontext und damit der Dringlichkeit des Overtourism-Phänomens – anzupassen ist. Gleichwohl wird der Eindruck eines relativ universell gültigen und anwendbaren, umfassenden Instrumentariums erweckt. Auch wird keine weitere Strukturierung der einzelnen Strategiebausteine vorgenommen. Dabei erscheint die Zusammenstellung relativ pragmatisch, ohne auf einen übergeordneten theoretisch-konzeptionellen Ansatz Bezug zu nehmen.

Die einzelnen Strategien werden im Folgenden nochmals etwas differenzierter behandelt und dabei auch auf die Tragfähigkeit für das Fallbeispiel München überprüft.

5.3.1 Räumliche Entzerrung

Auch bei den Managementansätzen der UNWTO steht die auch in vielen anderen Kontexten immer wieder als formulierte räumliche Entzerrung als vermeintlich probates Mittel an erster Stelle.

So versucht Berlin seit einiger Zeit mit der App „Going Local" (vsitBerlin 2017a; vgl. Abb. 64) Besucher auch auf Bezirke aufmerksam zu machen, die bislang noch nicht so stark frequentiert werden. Dabei wird mit dem klassischen Wording von „Geheimtips" und „abseits der bekannten Pfade" operiert, das gezielt insbesondere auch New Urban Tourists (vgl. Kap. 2.2) ansprechen soll.

Da mit der App und den entsprechend Print-Begleitmaterialien (z. B. visitBerlin 2020) zwischenzeitlich auch viele Besucher in Kieze mit Überlastungsphänomenen gelenkt wurden, sind zwischenzeitlich auch einige Quartiere sogar wieder aus der App entfernt worden (Labenski 2016). Damit zeigt sich auch an diesem Beispiel, dass eine räumliche Entzerrung der Tourist Bubble eben auch dazu führen kann, dass Wohnquartiere (noch) mehr von Touristen frequentiert werden und damit das Störungs-Gefühl bei den Bewohnern erhöht wird, so dass eher eine kontraproduktive Wirkung erzielt wird.

Auch in Salzburg und Wien versuchen die Tourismusverantwortlichen *„die Besucher aus dem historischen Zentrum in andere Stadtviertel umzulenken"* (Siebenhaar 2019; ähnlich: VIENNA ONLINE 2018).

Abb. 64: Die App „Going Local" wurde konzipiert, um die Touristen auch auf bislang weniger besuchte Kieze aufmerksam zu machen (Quelle: visitBerlin 2017a, S. 1)

In Dublin wird ebenfalls versucht, die Besucher der Stadt für andere Landesteile zu interessieren, um den Druck auf die Highlights wie das berühmte Book of Kells in Dublin oder die Pub-Szene um die Temple Bar zu reduzieren (Spain 2019).

Allerdings kann in Frage gestellt werden, ob die dort verfolgte Idee, die Besucher von Dublin für andere Regionen in Irland zu interessieren, wirklich tragfähig ist. Die Zielgruppen der Pub-Szene in der Temple Bar dürften wohl wenig affin sein für einsame Strandspaziergänge an der irischen Westküste. Ähnliches gilt wohl auch für die Touristen am Ballermann auf Mallorca. Auch diese dürften nur geringes Interesse an entlegenen Fincas auf Menorca zeigen. Ein Umsteuern von Touristen, das nicht nur räumlich auf gleichartige Attraktionen und Destinationen abzielt, sondern auch auf andere Gestaltung des Urlaubs, stellt kein leichtes Unterfangen dar – sofern es überhaupt erfolgreich sein kann.

Auch Bamberg setzt auf eine *„Steigerung des Besucherzuspruchs in ‚Randgebieten' und außerhalb der Hauptsaison"* sowie auch auf eine intensivere Kooperation mit dem umliegenden Landkreis in der Hoffnung, dass sich mehr Besucher dorthin orientieren, um die Zahlen im historischen Kern zu reduzieren (BAMBERG Tourismus & Kongress Service 2019).

Dabei wird in Bamberg auch ein beachtenswerter Ansatz zur kleinräumigen Entzerrung verfolgt, der auch für andere Kreuzfahrtdestinationen prinzipiell gangbar ist. Nach Abstimmung mit den Reedereien wurde die maximale Gruppengröße bei Stadtführungen auf 25 Personen festgelegt. Damit soll das massierte Auftreten von großen Gästegruppen, die oft auch als Blockade in den engen Straßen und Gassen empfunden werden, etwas entzerrt werden (Heger 2016). Dabei wurde auch versucht, unterschiedliche Routen anzuregen, um zu vermeiden, dass sich mehrere Gruppen hintereinander im Pulk wie ein „Lindwurm" durch die Straßen schieben.

Darüber hinaus sind die Gästeführer angewiesen, darauf zu achten, dass bei Halts eine Art „Rettungsgasse" frei bleibt, damit andere Passanten möglichst ungehindert an den geführten Gruppen vorbei gehen können.

In einer Studie zu Managementansätzen in Hamburg wurden die Bewohner gefragt, wie sie den Ansatz bewerten, Besucher der Stadt auch verstärkt in andere Stadtteile zu lenken (Pracht 2018). Dabei äußerte sich die Mehrheit solchen Ansätzen gegenüber ablehnend (vgl. Abb. 65).

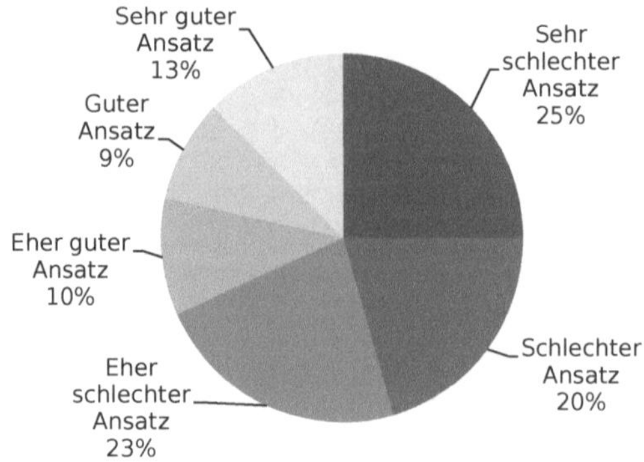

Abb. 65: Bewertung des Regulierungsansatzes: Verteilung der Besucher auf andere Stadtteile durch die Bewohner in Hamburg (Quelle: Eigene Darstellung nach Daten: Wybraniec 2018, S. 66)

Wie bereits mehrfach erwähnt, scheinen die Wohnquartiere außerhalb der Tourist Bubble als Rückzugsräume verstanden zu werden, in denen sich die Bewohner eben relativ unbeeinträchtigt von auswärtigen Besuchern bewegen können. Ein Umlenken der Besucherströme auf diese bislang nur wenig von auswärtigen Besuchern frequentierten Quartiere kann damit klar kontraproduktiv sein.

Die Rückzugsräume werden dabei insbesondere auch durch AirBnB-Vermietungen mit beeinträchtigt. Bei den 2019 in München durchgeführten Fokusgruppen-Interviews, zeigte sich, dass neben den direkten Auswirkungen auf die Miet- und Kaufpreise von Immobilien die Irritation über Besucher einfach dadurch entsteht, dass sie durch den Aufenthalt in Privathäusern in die unmittelbare Umgebung der Bewohner gelangen (Erdmenger und Kagermeier 2021). Es sind nicht nur die objektiven Auswirkungen auf den Wohnungsmarkt, sondern auch die subjektive Wahrnehmung der Bewohner, die sich unwohl fühlen, wenn sie in ihrem Gebäude mit Fremden konfrontiert werden. Die Begegnung mit unbekannten Besuchern in den Treppenhäusern oder das Feiern von Personen in der Wohnung nebenan gilt als Eingriff in ihre eigene Privatsphäre.

Dies kann so interpretiert werden, dass ein wichtiger Mechanismus, den Besucherdruck zu bewältigen, indem Orte vermieden werden können, an denen sich Touristen normalerweise versammeln, wirkungslos werden kann, wenn durch räumliche Entzerrung solche Rückzugsräume

verschwinden. Auch bei den Gesprächen mit Tourismusfachleuten wurde bestätigt, dass es für die Einwohner wichtig ist, eine private Zuflucht zu haben, in der sie einen unaufhörlichen Kontakt mit Touristen vermeiden können. (Kagermeier und Erdmenger 2019, S. 87). Die in München befragten einheimischen Passanten waren ebenfalls nicht besonders besorgt darüber, Touristen im öffentlichen Raum in der Innenstadt und an touristischen Hotspots zu begegnen – solange sie die Möglichkeit hatten, den Kontakt zu vermeiden, indem sie sich nur von Orten fernhielten, an denen sich Touristen versammeln.
Vor dem Hintergrund der in München generierten Befunde sowie Beobachtungen in anderen Städten ist zu konstatieren, dass der als universal formulierte Ansatz einer räumlichen Entzerrung sehr viel differenzierter zu bewerten ist. Die Befunde in München können so interpretiert werden, dass gerade durch eine räumliche Verlagerung von Touristen Rückzugsmöglichkeiten für die lokale Bevölkerung verschwinden. Die Reduzierung von Vermeidungsmöglichkeiten trägt dabei zur einer Steigerung der Exposition und damit auch der Sensitivität bei. Gerade das Vorhandensein von Vermeidungsoption als Coping-Möglichkeit wurde als wichtig für die (noch) vorhandene relativ hohe Akzeptanz identifiziert.

5.3.2 Zeitliche Entzerrung

Auch das bereits an zweiter Stelle der UNWTO-Strategien genannte vermeintliche „Allheilmittel" einer zeitlichen Entzerrung lässt sich vermeintlich leichter formulieren als dann auch konkret umsetzen. So werden in den mediterranen Destinationen seit Jahren unterschiedlichste Ansätze unternommen, um die Schwachlastzeiten zu stärken. Durch Kongresstourismus, Wellness-Angebote, Sporttourismus, spezielle Preisreduzierungen und vieles mehr soll die Phase vom Spätherbst bis zum Vorfrühling gestärkt werden. Wie exemplarisch die internationalen Ankünfte auf Mallorca zeigen (vgl. Abb. 66) ist es auch auf dieser Insel bislang nicht gelungen, signifikante Anteile von Touristen auf die Schwachlastzeit umzusteuern.

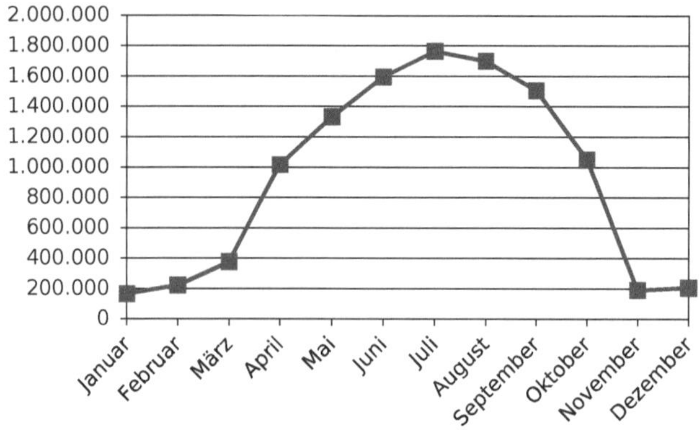

Abb. 66: Saisonalität der internationalen touristischen Ankünfte auf Mallorca 2019 (Quelle: Eigene Darstellung nach Daten Govern de les Illes Balears 2020, S. 15)

Die Hauptanziehungskraft entfaltet die Insel eben vom Frühjahr bis zum Frühherbst und ist dabei eben insbesondere in den Sommermonaten fast am „Überlaufen".

Ähnlich stellt sich die Situation auch in vielen zentraleuropäischen Mittelgebirgen oder Küsten dar. Für den Städtetourismus gilt auch, dass die freizeitorientierten Besucher vor allem zwischen April und Anfang Oktober kommen. Allerdings lässt sich dies nicht ganz so eindrücklich zeigen, da in der Übernachtungsstatistik nicht zwischen Geschäftsreisenden – die eine ausgeglichenere Verteilung über die Jahreszeiten aufweisen – und den freizeitorientierten Städtetouristen i. e. S. unterschieden wird. Eine ungefähre Vorstellung vom Anteil des Geschäftsreisetourismus gibt der Vergleich von Abb. 68 und Abb. 68. Wenn auch nicht mehr ganz aktuell sind dort für die Stadt Trier, eine klassische kulturorientierte städtetouristische Destination, die Übernachtungszahlen den Teilnehmenden an Gästeführungen gegenübergestellt.

Dabei wird deutlich, dass der Verlauf der Übernachtungszahlen – wenn auch natürlich die Saisonalität erkennbar bleibt – deutlich ausgeglichener ist als die der Teilnehmenden an Gästeführungen. In den Monaten November und Januar sowie Februar sind fast keine Gäste mit von der TIT veranstalteten Führungen unterwegs. Lediglich in der (Vor-)Weihnachtszeit ist ein kleines „Zwischenhoch" zu verzeichnen. Dies bedeutet umgekehrt, dass der „Sockel" an Übernachtungen in den genannten drei Wintermonaten im Wesentlichen aus Geschäftsreisenden resultiert.

Größenordnungsmäßig kann deren Anteil für Trier auf etwa ein Drittel geschätzt werden und liegt damit in einem plausiblen Bereich.

Freizeitorientierte Städtetouristen sind eben auf die Monate orientiert, in denen im Durchschnitt höhere Temperaturen und mit höherer Wahrscheinlichkeit angenehmeren Witterungsverhältnisse zu erwarten sind.

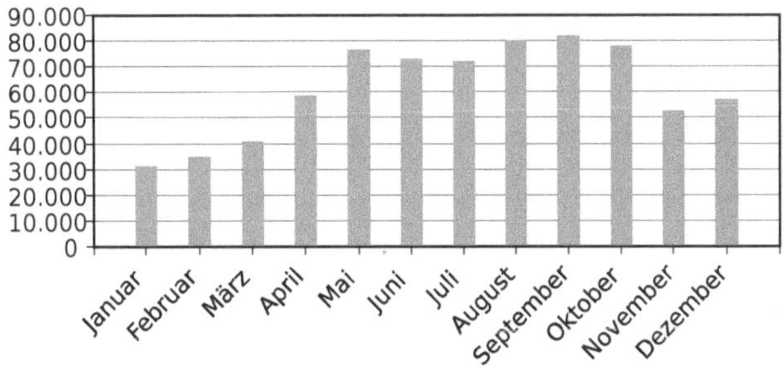

Abb. 67: Saisonalität der Übernachtungen in Trier
(Quelle: Eigene Darstellung nach Daten TIT 2007)

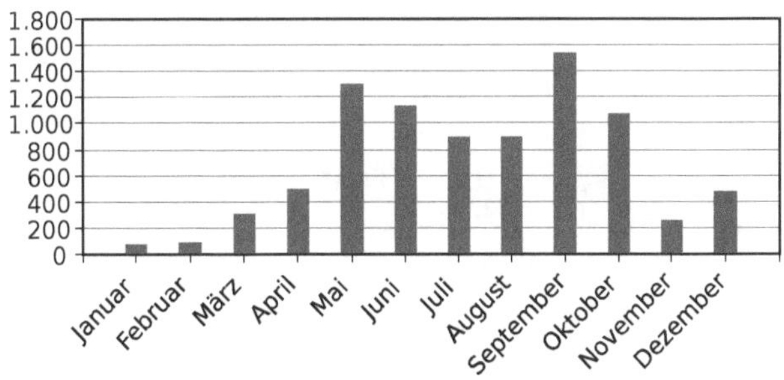

Abb. 68: Saisonalität der Teilnahme an Gästeführungen in Trier
(Quelle: Eigene Darstellung nach Daten TIT 2007)

Auch wenn viele der kulturorientierten touristischen Angebote in Trier zwar als Indoor-Allwetterangebote zu charakterisieren sind, gehört zu einem Städtetrip eben auch, sich in den Straßen und Gassen bei schönerem Wetter zu bewegen oder das Flair der Außengastronomie zu genießen.

Alle Ansätze, durch entsprechende Festivals, Ausstellungen oder andere Events in der Schwachlastzeit Besucher anzuziehen stoßen damit an ihre Grenzen.

Auch wenn die Städtetouristen deutlich weniger von Schulferien abhängig sind und sich damit nicht so stark auf die wenigen Ferienwochen im Sommer konzentrieren wie viele Badetouristen, dürfte der Versuch, die Saison deutlich zu entzerren bzw. auszuweiten wohl nur begrenzt von Erfolg gekrönt sein. Die Befunde aus mediterranen Destinationen legen auch nahe, dass durch entsprechende Event-Angebote eher zusätzliche Besucher anzuziehen sind und weniger eine Verlagerung von Hauptsaisongästen stattfindet.

Die *„Steigerung des Besucherzuspruchs ... außerhalb der Hauptsaison“* wie er z. B. auch in Bamberg formuliert wird (BAMBERG Tourismus & Kongress Service 2019) bleibt damit wahrscheinlich mehr „Wishful Thinking“ als eine konkret wirksame Option zur zeitlichen Entzerrung der Saisonalität – in diesem konkreten Fall auch deshalb, weil die Flusskreuzfahrtschiffe in der Wintersaison wegen der Gefahr von eisbedingter Sperrung auf dem Rhein-Main-Donau-Kanal gar nicht verkehren.

Die zeitliche Entzerrung wäre auch beim lokalen Belastungsfaktor „Oktoberfest“ in München wohl nicht zielführend. Gerade durch die zeitliche Konzentration und Begrenztheit wird das Oktoberfest für die Bewohner erträglich und kann weitgehend akzeptiert werden. Vor dem Hintergrund einer relativ ausgeglichenen Auslastung im Jahresverlauf ohne extreme Schwachlastzeiten, die auch aus der Funktion von München als Messestadt, der Bedeutung des weniger von Saisonspitzen geprägten Geschäftsreisetourismus und des Gesundheitstourismus mit geprägt wird, wurden dort zeitliche Verlagerungsansätze bislang nur begrenzt verfolgt.

Auch aus der Perspektive der Bewohner und Beschäftigten im Tourismus erscheint es durchaus plausibel, dass – genauso wie Rückzugsräume zu erhalten sind – auch „Ruhephasen“ im Jahresablauf vorhanden sind. In diesen gehört dann die Stadt wieder ganz den Bewohnern.

5.3.3 Ergänzende Angebote

Letztendlich in die gleiche Richtung wie die räumliche Entzerrung zielt die dritte Managementstrategie der UNWTO: durch zusätzliche ergänzende Angebote sollen ebenfalls die Nachfragespitzen gekappt werden.

Anders als bei Freizeitgroßeinrichtungen lässt sich aber in historisch gewachsenen Städten das Angebot nicht einfach durch Baumaßnahmen erweitern. Einen zweiten Eiffelturm zu bauen erscheint unrealistisch – außer man nimmt mit einem Surrogat in einer Disney World vorlieb.

Von der UNWTO wird unter diesem Punkt auch die Entwicklung neuer Routen in den Städten empfohlen. Auch wenn unbestritten ist, dass sich damit sicherlich eine gewisse Entzerrung erreichen lassen würde, bleiben die zentralen Herausforderungen, dass Städtetouristen eben von den zentralen Highlights und Ikonen mit angezogen werden – auch Repeat-Visitor und New Urban Tourists (Kagermeier 2011b, S. 71). Darüber hinaus stellt sich auch bei der Schaffung zusätzlicher Angebote – sofern überhaupt realistischerweise machbar – wiederum die Frage nach dem Erhalt von Rückzugsräumen für die Einwohner.

5.3.4 Anpassung der Regulierungen

Bei den ersten drei Managementstrategieansätzen der UNWTO wird das Volumen der Nachfrage nicht direkt berührt. Teilweise – insbesondere bei den zusätzlichen Angeboten – besteht sogar die Möglichkeit eines weiteren quantitativen Wachstums. Möglicherweise kann es als bezeichnend angesehen werden, dass bei den Managementstrategien der UNWTO erst an vierter Stelle das ansonsten oftmals an erster Stelle genannte Instrument der Regulierung und damit meist verbunden der Limitierung angeführt wird.

Die – als fast reflexartig zu bezeichnende – Reaktion, wenn ein „Zuviel" an Besuchern zu negativen Reaktionen führt, diese dann zu reduzieren, ist sicherlich legitim, sofern die physische Tragfähigkeit überschritten ist – wie dies in Venedig und Dubrovnik klar zu konstatieren ist (vgl. Kap. 3.1) – oder eben die Tourismusintensität einen Schwellenwert von ca. 100 Übernachtungen pro Einwohner und Jahr überschreitet (vgl. Kap.4.1).

Eine ***Limitierung*** kann – im Gegensatz zu anderen Maßnahmen auch teilweise relativ kurzfristig wirksam werden. Allerdings lässt sie sich nicht bei allen Besuchern in gleicher Weise anwenden. Sofern die Kommunen Zugriff auf die entsprechende Infrastruktur haben, lässt sich z. B. die Zahl der pro Tag erlaubten Kreuzfahrtschiffe in einem Hafen regulieren. Dieser Ansatz wurde von Dubrovnik und Venedig gewählt (vgl. Kap. 4.1). Während dort der politische Wille sowie die Möglichkeit hier-

Gut fürs Fazit //

zu vorhanden war, hat sich die Zahl der Kreuzfahrtgäste in Barcelona z. B. – trotz der sich zwischenzeitlich manifestierenden Proteste der Bevölkerung – zwischen 2015 und 2019 von 2,5 auf 3,1 Mio. erhöht (MedCruise 2020, S. 82). Während Barcelona noch auf Wachstum setzt, würde die Stadt Bamberg gerne die Zahl der anlandenden Flusskreuzfahrtschiffe begrenzen (vgl. Kap. 4.2.3). Allerdings ist der Hafen im Eigentum von Bayernhafen – einem Unternehmen des Freistaats Bayern. Und dort steht man einer Begrenzung – auch um die Investitions- und Unterhaltskosten für den Hafen und den Rhein-Main-Donau-Kanal zu amortisieren – ablehnend gegenüber.

Auch Bustouristen lassen sich limitieren, wenn die Stadt über Zugriff auf die entsprechenden Abstellmöglichkeiten verfügt. So müssen in Salzburg Reisebusse inzwischen bestimmte Zeitslots vorab buchen (Siebenhaar 2019). Auch im bereits erwähnten österreichischen Hallstadt hat man zu diesem harten Instrument gegriffen.

2020 wurde – eine Planung, die durch Corona zwar im ersten Jahr letztendlich obsolet geworden ist – die Zahl der Reisebusse pro Tag von 90 auf 54 reduziert (Gasper 2019). Während Reisebusse relativ leicht zu fassen sind, greift ein solcher Limitierungsansatz bei privaten Pkws nur begrenzt. Diese würden bei Beschränkungen von öffentlichen Parkflächen wohl vermehrt dann „wild" in und am Rande der Städte geparkt. Auch die Zahl der mit öffentlichen Bussen und Bahnen anreisenden Touristen lässt sich nicht direkt beeinflussen – außer eine Stadt möchte sich vom öffentlichen Fernverkehr abkoppeln.

Prospektiv können Limitierungsansätze aber auch bei der Übernachtungskapazität ansetzen, wenn – teilweise auch räumlich differenziert nur in ausgewählten Quartieren – der Neubau von gewerblichen Übernachtungseinrichtungen begrenzt wird. In München wird aktuell – aufgrund von Artikulationen aus der Quartiersbevölkerung – überlegt, für den größten Standort von gewerblichen Übernachtungseinrichtungen, das Bahnhofsviertel (vgl. Kap. 4.3.1.1), den Neubau von Hotelkapazitäten zu regulieren (Krass 2019). Aber ein solcher Ansatz würde nur längerfristig greifen und darüber hinaus nur den Zuwachs bezogen auf den Status Quo begrenzen. In München sind auch – anders als in Destinationen mit einer sehr viel kleineren Mantelbevölkerung – keine monofunktionalen reinen „Touristenzonen" wie z. B. in Brügge (Katarzyna, Six und Vanneste 2017) entstanden, die einer Regulierung – wie z. B. der

Schließung von Souvenierläden in Amsterdam (Kirchner 2018) – bedürften.

Eine Anpassung und Regulierung – auch mit limitierenden Effekten – kann prinzipiell auch durch eine ***Bepreisung*** erfolgen. Nebeneffekt kann dabei – sofern es sich um signifikante Beträge handelt – sein, dass damit selektiv eher kaufkraftstarke Zielgruppen stärker angesprochen und andere tendenziell „vergrämt" bzw. verdrängt werden. Allerdings sind eben historisch gewachsene Städte nicht in der gleichen Situation wie Museen oder Freizeitgroßeinrichtungen, die einen klar definierten Eingang mit entsprechenden nur nach Bezahlung zu durchschreitenden Barrieren aufweisen.

Wie bei der Limitierung bereits angesprochen, bietet sich auch hier der Zugang in die Stadt an. Mit einer Tourismusabgabe auf den Übernachtungspreis können die Übernachtungsgäste herangezogen werden, auch direkt zur Kofinanzierung von unrentierlichen tourismusbezogenen Aufgaben der DMO und der Kommune beizutragen. Dies ist dies bei Tagesbesuchern schwieriger. Dabei sind organisierte Gruppenreisende tendenziell leichter zu fassen. So kann bei Kreuzfahrtschiffen pro Gast ein bestimmter Betrag für einen Landgang erhoben werden. Auch hier hat Bamberg bereits relativ früh gehandelt. Seit 2011 wird bei von der TKS angebotenen öffentlichen Führungen pro Gast ein sog. „Welterbe-Euro" erhoben, der für die Aktivitäten der Stiftung Weltkulturerbe verwendet wird. Da damit die Flusskreuzfahrtengäste nicht erfasst werden, wurde 2017 zusätzlich ein sog. Welterbefünfer" bei Gruppenführungen eingeführt (BAMBERG Tourismus & Kongress Service 2019), der ebenfalls der Stiftung Weltkulturerbe und dem Historischen Museum zugutekommt. Auch wenn die aktuellen Beträge sicherlich keine große Steuerungswirkung zeigen, könnten solche Ansätze auch mit höheren Beträgen weiter verfolgt werden, um regulierende Wirkung zu entfalten.

Wie bei der Limitierung ist die signifikante Erhöhung von Parkgebühren einerseits deshalb problematisch, weil dadurch wohl das diffuse „Wildparken" auf den Straßen der Stadt induziert würde. In vielen städtetouristischen Destinationen soll dies ja gerade vermieden werden mit günstigen – oftmals auch mit P&R kombinierten – Parkangeboten am Stadtrand. Andererseits ist die Differenzierung zwischen touristisch motivierten Besuchern und Bewohnern der Stadt und ihres Umlandes nicht ohne weiteres praktikabel.

Die wohl bekanntesten Maßnahmen sind zum Zeitpunkt der Manuskripterstellung im Sommer 2020 (wieder einmal) Dubrovnik und Venedig. Dubrovnik – wo der Zugang in die Altstadt über die Tore relativ leicht zu kontrollieren ist – hat faktisch eine Art Eintrittsgebühr von etwa 30 € eingeführt, die etwas kaschiert für die Besichtigung der Stadtmauer am Haupteingangstor erhoben wird (Dubrovnik Travel 2020, Benner 2019, S. 8). Auch Venedig plante 2019 eine Eintrittsgebühr für Tagesbesucher und Kreuzfahrtgäste einzuführen (BBC 2018). Diese soll je nach Nachfrageentwicklung gestaffelt und von anfangs 3 € bis 10 € erhöht werden können (DW 2019). Im Jahr 2020 blieb die Einführung allerdings coronabedingt noch ausgesetzt und soll nun 2021 greifen (Fascination Venice 2020). Dabei soll die Gebühr je nach Wochentagen, Jahreszeiten, Ferienzeiten und Events variieren, um auch eine entsprechende Steuerungswirkung zu entfalten. Inwieweit diese Gebühr – mit diesem ja relativ überschaubaren Betrag eine Steuerungswirkung entfaltet und ob es gelingt, die Information über die variable Höhe entsprechend an potenzielle Besucher zu kommunizieren, in der Hoffnung, dass sie wegen der Ersparnis von einigen wenigen Euros ihren Besuch auf Schwachlastzeiten verschieben, bleibt dahingestellt. Für die Kreuzfahrtreedereien ist zu unterstellen, dass sie die Eintrittsgebühr „einpreisen“ und wohl ihre Anläufe von Venedig nicht von einer möglichen Ersparnis bei der Eintrittsgebühr abhängig machen. Gleichzeitig ist die Situation in Venedig – ähnlich wie in Dubrovnik – dadurch gekennzeichnet, dass es nur wenige Zugänge zum Zentrum der Lagunenstadt gibt.

Insgesamt sind die Möglichkeiten, direkte Gebühren zu erheben, um den Zugang in die historischen Zentren von städtetouristischen Destinationen zu beeinflussen, begrenzt. Gleichzeitig ist der Boom im Städtetourismus ja gerade von relativ preisgünstigen Angeboten getrieben worden. Viele Städte haben sich in den Jahren um die Jahrtausendwende – partiell auch mit (teilweise kaschierten) Subventionen – dafür eingesetzt, dass ihre Städte mit preiswerten Verbindungen von Low Cost Carriern (LCC) bequemer und günstiger aus den europäischen Quellmärkten erreichbar sind. Neben vielen in den letzten Jahren entstandenen preisgünstigen Hostels in vielen europäischen Metropolen tragen auch die Übernachtungsangebote der Sharing Economy dazu bei, dass die Übernachtungskosten im Rahmen bleiben. Der Städtetourismus hat sich damit in den letzten Jahren gewandelt. War er früher ein eher hochpreisiges touristisches Segment, hat er in den letzten 20 Jahren überproportional junge – oftmals preissensible – Besucher angezogen. Eine der Folgen ist damit, dass eben – anders als bei traditionellen kulturorientierten Städtetouristen des ausgehenden 20. Jahrhunderts – das Nachtleben eine sehr viel größere Rolle spielt.

Nachdem viele städtetouristische Destinationen lange Jahre intensiv – und auch erfolgreich – um diese jüngere Klientel geworben haben, ist es jetzt sicherlich nicht einfach, hier entsprechend umzusteuern.

Für München ist die Notwendigkeit für die Anwendung von Regulierungen entsprechend der vierten UNWTO-Strategie vor dem Hintergrund des relativ weiträumigen Haupttourismusgebiets als nur begrenzt relevant einzustufen. Absolute physische Tragfähigkeitsgrenzen werden kaum überschritten. Wenn doch, wie beim Kernbereich der Fußgängerzone dann auch deswegen, weil diese neben den Touristen in starkem Maß auch von Bewohnern Münchens und der Metropolregionen frequentiert werden.

5.3.5 Zielgruppensegmentierung

Im vorhergehenden Abschnitt ist ausgeführt worden, dass viele städtetouristische Destinationen um die Jahrtausendwende offensiv um jüngere – auch Nachleben-affine – und preissensitive Zielgruppen geworben haben, die mit LCC-Verbindungen oder Fernbussen für ein verlängertes Wochenende auf einen Städtetrip kommen. Vor dem Hintergrund der Overtourism-Diskussion versuchen nun viele Destinationen umzusteuern. Dementsprechend formuliert auch die fünfte Management-Strategie der UNWTO eine klarere Fokussierung auf andere Zielgruppen als Handlungsansatz.

Bei der Bevölkerung würde der Ansatz, das Tourismusmarketing zu gestalten und insbesondere keine störenden Party-Touristen mehr anzusprechen, wohl auf relativ breite Zustimmung stoßen, wie die Befunde aus Hamburg nahe legen (vgl. Abb. 69).

Da Wybraniec keine sozio-demographische Differenzierung vornimmt, kann nur vermutet werden, dass möglicherweise eher jüngere Bewohner (oder solche, die außerhalb der Innenstadt wohnen) die Umsteuerung des Vermarktungsansatzes für weniger notwendig halten. Gleichzeitig ist Hamburg sicherlich eine spezifische städtetouristische Destination, für die – ähnlich wie in München das Oktoberfest – die Reeperbahn und St. Pauli zum Markenkern der Stadt und wohl teilweise auch zum Selbstverständnis und der Identität der Bewohner der Stadt zählt. Auch dies mag die Ergebnisse mit beeinflussen, dass jede/r vierte Hamburger*in diesen Ansatz nicht unterstützt.

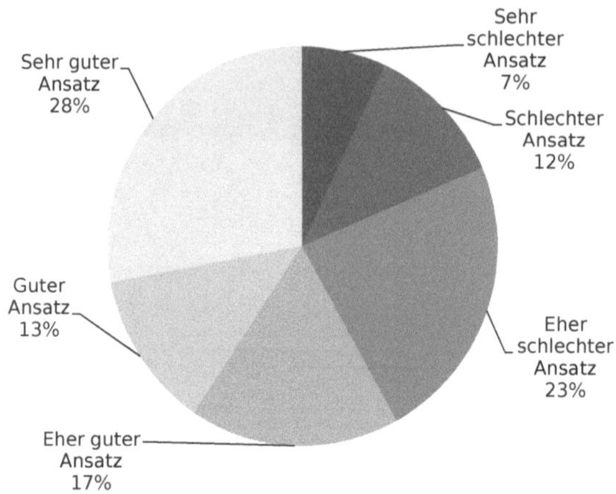

Abb. 67: Bewertung des Regulierungsansatzes: Keine störenden Party-Touristen mehr ansprechen durch die Bewohner in Hamburg (Quelle: Eigene Darstellung nach Daten: Wybraniec 2018, S. 73)

Gleichzeitig ist aber auch anzumerken, dass es sich beim High-End-Segment kaufkraftstärkerer Zielgruppen um ein stark umkämpftes Segment handelt. Ähnlich wie sehr viele Destinationen – vom kleinsten Dorf in Kenia bis hin zu New York – auf den MICE-Markt mit Kongressen und Events setzen, um die Saisonalität der Nachfrage abzupuffern, wird auch in vielen Destinationen immer wieder das Schlagwort vom „Qualitätstourismus" bzw. „Luxustourismus" propagiert. Die Intensität der Ausrichtung auf dieses (letztendlich überschaubare) Segment entspricht in keiner Weise dem realen Marktvolumen. Destinationen, die sich jahrelang als Low Cost- und Party-Destination positioniert haben, werden es schwer finden, sich entsprechend erfolgreich umzuorientieren und jetzt eine ganz andere Klientel anzusprechen. Auch Mallorca hat z. B. viele Jahre gebraucht, um sein Image einer „Putzfraueninsel" zu differenzieren und zusätzliche Zielgruppen im Golf- und Finca-Tourismus anzusprechen (vgl. Kagermeier 2020, S. 290ff.).

Wenn jetzt alle von Overtourism geplagten Partytourismus-Destinationen auf den kaufkraftstarken distinguierten Touristen setzen, wird der Markt nur noch umkämpfter. Gleichzeitig sollte schon realistisch gefragt werden, ob in einer Partytourismus-Destination überhaupt das Potential für die Anziehung von anspruchsvollen Zielgruppen vorhanden ist. Ob das von jungen Partytouristen am Ende des aktuellen Lebenszyklus derzeit stark frequentierte Lloret de Mar an der Costa Brava auch erfolgreich ältere Luxustouristen ansprechen kann, darf dahin gestellt bleiben.

München als städtetouristische Destination ist auch bezüglich der fünften Strategie insofern begünstigt, als diese bereits unabhängig von der Overtourism-Diskussion als erfüllt gelten kann. München hat historisch vor dem Hintergrund der Rahmenbedingungen und des Angebotes die Attraktivität für Zielgruppensegmente etabliert, deren Bedürfnisse mit denen der lokalen Bevölkerung relativ kompatibel sind. Diese Tendenz wird gleichzeitig bereits seit vielen Jahren von der lokalen DMO und der Stadtpolitik entsprechend durch eine gezielte Ansprache von relativ kaufkraftstarken hochkulturorientierten Zielgruppen (Sinus-Milieus) verstärkt und ausgebaut (vgl. Kap. 4.4.2.2 und Landeshauptstadt München 2013, S. 42). Dass sich München – ganz unabhängig von der Overtourism-Diskussion – nie als Billig- und Partytourismus positioniert hat, ist damit retrospektiv als glückliches Moment einzustufen.

5.3.6 Nutzenstiftung für lokale Gemeinschaft

Nachdem die ersten fünf UNWTO-Management-Ansätze bei der Nachfrageseite ansetzen und auf Entzerrung, Regulierung, Limitierung und Umsteuerung abzielen, verlegt die sechste Strategie den Fokus auf die Einwohner in den von Overtourism betroffenen Destinationen

Wie bereits in Kap. 1.1 erwähnt, stellt der Tourismus in vielen Städten und Regionen eine relevante regionalwirtschaftliche Komponente dar. Diese wirtschaftliche Bedeutung ist dabei in vielen ländlich geprägten touristischen Destinationen dominanter als in größeren Städten, die oftmals ein breiteres Portfolio an Beschäftigungsmöglichkeiten aufweisen.

Auch wenn München als eine der seit Jahrzehnten wirtschaftlich prosperierenden in Deutschland mit nahezu Vollbeschäftigung und überdurchschnittlichem Einkommensniveau sicherlich wirtschaftlich als nicht abhängig vom Tourismus charakterisiert werden kann, wird dieser doch von einer Mehrheit der Bewohner als wichtiger Wirtschaftsfaktor angesehen (vgl. Abb. 70).

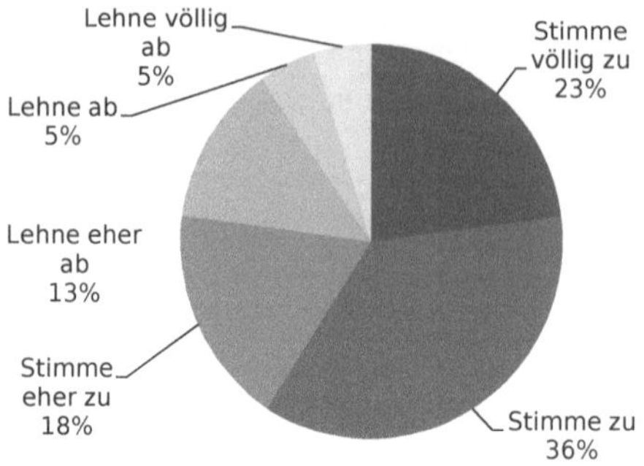

Abb. 68: Tourismus als wichtiger Wirtschaftsfaktor in München (Quelle: Eigene Erhebung)

Dass Tourismus auch einen ökonomischen Nutzen für die Stadt stiftet, ist den Münchner*innen also bewusst. Dieser Befund korrespondiert mit den nur gering ausgeprägten negativen Sichtweisen auf den Tourismus und könnte als Bestätigung für die UNWTO-Strategie angesehen werden.

Allerdings ergibt sich auch in Berlin bei einer Befragung der Bewohner zu den wirtschaftlichen Effekten des Berlin-Tourismus eine mehrheitlich positive Wahrnehmung der Effekte des Tourismus für den Arbeitsmarkt und die finanzielle Situation der Stadt (Abb. 71).

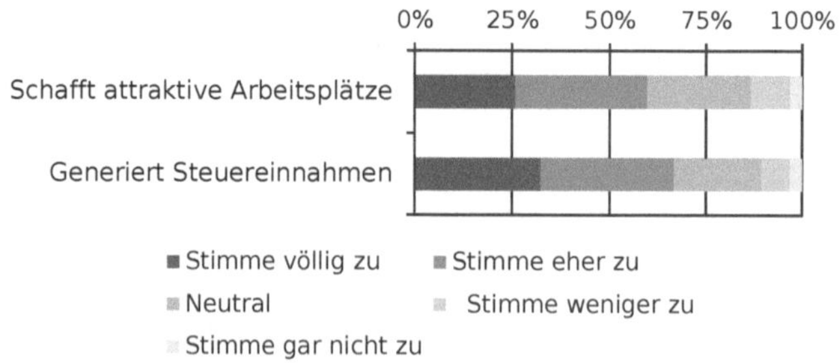

Abb. 69: Tourismus als wichtiger Wirtschaftsfaktor in Berlin (Quelle: Eigene Darstellung nach Daten: visitBerlin 2019, S. 3)

Da in Berlin ein deutliches Unbehagen bei der Bevölkerung gegen Touristen zu konstatieren ist, kann dies so gedeutet werden, dass das kognitive Wissen um die ökonomische Relevanz von Tourismus die emotionalen Befindlichkeiten und Anti-Stimmungen nicht bzw. nur sehr partiell kompensieren kann. Auch die sechste UNWTO-Strategie, die positiven ökonomischen Effekte intensiver zu kommunizieren, wie dies inzwischen z. B. in Berlin (Senat von Berlin 2014, visitBerlin 2016) oder Bamberg (dwif 2018b) – aber auch in vielen anderen Destinationen – verfolgt wird, dürfte nur begrenzt tragfähig sein.

Lediglich proaktiv könnte der Ansatz mit zu einer Stabilisierung der Tourismusakzeptanz einen gewissen Beitrag leisten. Sobald die Stimmung bei den Bewohnern einmal umgekippt ist, lässt sich – der oftmals emotional geführte Diskurs mit solchen kognitiv-rationalen Argumenten wohl nicht mehr „reparieren".

5.3.7 Erlebnisoptionen auch für Bewohner schaffen

Wie bereits erwähnt, profitieren Einwohner in ländlich geprägten Destinationen oftmals davon, wenn durch die touristische Nachfrage Freizeit-, Kultur- oder ÖPNV-Angebote die Tragfähigkeitsschwelle überschreiten. Solche Angebote können dann auch von der lokalen Bevölkerung mit genutzt werden. Diese profitiert damit indirekt von der touristischen Nachfrage, wenn durch diese Angebote geschaffen oder rentierlich angeboten werden können, die einen Nutzen auch für die Einwohner stiften.

Umgekehrt sind Freizeit-, Kultur und ÖPNV-Angebote im großstädtischen Kontext eben auch aufgrund des Vorhandenseins einer entsprechenden lokalen Nachfrage weitgehend unabhängig von der zusätzlichen touristischen Nachfrage vorhanden. Im Städtetourismus ist das entsprechende Angebot weniger eine Folge der touristischen Nachfrage sondern eher eine Voraussetzung für die Entwicklung des Städtetourismus.

Die auswärtige Nachfrage kann teilweise umgekehrt als Konkurrenz für die einheimische Nachfrage angesehen werden. Dies gilt für viele kulturelle Veranstaltungen genauso wie für große Events. So wurde von einem Ansprechpartner in München formuliert: „*Und dann heißt es Münchner kriegen keinen Platz mehr, weil schon so viele andere da sind. Es kann auch mal eine Rolle spielen*" (Bickelbacher 2018). Dabei ist es denkbar, bestimmte Kontingente bzw. auch spezielle Bereiche nur für Einheimische vorzuhalten.

So wurde z. B. von der Stadt München bereits beim Oktoberfest reagiert. Dort darf ein bestimmtes Kontingent an Sitzplätzen nicht bei Vorab-Reservierungen vergeben werden, sondern muss für die spontane Nachfrage (nicht explizit nur, aber eben auch von Einheimischen) vorgehalten werden: „*Und eine Reaktion war auch, dass man bestimmte Sachen reservierungsfrei hat. Also nicht, dass das ganze Zelt durch reserviert sein kann und man spontan nicht mehr gehen kann, sondern dass dann bestimmt Bereiche frei bleiben müssen. Das war, glaube ich auch, so eine Reaktion drauf, dass da nicht alle reserviert haben, wobei die ganzen Firmen, die hier in München sitzen und nicht nur Touristen von außerhalb. Aber man hat versucht, da ein bisschen dass man da als Münchner noch hingehen kann, um spontan reinzugehen*“ (Bickelbacher 2018).

Wichtig bei all diesen Ansätzen ist neben der konkreten Maßnahme, insbesondere den Einheimischen das Gefühl zu vermitteln, dass den entsprechenden Akteuren ihr Wohlbefinden ein Anliegen ist.

So kann es durchaus opportun sein, z. B. spezifische Veranstaltungen wie Quartierfeste etc. zu unterstützen, die sich prioritär an die Einwohner wenden und diesen damit in ihren Wohnquartieren auch das Gefühl des ungestörten „Unter Sich Seins“ zu vermitteln.

5.3.8 Verbesserung der Infrastruktur

Die bislang angesprochenen Strategieansätze der UNWTO wurden weitgehend skeptisch beurteilt. Auf keinen Fall können sie als universell einzusetzende Strategieansätze angesprochen werden. Lediglich beim Strategiebaustein 7 „Erlebnisoptionen für Bewohner schaffen“ wurde eine gewisse Relevanz auch für großstädtische Kontexte gesehen.

Der achte Strategieansatz, durch eine Verbesserung der Infrastruktur und die Schaffung zusätzlicher Kapazitäten Überlastungsphänomene insbesondere für die Einheimischen abzumildern, kann zwar prinzipiell als im Overtourism-Kontext tragfähig und relevant eingestuft werden.

So wurde auch bei der Erhebung in München die Überlastung der ÖPNV-Infrastruktur (zu bestimmten Zeiten und auf bestimmten Streckenästen) als mit durch den Tourismus verschärftes Problem angesprochen (vgl. Abb. 14 in Kap. 3.4).

Auch wenn die (insbesondere Verkehrs-)Infrastruktur in Großstädten – vor allem angesichts der großen lokalen und regionalen Nachfrage, als leistungsfähig einzustufen ist und damit auch das zusätzliche Aufkommen von Besuchern in vielen Bereichen bewältigen kann, sind gewisse Überlastungen insbesondere der öffentlichen Verkehrsinfrastruktur zu konstatieren. Allerdings betrifft die Überlastung vor allem auch den Alltagsverkehr der lokalen und regionalen Bevölkerung und stellt nur partiell ein spezifisches Phänomen der touristischen Nachfrage dar.

Dementsprechend werden in München auch bereits seit Jahren entsprechende Ansätze zur Kapazitätserweiterung verfolgt. Dabei werden die zusätzlichen Kapazitäten teilweise vom zukünftigen Wirtschafts- und Bevölkerungswachstum in der Metropolregion München zumindest teilweise kompensiert. Damit ist eine signifikante Entlastung kaum zu erwarten. Die Option der Erweiterung der öffentlichen Infrastruktur setzt aber einerseits entsprechende finanzielle Möglichkeiten voraus. Diese sind in München gegeben, aber nicht jede Kommune befindet sich in einer vergleichbaren komfortablen Situation mit weitgehend ausgeglichenem Haushalt.

Darüber hinaus – und das gilt auch für München – weisen größere Infrastrukturprojekte – insbesondere auch im Verkehrsbereich – Planungs- und Umsetzungshorizonte von mehreren Jahren – oftmals sogar Jahrzehnten – auf. So werden auch die in München geplanten und teilweise bereits begonnenen Baumaßnahmen zur Entzerrung der zentralen Knoten im touristischen Kernbereich wohl erst im nächsten Jahrzehnt fertig gestellt werden. Als kurzfristig wirksame Maßnahme fällt ein Kapazitätsausbau der Infrastruktur damit aus. Gleichwohl erscheint diese Strategie vor dem Hintergrund auch der empirischen Befunde als relevant und wird damit als mittelfristig dementsprechend weiter zu verfolgen eingestuft.

5.3.9 Kommunikation mit und Einbindung von lokalen Stakeholdern

Erst an neunter Stelle wird dann von der UNWTO der Management-Ansatz aufgeführt, der sich möglicherweise als der künftig relevanteste herauskristallisieren könnte: die Kommunikation mit und die Einbindung von lokalen Stakeholdern. Dieser Ansatz ist sicherlich nicht geeignet als kurzfristig wirksame Sofort-Interventions-Maßnahme nach dem Hochkochen der Diskussion und dem Überschreiten des Tipping-Points.

Ihm dürfte aber eine zentrale Rolle als proaktiver Strategiebaustein zur Vermeidung eben genau jener negativen Reaktionen zukommen. In die gleiche Richtung zielt ja auch das von Roland Berger vorgelegte Konzept (vgl. Kap. 5.2.3), auch wenn dieses ja viele Fragen hinsichtlich der Umsetzung offenlässt.

Die Einbindung von Stakeholdern war lange Zeit vor allem auf die professionellen touristischen Akteure entlang der Dienstleistungskette ausgerichtet. So wurde z. B. in München mit der 2012 gegründeten sog. „Tourismus Initiative München" (TIM) nicht nur ein Ansatz zur finanziellen Beteiligung der Tourismuswirtschaft an der Marktkommunikation geschaffen, sondern insbesondere auch eine Plattform zur Einbeziehung einer breiten Basis von Akteuren (Pillmayer 2016, TIM 2020). Auch in der Vergangenheit spielte bei solchen Ansätzen der Aspekt des Binnenmarketings bereits eine gewisse Rolle. So sollten z. B. mit klassischen Wertschöpfungsanalysen sowohl politische Akteure als auch die Bewohner adressiert werden. Ziel war es, ein Bewusstsein für die ökonomische Relevanz des Tourismus als Wirtschaftssektor zu schaffen und auch für die Belange der Tourismuswirtschaft zu werben.

So formuliert z. B. der Leiter der Würzburger DMO: „*Umgekehrt natürlich die Information an die Einheimischen, also an die Stadtgesellschaft und das aber tatsächlich immer damit verbunden, dass man aufzeigt, wer sind jetzt gerade die Profiteure. Also so wie wir im Moment gerade die Krisenkommunikation machen, was bedeutet jetzt Corona für einen Gästeführer, was für den Gastronom, was für den Hotelier – genau so haben wir es natürlich in den Jahren des Erfolgs umgedreht, dass wir gesagt haben, wie gut profitieren die Hotels davon, und wie reagieren die, wie investieren die? Das gleiche mit Gästeführern, dem Einzelhandel. Das wurde also dann tatsächlich immer wieder kontinuierlich so an die Öffentlichkeit gegeben*" (Rudek 2020).

Letztendlich haben aber diese bislang verfolgten Ansätze nicht verhindern können, dass die Stimmung bezüglich des Tourismus in vielen Destinationen umgeschlagen und zur Overtourism-Debatte geworden ist.

Diese sich wandelnde Zielsetzung und Bedeutung dessen, was bislang als Binnenmarketing verstanden worden ist, wird auch vom Geschäftsführer der Würzburger DMO gesehen:

„Dann ist es tatsächlich etwas, wo man ganz gezielt natürlich auch sagt in das Binnenmarketing hinein sollen gewisse Themenfelder kommuniziert, bearbeitet werden, die nötige Transparenz muss natürlich da sein. Da haben wir jetzt bei uns tatsächlich eine etwas andere Voraussetzung. Also für mich selbst, mit dem beruflichen Hintergrund, ist das schon was, dass ich sage Binnenmarketing ist wichtig, wir müssen immer wieder auch aufzeigen, was tun wir, warum tun wir das, was ist der Nutzen für die Einheimischen? Denn vieles ist ja jetzt nicht einfach Selbstläufer, sondern Tourismus ist wirklich Arbeit, für alle Beteiligten. Und genauso müssen wir als Touristiker natürlich sehr sensibel damit umgehen, wie verändern sich jetzt auch Trends, Nachfrage, was kann das bedeuten für den Lebenskomfort der einheimischen Bevölkerung?" (Rudek 2020)

Die zentrale Herausforderung im Overtourism-Kontext dürfte künftig darin bestehen, sich eben nicht nur kurzatmig, reaktiv und kurativ mit den Symptomen auseinander zu setzen. Vielmehr erscheint auf der Suche nach tragfähigen Ansätzen notwendig, proaktive – allerdings wohl nur mittelfristig wirksame und nicht als akute Krisenintervention geeignete – kommunikative Ansätze zu entwickeln und konsistent und umfassend sowie dauerhaft zu implementieren. Kommunikativen Maßnahmen kommt dabei wohl auch im Rahmen des Resilienz-Ansatzes eine wichtige Rolle zu (Guitart und Serrat 2020, S. 274).

Dabei handelt es sich nicht nur um klassische kommunikative Ansätze. Eine partizipatorisch ausgerichtete Herangehensweise bedeutet wohl einen grundlegenden Paradigmenwechsel im Destinationsmanagement. Diese reicht gleichzeitig wohl auch sicherlich über traditionelle sektorale Ansätze hinaus. Aus diesem Grund soll die Kommunikation und Interaktion mit der Wohnbevölkerung separat in Kap. 6 behandelt werden.

5.3.10 Kommunikation mit und Einbindung von Besuchern

Angesichts der negativen Auswirkungen des Tourismusverhaltens – insbesondere während ihrer nächtlichen Aktivitäten – schlägt die UNWTO als zehnte Managementstrategie vor, diese negativen Auswirkungen durch direkte Ansprache der Besucher zu verringern (UNWTO 2018, S. 49). Das Kommunizieren und Einbeziehen von Besuchern sei eine Möglichkeit, sie für die negativen Auswirkungen ihres Verhaltens auf die lokale Bevölkerung zu sensibilisieren.

Persuasive Maßnahmen, die sich an (potenzielle) Besucher von Reisezielen richten, sind dabei überhaupt nichts Neues. Wie bereits in Kap. 5.1 erwähnt, engagiert sich der Studienkreis für Tourismus und Entwicklung seit Jahrzehnten um Verständnis für andere Kulturen in (v. a. außereuropäischen) Reisezielen zu schaffen. Im Hintergrund steht dabei die – sicherlich etwas bildungsbürgerlich geprägte und an die Kraft der Aufklärung glaubende – Hoffnung, dass sich dadurch verantwortungsbewussteres sowie rücksichts- und respektvolleres Verhalten induzieren ließe. Nicht nur die Auswüchse des Sextourismus in diverse Länder des Globalen Südens zeigen aber, wie wenig solche Ansätze bewirken.

Abb. 70: Schilder wie dieses in der Dubliner Pub-Meile „Temple Bar" stellen fast hilflos anmutende und letztendlich nur begrenzt wirksame Appelle an die Vernunft von Feiernden dar (Quelle: Eigene Aufnahme)

Im Jahr 2015 wurden in Berlin Pantomimekünstler als „weiches" Instrument eingesetzt, um die Belästigung des Partytourismus und den Lärm durch nächtliche Outdoor-Aktivitäten im Schwerpunkt Friedrichshain zu verringern (BerlinOnline Stadtportal 2015a, 2015b, Gross 2015). Die Pantomimen näherten sich den Gästen von Restaurants und Bars im Freien und flehten sie mit pantomimischen Gesten an, den Lärmpegel zu reduzieren. Letztendlich wirkt der Versuch, mit einer solchen weichen Maßnahme Partytouristen zu einem für das Umfeld verträglicheren Verhalten zu bewegen, fast hilflos und verzweifelt. Dieser innovative Ansatz hatte dementsprechend auch nur eine begrenzte Wirkung. Nach einigen Monaten wurde das Pilotprojekt wegen mangelnder Wirksamkeit eingestellt (Fink 2015).

Diese beiden Beispiele könnten darauf hinweisen, dass es nicht einfach ist, Besucher anzusprechen und sie dazu zu bringen, über die Auswirkungen ihres Verhaltens nachzudenken und dies entsprechend anzupassen, so dass es für die Bewohner akzeptabel wird. Der Ansatz, bei den Besuchern ein Bewusstsein für die Bedürfnisse der lokalen Bevölkerung zu generieren, zielt auf das Sozialverhalten der Besucher ab.

In eine ähnliche Richtung weisen auch Ansätze in München. Dort ist der Gärtnerplatz einer der wenigen lokalen Hotspots von feiernden Jugendlichen und jungen Erwachsenen (Bewohner von München und dem Umland ebenso wie auswärtige Besucher; vgl. Lotze 2020). Unter dem organisationalen Dach des sog. AKIM (= Allparteiliches Konfliktmanagement in München) sind nachts Mitarbeiter*innen des Sozialreferats unterwegs, um Exzesse der Feiernden abzumildern und auf die Einhaltung von Ruhezeiten hinzuwirken (Landeshauptstadt München. Sozialreferat 2019, S. 12 oder ZDF 2019). Auch dieser Maßnahme ist nur ein begrenzter Erfolg beschieden.

Da München aber eben nur begrenzt Partytouristen anzieht und sich auch nicht so positioniert, halten sich die Verbreitung sowie die Frequenz von Fehlverhalten in Grenzen. Damit bleibt die Beeinträchtigung der Anwohner auf wenige Ecken in der Stadt limitiert. Gleichzeitig bleibt aber die Frage unbeantwortet, inwieweit solche aufklärerische Ansätze der Sensibilisierung vor dem Hintergrund der hedonistischen Interessen der Touristen wirklich tragfähig sind. Belastbare empirische Studien liegen hierzu bislang nicht vor.

Wie bereits mehrfach hinsichtlich der Umweltauswirkungen des Tourismusverhaltens – wie die Rolle des Flugverkehrs beim Klimawandel (Kagermeier 2020, S. 180 ff.) oder CSR-orientierte Ansätze (Kagermeier 2016) – festgestellt wurde, scheint die Bereitschaft von Touristen recht begrenzt, altruistische Motive in ihr Reiseverhalten zu integrieren. Das klar hedonistisch geprägte Hauptinteresse der Touristen ist ihre persönliche Reiseerfahrung und ihr persönliches Vergnügen (Schmücker, Sonntag und Günther 2019, S. 8). Die Kluft zwischen Einstellungen und Verhaltensweisen wurde bereits mehrfach in ökologisch orientierten Studien festgestellt (Schmücker, Sonntag und Günther 2019, S. 13). Appelle an freiwillige Ansätze zur Ansprache von Touristen scheinen –

angesichts der begrenzten Auswirkungen in anderen Bereichen – eher auf Wunschdenken als auf soliden Perspektiven zu beruhen. Um die Interessen von Besuchern und Bewohnern in Einklang zu bringen, müssen andere Konzepte und Ansätze entwickelt und ausgearbeitet werden. Damit muss letztendlich auch dieser Strategieansatz der UNWTO als nur begrenzt tragfähig eingestuft werden.

Auch wenn der Hauptfokus in diesem Band auf den Auswirkungen in den Destinationen liegt, soll als eine Art Exkurs an dieser Stelle auch auf den inversen Aspekt der Kommunikation mit den Besuchern hingewiesen werden.

Die Attraktivität von touristischen Destinationen hängt einerseits von den konkreten Angeboten zur Erreichbarkeit des Ziels und der Gestaltung des Aufenthalts, den sog. „Tangibles" bzw. harten Attraktivitätsfaktoren ab. Andererseits wird die Attraktivität auch auch von einer Reihe weiterer Aspekte, den sog. „Intangibles" bzw. weichen Faktoren ab. Zu diesen zählt z. B. neben der Servicequalität auch die Vermittlung eines „Your Welcome"-Gefühls bei den Gästen Bauer und Gardini 2019). Im Zuge der Overtourism-Diskussion könnte – ohne dass hierzu bereits wirklich belastbare Befunde vorliegen – bei den potenziellen Besuchern das Gefühl entstehen, sie seien nicht mehr Willkommen bzw. Unerwünscht. Letztendlich könnte die Overtourism-Diskussion damit (zumindest partiell) den „Ast absägen", von dem ein oftmals erheblicher Teil der Vorort-Bevölkerung lebt.

Ein etwas unbeholfener, aber fast anrührend anmutender Versuch einer positiven Gästekommunikation ist in Abb. 73 wiedergegeben. Letztendlich zählt auch dieser Aspekt der Kommunikation mit den Besuchern zum Komplex Overtourism.

Abb. 71: „Your Welcome"-Signal eines Cafés an verunsicherte Besucher in Bari (Quelle: Eigene Aufnahme)

5.3.11 Monitoring

Aus tourismuswissenschaftlicher Sicht selbstverständlich und letztendlich auch wie ein übergreifender Appendix wirkend wird als letzte Management-Strategie von der UNWTO auch das systematische Monitoring angesprochen.

Dabei wird vor allem an quantitative Erhebungen bei den Bewohnern und den Besuchern gedacht, deren Ergebnisse in diesem Band bereits an vielen Stellen erwähnt worden sind. Die Wahrnehmung des aktuellen Niveaus der touristischen Nachfrage, der Wachstumsgeschwindigkeit aber auch die wahrgenommenen Auswirkungen und subjektive Befindlichkeiten bzw. der Grad des Unwohlgefühl im Alltag und in der Freizeit oder Crowding-Gefühle sind klassische Gegenstände dieser Monitoring-Studien.

Auch in München wurden – sicherlich teilweise vor dem Hintergrund der aufkommenden Overtourism-Diskussion in den letzten Jahren die Ansätze zu einem Monitoring deutlich intensiviert (Zednik 2018). Gleichzeitig gilt es sicherlich, aufbauend auf den vorhandenen Ansätzen, diese auch künftig systematisch weiter zu verfolgen und zu entwickeln, um für München ein „Umkippen" der öffentlichen Stimmung wie in den Destinationen „an der Spitze des Eisbergs" zu vermeiden.

Allerdings dominieren bei Monitoring-Ansätzen bislang klassische quantitativ ausgerichtete Erhebungen. Diese können letztendlich aber nur an der Oberfläche des Phänomens Overtourismus „kratzen" und scheinen nur begrenzt geeignet, die oftmals tiefer liegenden subjektiven Befindlichkeiten und der Auslöser hinreichend genau zu fassen. Auch fehlen bislang Ansätze, die z. B. zudem die kompensierende Wirkung von Vermeidungsoptionen oder anderen Coping-Möglichkeiten für die Sensitivität und ggf. auch eine Stabilisierung bzw. Stärkung der Resilienz im Sinne des Vulnerabilitätsansatzes einbeziehen. Vor diesem Hintergrund soll im nächsten Abschnitt noch einmal auf die UNWTO-Managementansätze mit dem Blickwinkel des Vulnerabilitätsansatzes geblickt werden.

Gleichzeitig werden – neben den Kommunikationsansätzen – auch die Notwendigkeiten und Möglichkeiten für tiefer gehende Monitoring-Ansätze im anschließenden Kap. 6 nochmals aufgegriffen.

5.4 Die UNWTO-Strategien vor dem Hintergrund des Vulnerabilitätsansatzes

Im Folgenden wird einerseits versucht, die von der UNWTO formulierten Managementstrategien in den Kontext des Vulnerabilitätskonzeptes einzuordnen und zu bewerten. Damit soll die Tragfähigkeit dieses Konzeptes für den Umgang mit Overtourism überprüft werden. Andererseits werden die Strategien mit den beim Fallbeispiel München generierten Befunden und Erkenntnissen abgeglichen. Damit soll die generelle Tragfähigkeit der Ansätze überprüft werden.

Da die Haltungen und Wahrnehmungen der Münchener Bevölkerung a priori als relativ robust gegenüber großen Besucherzahlen eingestuft werden konnten, soll als drittes Ziel mit Bezug auf die UNWTO-Handlungsstrategien und das Vulnerabilitätskonzept ein vertieftes Verständnis über die Resilienz der Münchener Bevölkerung gewonnen werden.

5.4.1 Reduzierung der Belastung (Exposure)

Viele der von der UNWTO vorgeschlagenen Maßnahmen und Handlungsansätze zur Milderung von Overtourism-Effekten setzen bei der Reduzierung der konkreten Belastung („Exposure") an. Auch die ersten vier der elf UNWTO-Strategien können als solche Ansätze klassifiziert werden. Sie umfassen die räumliche (1) sowie die zeitliche (2) Verteilung bzw. Entzerrung der Besucher, die Entwicklung alternativer Rundgänge und Attraktionen (3) sowie Regulierungen in sehr stark frequentierten Quartieren/Gebieten (4). Bezogen auf das Vulnerabilitätskonzept zielen diese vier Maßnahmen auf die Reduzierung der Exposition im Hotspot der touristischen Nachfrage ab. Implizit wird dabei wohl auch unterstellt, dass sich durch diese Maßnahmen die Sensitivität positiv beeinflussen lässt. Indirekt könnte damit auch die Resilienz verbessert werden, da die Belastung reduziert wird (vgl. Abb. 74).

Allerdings sind diese vier von der UNWTO an erster Stelle genannten Maßnahmen für München nur partiell relevant. Aufgrund ihres weiträumigen Innenstadtkerns erleidet die Stadt kein außerordentliches Konzentrationsproblem. Rein physische Tragfähigkeitsgrenzen werden nicht überschritten. Dementsprechend sind auch kaum rein „monofunktionale Touristenzonen" (Katarzyna, Six und Vanneste 2017) zu identifizieren. Die wenigen Hotspots, die von großen Touristenströme „heimgesucht" werden – wie z. B. der Marienplatz oder die Gegend um das Hofbräuhaus – werden von der lokalen Bevölkerung teilweise schlicht gemieden. Dies stellt nach Aussagen der Befragten keine problematische Einschränkung für sie dar: *„Aber nochmal, das stört sie in ihrem eigenen Vorgarten, oder in ihrem eigenen Wohnumfeld und nicht da am Marienplatz. [...] Zu guter Letzt hat man sich gefragt, ob sich die Leute wirklich stören am Tourismus oder an diesem Phänomen und dann als Schluss für sich diese Plätze meiden"* (Namberger 2018). *„Manche haben das ganz gut geschafft auch die Stadt dann trotzdem noch positiv zu erleben. Ecken zu finden, wo sie sagen, da ist es noch schön und so muss man halt bestimmte Ecken vielleicht meiden"* (Popp 2018). Dies bedeutet umgekehrt, dass eine intensivere räumliche Dispersion der Touristen in bislang kaum von Touristen frequentierte Stadtviertel kontraproduktiv sein könnte, da dadurch der Rückzugsraum der Bevölkerung eingeschränkt wird und damit einhergehend die Exposition und Empfindsamkeit der Anwohner in den Wohnquartieren erhöht werden könnte. Die Umsetzung könnte daher sogar unerwünschte nachteilige Effekte generieren und führt zu der Erkenntnis, dass eine simple „Verdünnungsstrategie“ nicht immer die angemessene Antwort auf die Frage nach der Reduzierung der Exposition darstellt.

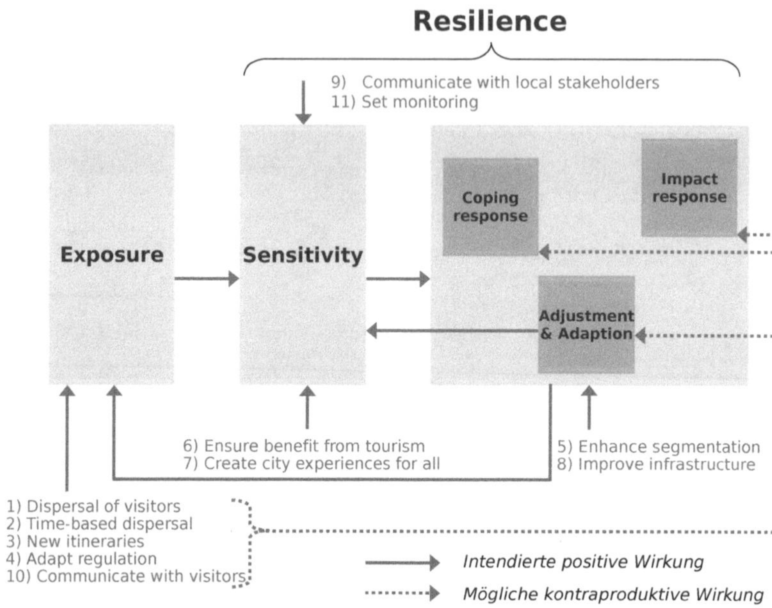

Abb. 72: Zuordnung der UNWTO-Overtourism-Strategien zu den Dimensionen des Vulnerabilitätskonzepts und Erweiterung des Resilienz-Begriffes (Quelle: Eigene Darstellung in Anlehnung an Turner et al 2003, S. 8077 und UNWTO 2018, S. 48f.)

Auch die auf die Kommunikation mit den Besuchern abzielende Strategie 10 kann als Ansatz zur Reduzierung der Exposition verstanden werden. Dass – insbesondere um die direkten nächtlichen Störungen durch Besucher zu reduzieren – z. B. in Berlin bereits diverse Maßnahmen wie ein Pantomime Projekt ausprobiert wurden, ist bereits erwähnt worden (vgl. Kap. 5.3.10). Letztendlich erscheinen solche „Erziehungsmaßnahmen“ fast etwas hilflos. Hinzu kommt, dass dieser persuasiv ausgerichtete Ansatz – unabhängig von der fraglichen Wirksamkeit – vor allem für Destinationen mit Fokus auf nachtaktive Besucher (z. B. auch Hamburg oder Amsterdam) relevant ist. Für München, das auch in der Vergangenheit bewusst nicht auf Partytouristen gesetzt hat, wurden bei den Befragungen und Gesprächen keine Hinweise gefunden, dass nächtliche

Ruhestörungen ein weiter verbreitetes Problem darstellen. An einem der wenigen nächtlichen Feier-Hotspots, dem Gärtnerplatz dürfte die Mehrzahl der jüngeren Feiernden darüber hinaus aus der Stadt und dem Umland kommen. Darüber hinaustragen die entsprechend restriktiv gehandhabten (und auch überprüften) Öffnungszeiten für die Biergärten (und die übrige Außengastronomie) sicherlich zu einer Abmilderung der Störungen bei.

5.4.2 Stärkung der Resilienz (Resilience)

Anknüpfend an die nur relativ gering ausgeprägten nächtlichen Störungen durch Partytouristen in München ist an dieser Stelle auf Strategie 5, die auf die Besuchersegmentierung abzielt, zu verweisen (vgl. Abb. 74). So werden einerseits durch das kulturelle Angebot Münchens und andererseits die relativ hochpreisigen Übernachtungsoptionen verstärkt Zielgruppen angezogen, die ähnliche Lebensstile praktizieren wie die Bewohner in den gentrifizierten innerstädtischen Wohnquartieren selbst. Die Adressierung von kaufkraftstärkeren und kulturinteressierten Zielgruppen wird gleichzeitig auch bereits von der DMO aktiv gestärkt (Zednik 2018, S. 38). Dabei hat München aufgrund seiner Tradition bei hochkulturell Interessierten und relativ kaufkraftstarken Besuchern hier eben einen Vorteil gegenüber Destinationen, die sich in den letzten 20 Jahren als niedrigpreisige Party-Destinationen „verramscht" haben und nun kaum Aussichten haben, die Zielgruppenzusammensetzung nach dem Aufkommen von Overtourism-Phänomenen kurzfristig umzusteuern.

Als weitere Maßnahme, nicht nur das Aufeinanderprallen unterschiedlicher Lebensstilgruppen, sondern auch das rein physische Begegnen zu steuern, schlägt Strategie 8 die Verbesserung der Infrastruktur vor. Die empirischen Befunde in München haben gezeigt, dass von den Bewohnern eine Überlastung des ÖPNV (speziell an den zentralen Knotenpunkten) als Problem angesehen wird. Auch wenn die Lastsituation nur partiell durch Besucher und in starkem Maß auch vom Wirtschafts- und Bevölkerungswachstum in der Metropolregion München verursacht werden, sind entsprechende Ansätze der Kapazitätssteigerung bereits seit Jahren auf der Agenda der Münchener Verkehrsplaner. Dabei sind Einheimische und Touristen in der U- oder S-Bahn nicht immer klar zu unterscheiden, auch wenn auswärtige Besucher teilweise durch ihre Unsicherheit und Langsamkeit auffallen. Damit werden sie von den oftmals eilig und zielgerichtet sich bewegenden Einheimischen in vielen Fällen als Widerstand im Fußgängerfluss wahrgenommen – ebenso wie natürlich auch ältere oder andere mobilitätseingeschränkte Einheimische. Die Überlastung des ÖPNV führt zu einem Crowding-Gefühl. Wenn dieses mit dem hohen Besucheraufkommen in Verbindung gesetzt wird, kann diese negative Wahrnehmung zu Overtourism-Gefühlen führen (Eisenstein und Schmücker 2020, S. 41).

Strategie 5 und 8 setzen also insbesondere bei der Anpassung an die Nachfragesituation an. Damit zielen sie auf einen Aspekt, der zur Resilienz beiträgt. Anpassungsmaßnahmen führen indirekt auch zu einer positiven Beeinflussung der Sensitivität bei gleich hoher Exposition.

5.4.3 Reduzierung der Sensitivität (Sensitivity)

Direkt bei der Sensitivität (Empfindsamkeit) der Bewohner setzen die zwei der elf UNWTO-Strategien an, die auf den Lebensstil und den Lebensunterhalt der lokalen Bevölkerung abzielen (vgl. Abb. 74). So sollen bei Strategie 6 die positiven ökonomischen Effekte intensiver gegenüber den Stakeholdern kommuniziert werden. Auch wenn dies in München bereits praktiziert wird (vgl. z. B. Hans 2019), ist dieser Ansatz vor dem Hintergrund der dynamischen wirtschaftlichen Entwicklung der Metropolregion mit Tendenz zu Fachkräftemangel nur begrenzt relevant. Denn im Vergleich mit anderen urbanen Destinationen ist München weniger stark von der touristischen Wertschöpfung und den touristischen Arbeitsplatzeffekten abhängig.

Strategie 7 zielt auf die Schaffung von Freizeitangeboten und Erlebnissen ab, die für Besucher und Bevölkerung gleichermaßen attraktiv sind. Durch die resultierenden positiven Nebeneffekte für die lokale Bevölkerung soll die Akzeptanz gegenüber der Besuchervielzahl gefördert werden. Auch dieser Ansatz greift in München, mit seiner Vielfalt an kulturellen und gastronomischen Einrichtungen nur begrenzt. Die Strategie erscheint eher für ländlich geprägte Destinationen anwendbar, in denen erst durch die touristische Nachfrage gewisser Freizeitangebote die Tragfähigkeitsschwelle überschritten wird. In Großstädten wie München ist der Wirkmechanismus eher umgekehrt: das Vorhandensein von primär auf die Wohnbevölkerung ausgerichteten Angeboten wirkt auch als Anziehungsfaktor für Besucher.

Die beiden letzten UNWTO-Managementansätze (Strategie 9 und 11) setzen ebenfalls eher proaktiv bei der Sensitivität der Bevölkerung an (vgl. Abb. 74). Bezüglich des Monitorings (11) haben die DMO und die Kommunalpolitik Münchens in den letzten Jahren, sicherlich auch bedingt durch die hohen Wachstumszahlen sowohl bei Einwohnern als auch Besuchern und der Diskussionen in anderen städtetouristischen Destinationen, eine verstärktes Bewusstsein für dessen Notwendigkeit entwickelt. Auch wenn es erst sukzessive aufgebaut wird, erfolgten erste Monitoring Aktivitäten bereits bevor die Diskussion lokal virulent wurde (Zednik 2018). Zur Kommunikation (9) lässt sich festhalten, dass München auch hier bereits vergleichsmäßig gut aufgestellt ist. Mit der bereits erwähnten 2012 ins Leben gerufenen Plattform „Tourismus Initiative München“ (TIM; vgl. Kap. 5.3.9) beteiligt sich die Tourismuswirtschaft einerseits finanziell an den nicht-rentierlichen DMO-Aufgaben, wird aber andererseits gleichzeitig auch intensiv in Entscheidungsprozesse zur lokalen Tourismusentwicklung eingebunden. In verschiedenen Arbeitskreisen werden kollaborativ mit den wirtschaftlichen touristischen Stakeholdern Entwicklungsstrategien sowie Marketingkonzepte erarbeitet (Zednik 2018; Pillmayer 2016). Darüber hinaus ermöglicht auch die in TIM institutionalisierte Interaktion mit kommunalpolitischen Akteuren eine direkte Kommunikationsplattform für diverse Stakeholder der Tourismusbranche Münchens.

Trotz ausgeprägter und eingespielter Kommunikationsansätze zwischen den professionellen Tourismusakteuren und der Stadtpolitik kann jedoch ein Optimierungspotential in der direkten Kommunikation mit der Bevölkerung konstatiert werden. Dabei laufen Überlegungen in der DMO und der Stadtverwaltung, wie diese verbessert werden können.

Fast als ein Glücksfall, der der DMO „in den Schoß gefallen“ ist, ist dabei die wohlwollende Berichterstattung in der Lokalpresse anzusprechen. Hier wird – teilweise auch aus eigenem Impetus – der Diskurs mit der Bevölkerung durchaus im Sinne der UNWTO-Strategie 11 geführt. So startete die Süddeutsche Zeitung im April 2019 eine elfteilige Serie zum Tourismus in München (vgl. Kap. 4.4.4). Dabei wurden in den Beiträgen zwar auch klassische Nutzenaspekte des Tourismus für die Bevölkerung thematisiert, wie sie in der UNWTO-Strategie 7 berücksichtigt werden. Aber neben den naheliegenden erwähnten ökonomischen Effekten wird dabei aber auch ein darüberhinausgehendes positives emotionales Setting generiert. So wird zum Beispiel unter dem Titel: *„Bilder einer fremden*

Stadt“ auch thematisiert, wie Besucher die Stadt wahrnehmen (Skala 2019). Gleichzeitig schwingt in der Darstellung auch ein gewisser Stolz auf die eigene Stadt mit. Unbewusst werden damit die UNWTO-Strategien zur Reduzierung der Sensitivität (6 & 7) bedient.

Zusammenfassend ist festzuhalten, dass die vier UNWTO-Strategieansätze, die der Einwirkung auf die Sensitivität innerhalb des Vulnerabilitätskonzeptes zugeordnet werden konnten, wohl den Kern von proaktiven Overtourism-Vermeidungsansätzen darstellen.

5.4.4 Diskussion: Resilienzförderung urbaner Destinationen

Wie bereits mehrfach deutlich geworden ist, unterscheidet sich das Beispiel München in manchen Aspekten von den aktuellen „Problemkindern“ des Overtourism und weist teilweise sehr spezifische Angebots- und Nachfrageparameter auf. Demnach sind einige der UNWTO-Managementstrategien für das Fallbeispiel München nicht relevant, geeignet oder empfehlenswert (Strategie 1, 2, 3, 4 und 10). Andere Maßnahmen wurden bereits im Laufe der ökonomischen und infrastrukturellen Entwicklung der Stadt implementiert oder gar mehr oder weniger intuitiv bzw. unbewusst umgesetzt (Strategie 5, 6 und 7).

Lediglich drei Maßnahmen werden als erstrebenswerte Managementstrategien zur Verhinderung von Overtourism-Effekten in München bewertet (Strategie 8, 9 und 11). Gleichwohl sollen die Strategien nicht nur auf deren Relevanz für ein konkretes Fallbeispiel betrachtet werden, um damit deren universelle Gültigkeit zu überprüfen. Vielmehr wurde auch eine Einbettung in den konzeptionellen Kontext der Vulnerabilitätsforschung angestrebt.

Ausgehend von den elf relativ pragmatisch formulierten UNWTO-Managementstrategien konnte – in Abb. 74 auch graphisch – aufgezeigt werden, dass diese den einzelnen Dimensionen des Vulnerabilitätskonzeptes zugeordnet werden können. Damit ist eine konzeptionell-fundierte Strukturierung der einzelnen Ansätze möglich.

Fünf der UNWTO-Ansätze (Strategie 1, 2, 3, 4 und 10) zielen direkt auf die Beeinflussung der Exposition ab. Diese Managementansätze fungieren als reaktive Strategien für solche Fälle, in denen die subjektive Akzeptanzgrenze bereits deutlich überschritten wurde und andere Maßnahmen nicht mehr greifen. Auch am Beispiel von München konnte allerdings dargelegt werden, dass eine räumliche und zeitliche Dispersion der Nachfrage auch kontraproduktive Effekte zeitigen kann. Wenn Besucher mehr und mehr auch Räume frequentieren, die von der lokalen Bevölkerung als Art Rückzugsraum angesehen werden – wie z. B. das Wohnquartier, das Lieblingscafé oder der Stamm-Biergarten – können die Bewohner sich stärker von den Besucherströmen tangiert fühlen, als dies an populären touristischen Hotspots der Fall ist – sofern deren Vermeidung für die Bewohner unproblematisch und ohne Verzichtsgefühl möglich ist. Dies setzt allerdings voraus, dass den Bewohnern adäquate andere Optionen zur Verfügung stehen.

Zwei der Maßnahmen zielen nicht direkt auf die Reduzierung der Exposition, sondern eher auf die Anpassung und Adaption an die Gegebenheiten ab. Dies betrifft die Adressierung von Zielgruppen, von denen pro Besucher eine relativ geringe Störung der Wohnbevölkerung ausgeht (Strategie 5). Und auch die Schaffung und der Ausbau der Infrastruktur zielen an die Anpassung an bestehende Besuchervolumina ab (Strategie 8). Mit infrastrukturellen Maßnahmen werden dabei sowohl die Bedürfnisse der Bevölkerung als auch die der Besucher bedient.

Diese Herangehensweisen dürften auch auch im Fall von München als Anpassungsstrategien zu einer Verstärkung der Resilienz beitragen. Anders als bei der klassischen Anwendung des Vulnerabilitätskonzeptes im Kontext von oftmals lebensbedrohlichen Gefahren, können beim Overtourism nicht nur die Coping Response, Impact Response und Adaption als Resilienz-Elemente im engeren Sinne identifiziert werden. Wie Abb. 74 veranschaulicht, konnte im Overtourism-Kontext auch die Sensitivität als eine zentrale Dimension identifiziert werden, die letztendlich als Aspekt der Resilienz angesprochen werden kann und eine wichtige Rolle für proaktive Strategien spielt. So lange die Akzeptenzgrenzen noch nicht überschritten wurden und der Raum noch nicht als touristisch übernutzt empfunden oder bewertet wird, sind es insbesondere diese proaktiven Maßnahmen, die die Resilienz der Bevölkerung steigern können.

Damit wirken nur vier der UNWTO-Managementstrategien mit ihrem Einfluss auf Resilienz (einschließlich der Sensitivität) im proaktiven umfassenden Sinn. Abgesehen von einem soliden Monitoring als Basisbeobachtung der Entwicklung (Strategie 11) sind es weiche kommunikative Maßnahmen, die von hoher Relevanz sind.

Gleichwohl gilt es Vorwarnsignale, die sich im Idealfall durch das Monitoring erkennen lassen, ernst zu nehmen und entsprechend rechtzeitig ein Überschreiten der Akzeptanzgrenze vorzubeugen. Damit stellt dies die zentrale Herausforderung im Umgang mit zunehmenden Besucherzahlen in Großstädten dar, da sich aus den bekannten Overtourism-Fällen kein einheitlicher Trigger für das Überschreiten dieser Schwelle ableiten lässt. Zu den weichen kommunikativen Maßnahmen gehören einerseits das Herausstellen der positiven Aspekte und Erfahrungen durch das Besucheraufkommen sowie andererseits auch die Betonung eines gewissen „Lokalstolzes“ (Strategie 6 und 7). So führen viele Münchner*innen ihre (internationalen) Besucher gerne in die berühmten Biergärten der Stadt und bedienen damit ein Klischee, dass bereits vor Jahren in Werbefilmen einer lokalen Brauerei thematisiert worden ist (Paulaner 2008). Daraus lässt sich möglicherweise schließen, dass ein gewisser „Stolz“ auf den eigenen Wohnort und die lokalen Traditionen die Sensitivität positiv beeinflussen kann, bzw. die Resilienz gegenüber zunehmenden Touristenzahlen erhöht.

Als letzte und wohl eine der wichtigsten Strategien zur Akzeptanzsteigerung ist die Kommunikation mit den lokalen Stakeholdern zu nennen. Allen voran wurde wohl die Kommunikation und Interaktion mit den Bewohnern lange Zeit relativ vernachlässigt (Strategie 9). Das Fallbeispiel München zeigt auch dabei gute Ansätze. Durch Kommunikationsmaßnahmen und Botschaften, wie sie in der angesprochenen Serie der Süddeutschen Zeitung vermittelt werden, kann die subjektive Wahrnehmung und Akzeptanz der Bevölkerung positiv beeinflusst werden. Die fast virale mediale Verbreitung der Diskurse über Overtourism legt nahe, dass die Medien ein effektiver Kanal sind, der breite Gruppen auf Themen aufmerksam macht und sie (emotional) prägt. Wenn es gelänge, diesen Einfluss der Medien auch bewusst zur Akzeptanzsteigerung einzusetzen, könnte mittels der Kommunikation mit den Bewohnern deren Resilienz gegenüber wachsender Touristenzahlen verbessert werden.

Zusammenfassend ist festzuhalten, dass sich Overtourism-Risikodestinationen insbesondere auf die proaktiven und partizipativen Managementstrategien konzentrieren sollten, um die Resilienz der lokalen Bevölkerung gegenüber wachsenden Touristenzahlen zu steigern und damit das baldige Überschreiten der Akzeptanzgrenze zu verhindern. Um dies erfolgreich umzusetzen, wäre der Fokus von den reaktiven Maßnahmen zur Reduzierung der steigenden Belastung hin auf die proaktive Beeinflussung der Empfindsamkeit der Bevölkerung zu verlagern.

Wie allerdings die Sharing Economy und der Boom von AirBnB Unterkünften gezeigt haben, kann der Ansatz, die Touristen weiter in die bisher nicht-touristischen Räume der lokalen Bewohner zu verteilen, genau das Gegenteil von Akzeptanz erreichen (vgl. z. B. Spiegel Online 2011; Christ 2017). Daher sind es speziell vier der insgesamt elf UNWTO-Managementstrategien, nämlich Strategie 6, 7, 9 und 11, die als effektive Ansätze zur Steigerung der Resilienz durch die Reduzierung der Sensitivität, bewertet werden.

Allerdings zeigt die Nachfolgestudie der UNWTO, die sich mit der Anwendung der 11 Managementstrategien in ausgewählten von Overtourism betroffenen Städten, dass dort vor allem die vermeintlich direkt wirkenden reaktiven Maßnahmen ergriffen worden sind. Proaktive, weiche und bereits im Vorfeld ansetzende Maßnahmen finden sich nur selten (UNWTO 2019).

6 Spannungsfeld Destination-Lebensraum

Im vorangegangenen Kapitel wurde die Begegnung von Overtourism-Artikulationen bereits im Vorfeld des Entstehens durch die Stärkung der Resilienz und die Kommunikation mit der Bevölkerung als eine Art „Königsweg“ charakterisiert. Allerdings stellt die Beeinflussung der Akzeptanz bei der lokalen Bevölkerung ein komplexes soziales Konstrukt dar, das wohl nicht mit simplen Imagekampagnen oder einfachen Limitierungsansätzen erreicht werden kann.

Vielmehr ist hierfür ein systematisches, auf fundierten sozialwissenschaftlichen Analysen basierendes und abgestimmtes Vorgehen aller relevanten Akteure in vielen Handlungsbereichen erforderlich. Dabei spricht vieles dafür, dass die bisherigen Sichtweisen und Handlungsmuster bei den professionellen Tourismusakteuren möglicherweise auch grundsätzlich in Frage zu stellen sind, wenn die Interaktion mit der lokalen Bevölkerung gelingen soll. Kommunikation ist eben nicht nur eine Einbahnstraße, auf der die Tourismusakteure ihre Positionen und Sichtweisen kommunizieren können. Vielmehr setzt erfolgreiche Kommunikation eine multilaterale Interaktion auf Augenhöhe voraus.

Bei den bereits seit Jahrzehnten laufenden Diskussionen über den Schutz von natürlichen Settings und deren Öffnung für Besucher oder den Tourismus in Ländern des Globalen Südens steht implizit das Spannungsverhältnis und Zielkonflikte zwischen der Sichtweise eines räumlichen Kontextes einerseits als vermarktbares Destinationsprodukt und andererseits als schützenswerter Naturraum bzw. als sozio-kulturelles Setting im Hintergrund. Letztendlich handelt es sich auch bei der Overtourism-Diskussion um das gleiche Spannungsverhältnis zwischen dem Verständnis eines räumlichen Kontextes als tourismuswirtschaftlicher Destination sowie als Lebensraum der lokalen Bevölkerung. Während im Naturschutzkontext das Bewusstsein um die Notwendigkeit eines Ausbalancierens zwischen dem Schutz- und dem Nutzungsinteresse bereits eingeführt und elaboriert ist, wurden – insbesondere im in den letzten Jahren boomenden städtetouristischen Kontext (Kagermeier 2020, S. 224ff.) – lange Zeit vor allem die Vermarktbarkeit des touristischen Produktes und die damit verbundenen positiven regionalökonomischen Effekte betont.

Es spricht vieles dafür, dass eine intensive Fokussierung auf die Partizipation der Bevölkerung sowie ein Ernstnehmen von ersten subjektiven Unwohlgefühlen notwendig ist, um proaktiv ein Umkippen der Stimmung in der Stadtgesellschaft zu vermeiden zu versuchen. Damit dürfte die Rolle der DMOs in den nächsten Jahren einen Bedeutungswandel erfahren. Bislang hatten sich diese als vor allem als dem quantitativen Wachstum verpflichtete Akteure verstanden, deren Fokus auf die Zielgruppe Besucher ausgerichtet war. Zukünftig wird es in mindestens gleichem Maß auch darauf ankommen, stärker als Mediator mit dem Blickwinkel auf die lokalen Akteure zu agieren. Dies stellt sicherlich eine zentrale Herausforderung für die grundlegende Umorientierung von touristischer Governance voraus. Gleichzeitig kann es durchaus sein, dass die Overtourism-Diskussion auch einen prinzipielleren Paradigmenwechsel im Tourismus einleitet, der bislang stets wachstumsorientiert gewesen ist.

Die Konflikte zwischen Besuchern und Bewohnern können unter Bezugnahme auf zwei unterschiedliche – und teilweise antagonistische – Perspektiven interpretiert werden, aus denen ein räumlicher Kontext betrachtet wird: Die Nutzung einer städtischen Umgebung durch Besucher folgt einer erlebnisorientierten Perspektive, die diesen Raum als „Destination" konzipiert. Dieser Kundensicht entspricht aus der Sicht der Anbieter im Tourismus die Kommodifizierung einer Raumeinheit und deren Betrachtung ebenfalls als Destination. Ziel der wirtschaftlich geprägten Perspektive ist die Vermarktung einer Destination als wirtschaftliches Produkt, um Einnahmen und Arbeitsplätze zu schaffen.

Im Gegensatz dazu betrachten die Bewohner ihren „Lebensraum" in erster Linie aus einem soziokulturellen Blickwinkel. Aus Sicht der Bewohner wird diese räumliche Einheit (die eine Region, eine Stadt oder auch nur eine Nachbarschaft sein kann) als ihr Lebensraum angesehen – d. h. als ihr Lebensumfeld.

Ziel dieses Kapitels ist es, die beiden unterschiedlichen Rationalitäten des Konzepts „Destination " und „Lebensraum" zu reflektieren. Die Intention ist dabei, die Optionen und Möglichkeiten zu analysieren, um diese beiden teilweise antagonistischen Ansätze in Einklang zu bringen und so den Konflikt zwischen Bewohnern und Besuchern zu verringern. Eine der entscheidenden Fragen ist, welche Ansätze verfolgt werden können, um eine ausbalanciertes Setting herbeizuführen, in dem die

Interessen von Gästen und Bewohnern gleichermaßen berücksichtigt werden.

Basierend auf den Ergebnissen in deutschen Städten wird dabei ein besonderer Schwerpunkt auf die Frage gelegt, inwieweit es möglich ist, solche proaktiven, umfassenden Ansätze zur besseren Integration der Meinungen der Bewohner zu identifizieren und zu entwickeln.

6.1 Destinationen als vermarktbare Produkte vs. Wahrnehmung als Lebensumfeld

Der dominierende Fokus in der Tourismusbranche sowie in der Tourismuswissenschaft auf Reisegebiete wurde über Jahrzehnte von primär wirtschaftlichen Perspektiven geprägt. Dies bedeutet, dass die Ziele von Touristenbesuchen hauptsächlich als zu vermarktende Produkte angesehen wurden. In der berühmten Definition einer Destination von Bieger und Beritelli heißt es:

„*Geographischer Raum (Ort, Region, Weiler), den der jeweilige Gast (oder ein Gästesegment) als Reiseziel auswählt. Sie enthält sämtliche für einen Aufenthalt notwendigen Einrichtungen für Beherbergung, Verpflegung, Unterhaltung/Beschäftigung. Sie ist damit die Wettbewerbseinheit im Incoming Tourismus, die als strategische Geschäftseinheit geführt werden muss*“ (Bieger und Beritelli 2013, S. 54).

Bieger und Beritelli betrachteten Reiseziele als räumliche Einheiten, die als Produkt an potenzielle Besucher oder Gäste vermarktet werden könnten. Die Bedingung, die erfüllt sein muss, um ein Produkt zu werden, ist, dass potenzielle Gäste diese räumliche Einheit als das betrachten, was sie sich für einen Aufenthalt wünschen und benötigen. Damit dominieren die Wahrnehmungen potenzieller Besucher bei der Konzeption eines Reiseziels. Bei dieser klassischen Definition einer Destination wird die Wahrnehmung der lokalen Bevölkerung ausgeblendet und ignoriert.

Das Bewusstsein, dass eine Stadt eben auch einen Lebensraum darstellt, der ebenfalls Tragfähigkeitsgrenzen aufweist, war bei den tourismuswirtschaftlichen – aber sicherlich auch bei einem Großteil der tourismuswissenschaftlichen – Akteure nur rudimentär ausgeprägt. Das materielle kulturellen Erbe von touristischen Zielen – wie z. B. Monumente, Museen, aber auch Biergärten, etc. – aber auch die immateriellen kulturellen Elemente – wie z. B. Feste oder Umzüge –, die den Lebensraum der lokalen Bevölkerung ausmachen, wurde zumeist vor allem als Lokalkolorit-Kulisse angesehen, welche die Attraktivität und damit die Vermarktbarkeit steigert. Demgegenüber wurde der Schutz der Privatsphäre der Bewohner in ihrem Wohnumfeld lange Zeit kaum beachtet.

Auf der anderen Seite sehen die Bewohner ihre Stadt oder Nachbarschaft nicht als kommodifizierbares Produkt sondern als ihr eigenes Lebensumfeld. Sie neigen dazu, sehr empfindlich auf Veränderungen in ihrer Umgebung zu reagieren. Bereits in den 1970er Jahren wurde das Phänomen der Einwohner, die dazu neigen, sich dem Wandel zu widersetzen, als NIMBY-Phänomen (Not In My Back Yard) beschrieben (Badger 2018). Unabhängig davon, ob es sich um Neubauprojekte, Infrastrukturprojekte, industrielle Entwicklung oder sogar Windkraftanlagen handelt, kann fast jede Änderung der vertrauten und seit langem etablierten Umgebung zu Protesten führen. Auch wenn negative Auswirkungen normalerweise – und nicht überraschend – den Kern solcher Auseinandersetzungen und Streitigkeiten bilden, wird die Diskussion häufig sehr emotional geführt und hängt auch stark von den wahrgenommenen Auswirkungen ab. Manchmal werden die objektiven Auswirkungen übertrieben dargestellt und Proteste können auch durch ein allgemeines Unbehagen ausgelöst werden (Borell und Westermark 2018). Bis zu einem gewissen Grad kann sogar angenommen werden, dass die Tatsache, dass sich eine gewohnte und vertraute Umgebung ändern wird, zu Unsicherheit und Gegenreaktionen führen kann, die teilweise unabhängig von den tatsächlich zu erwartenden Auswirkungen sind. Dies bedeutet, dass es beim Umgang mit den Auswirkungen von Veränderungen in einem räumlichen Umfeld nicht nur darum geht, Fakten und Argumente zu liefern, sondern in hohem Maße auch darum, die psychologischen Bedenken und Empfindlichkeiten von Individuen in einer gegebenen Community zu bewältigen.

Wie bereits erwähnt, ist in ländlichen Gebieten die lokale Nachfrage oft zu gering, um ein Angebot an Freizeitdienstleistungen zu gewährleisten. Dort kann durch die zusätzliche Nachfrage von Besuchern das Angebot an kulturellen Einrichtungen, Freizeitaktivitäten im Freien, Gastronomie oder sogar öffentlichen Verkehrsmitteln rentabel und damit angeboten werden. In ländlichen Gebieten profitiert daher die lokale Bevölkerung mit einer höheren Wahrscheinlichkeit von einer zusätzlichen Nachfrage auswärtiger Besucher. Diese kann sicherstellen, dass kulturelle Veranstaltungen, Schwimmbäder und öffentliche Verkehrsmittel angeboten werden können (Gronau und Kagermeier 2015, S. 241).

Andererseits reicht in Ballungsräumen die lokale Nachfrage bereits aus, um das Angebot einer Vielzahl von Freizeitaktivitäten zu gewährleisten. Dies bedeutet, dass die zusätzliche Nachfrage von Besuchern nach Freizeitangeboten normalerweise nicht direkt angebotssteigernd wirkt und dementsprechend positiv wahrgenommen wird. Diese zusätzliche Nachfrage wird wiederum nicht als Mehrwert für die Bewohner kommuniziert – was die Welttourismusorganisation der Vereinten Nationen (UNWTO) als mögliche Managementstrategie gegen Overtourismus vorgeschlagen hat (UNWTO 2018, S. 49; vgl. Kap. 5.3.7). Angesichts der großen Zahl von Einheimischen, die häufig Restaurants, historische Stätten und kulturelle Veranstaltungen besuchen, könnte die zusätzliche Nachfrage von Touristen sogar als Konkurrenz angesehen werden. Besucher können daher als zusätzlicher Nachfragefaktor wahrgenommen werden, der die Nutzung von Freizeitmöglichkeiten durch die Bewohner einschränkt.

Gleichzeitig ist die relative ökonomische Bedeutung des Tourismus für die regionalen Wirtschaft in Ballungsräumen in der Regel weniger wichtig. Angesichts der Vielzahl anderer wirtschaftlicher Aktivitäten hat der Tourismussektor weniger Auswirkungen auf den Arbeitsmarkt und die Wertschöpfung auf regionaler Ebene. Dies bedeutet, dass die lokale Bevölkerung in städtischen Umgebungen Tourismusaktivitäten weniger wahrscheinlich als relevant für regionale Einnahmen wahrnimmt. In ländlichen Gebieten ist der Tourismus oft eine der wichtigsten wirtschaftlichen Aktivitäten. Daher ist sich die lokale Bevölkerung ihrer wirtschaftlichen Relevanz oftmals bewusster. Dies könnte einer der Gründe sein, warum gegen den Tourismus gerichtete Tendenzen in städtischen Destinationen häufiger anzutreffen sind.

Abgesehen von traditionellen kulturorientierten Besuchern ist in den letzten Jahren ein überdurchschnittlicher Anstieg der Partytouristen zu verzeichnen. Insbesondere jüngere Besucher werden von den Bars und Clubs größerer Städte angezogen. Durch die Verfügbarkeit von Billigflügen seit der Liberalisierung des Flugverkehrs hat sich die Erreichbarkeit vieler europäischer Städte seit den 1990er-Jahren dramatisch verbessert (Goodwin 2017, S. 5; 2019, S. 111). Die negativen Auswirkungen von Junggesellen- und Junggesellinnenabschiede, bei denen junge Männer und Frauen spät abends oder sogar früh morgens in den Straßen innerstädtischer Wohnviertel laut schwelgen und Abfälle aus ihren nächtlichen Karussells hinterlassen, sind einer der Aspekte, die bei den Anwohnern zu ablehnenden Einstellungen führen (Nibbrig et al. 2015, McGuire 2018). Dass das Besucherverhalten als Ansatz für persuasive, kommunikative Maßnahmen nur sehr begrenzte Reichweite und Tragfähigkeit aufweisen, wurde bereit in Kap. 5.3.10 dargelegt.

Nachdem Akteure der Tourismuswirtschaft – aber partiell auch der Tourismuswissenschaften – Städte lange Zeit vor allem als vermarktbares Destinationsprodukt angesehen haben, wurde mit der Overtourism-Diskussion deutlich, dass die Funktion als Lebensraum für die lokale Bevölkerung dabei vernachlässigt worden ist.

Gleichzeitig sind erste Hinweise erkennbar, dass das Ausbalancieren zwischen den Bedürfnissen der Bewohner und der Besucher künftig an Bedeutung gewinnen wird. So formulieren Postma und Schmücker mit Bezug auf die „Nachhaltigkeitskonzeption Städtetourismus Hamburg" als Ziel der Konzeption:

„*The participation of the population and securing/increasing the acceptance of tourism is therefore also one of the objectives for Hamburg's sustainable tourism development. To develop tourism in a sustainable way, in Hamburg as in other cities, the challenge is to bring the quality of life demands of the inhabitants (social dimension) and the quality-of-opportunity requirements of the providers (economic dimension) as far as possible into line* (Postma und Schmücker 2017, S. 146).

Dies schlägt sich in der Tourismuskonzeption (an der Kollege Schmücker beteiligt war) dann nieder in der Zielformulierung: „*Die Quality-of-life-Ansprüche der Einwohner (soziale Dimension) und die Quality-of-opportunity-Ansprüche der Anbieter (ökonomische Dimension) sollen so weit wie möglich in Einklang gebracht werden*" (NIT und mascontour 2017; S. 34)

Die Herausforderung besteht zukünftig darin, zwischen den unterschiedlichen Bedürfnissen von Tourismuswirtschaft und Besuchern auf der einen Seite und der lokalen Bevölkerung auf der anderen Seite eine Balance zu suchen. Diese Perspektiverweiterung bedeutet für die professionellen Tourismusakteure einen Paradigmenwechsel.

6.2 Auf der Suche nach sozialer Tragfähigkeit

Da nicht viel Hoffnung besteht, dass die Besucher ihr Sozialverhalten (und auch das zeitliche und räumliche Reiseverhalten) so anpassen, dass sich Bewohner möglichst wenig irritiert und gestört fühlen (vgl. Kap. 5.3.10), gerät die lokale Bevölkerung selbst in den Fokus der Analyse. Wenn das Ziel darin besteht, die Bedürfnisse der Besucher mit den Interessen der Bewohner in Einklang zu bringen, werden die Grenzen der Toleranz und Akzeptanz der Bewohner entscheidend. Der schwierige Punkt ist jedoch, dass es – wie in Kap. 4.1 ausgeführt wurde – keine eindeutigen, leicht messbaren Grenzen dafür gibt, was die Bewohner bereit wären, von „störenden" Besuchern zu tolerieren.

Gleichzeitig wurde deutlich, dass die Besucherstruktur sowie die Wachstumsrate der Besucherzahlen als relevante Einflussfaktoren für die Akzeptanz anzusehen sind. Darüber hinaus haben sich auch die Wahrnehmung des Wohnungsmarktes und das Vorhandensein von (quasi touristenfreien) Rückzugsräumen und der Erhalt von – von externen Besuchern ungestörter – Privatsphäre als Einflussfaktoren herausgestellt.

6.3 Herausforderungen beim Ausbalancieren der Interessen der Bewohner mit denen der Besucher

In den letzten Jahrzehnten war der Schwerpunkt der Aktivitäten von DMOs und auch der übergeordneten Tourismuspolitik sowie auch des Mainstreams der Tourismusforschung weitgehend auf die Bedürfnisse und das Interesse potenzieller Besucher ausgerichtet. Angesichts des Unbehagens unter den Einwohnern in den vielen Städten, die Ziel einer steigenden Tourismusnachfrage sind, und der vielfältigen Proteste gegen die wahrgenommenen negativen Auswirkungen steigender Tourismuszahlen könnte die Diskussion über Overtourismus die Notwendigkeit eines paradigmatischen Wandels in den Ansätzen der Tourismuspolitik bedeuten.

Die Bedürfnisse der Bewohner müssen genauso berücksichtigt werden wie die Interessen der Besucher in den letzten Jahrzehnten (ähnlich Becken und Simmons 2019). Wie in Kap. 5.3 dargelegt, scheint eine Änderung des Verhaltens und des Reisemusters von Touristen kein praktikabler Ansatz zu sein. Daher müssen Wissenschaftler und politische Entscheidungsträger andere Wege finden, um die – oft divergierenden, wenn nicht sogar antagonistischen – Interessen von Besuchern und Bewohnern in Einklang zu bringen.

Natürlich ist in Fällen wie Venedig oder Dubrovnik, in denen die schiere Besucherzahl die physische Tragfähigkeit übersteigt, oder in Fällen wie Barcelona und Amsterdam, in denen bereits heftige Proteste stattgefunden haben, eine Strategie zur Begrenzung und Reduzierung der Zahl der Touristen erforderlich. Der Schwerpunkt der bisherigen Analyse lag jedoch auch auf Städten, die einem gewissen Druck ausgesetzt waren, bei denen jedoch weder die physische noch die soziale Tragfähigkeit überschritten wurde.

Da der Tourismus in vielen Städten und Regionen ein wichtiger Wirtschaftsfaktor ist, ist eine einfache Begrenzung und Reduzierung der Tourismusnachfrage wahrscheinlich nicht möglich. Das heißt, die entscheidende Frage ist, wie unterschiedliche Interessen in Einklang gebracht und so ein wirtschaftlich und sozial nachhaltiges Tourismusniveau erreicht werden können.

Da weder einzelne Touristen noch die Tourismusbranche im Allgemeinen ernsthaft auf die soziale Tragfähigkeit von Reisezielen konzentriert zu sein scheinen, liegt es an den kommunalen und regionalen DMOs, die Interessen der lokalen Bevölkerung in ihrem Wirkungsbereich zu identifizieren, zu berücksichtigen und zu respektieren, so wie sie sich in der Vergangenheit für touristische Interessen eingesetzt haben. Dies bedeutet in der Tat, dass die Rolle von DMOs viel komplizierter und umfassender wird.

Darüber hinaus ist es alles andere als einfach, die lokale Bevölkerung zu integrieren, wie mehrere Erfahrungen aus partizipativen Ansätzen in anderen NIMBY-Kontexten gezeigt haben. Solange die lokale Bevölkerung nicht direkt betroffen ist, ist die Bereitschaft der Bewohner, am zivilgesellschaftlichen Diskurs teilzunehmen, normalerweise nicht sehr verbreitet. Proteste entstehen oft nur, wenn die Bewohner direkt betroffen sind und ein bestimmter Wendepunkt erreicht wurde. Solange die Situation noch erträglich ist, gibt es meist nur wenige Frühwarnzeichen.

Ergebnisse von Fokusgruppeninterviews in München (Erdmenger 2021 sowie Erdmenger und Kagermeier 2021) haben gezeigt, dass bei der Bevölkerung wenig Interesse oder Bereitschaft besteht, geringfügige

Irritationen oder Unbehagen auszudrücken. Die lokale Bevölkerung würde ihre Probleme und Beschwerden erst dann zum Ausdruck bringen, wenn eine bestimmte Schwelle überschritten wurde. Wenn allerdings die lokale Bevölkerung ihre Besorgnis über den wahrgenommenen Besucherdruck und die negativen Auswirkungen des Tourismus erst von sich aus zum Ausdruck bringt, dann ist das „Kind meist bereits in den Brunnen gefallen", sprich es ist dann meist zu spät, noch präventive Ansätze umzusetzen.

Es müssen daher Frühwarnansätze mit niedrigen Schwellenwerten entwickelt werden, um sicherzustellen, dass die subjektiven Befindlichkeiten der lokalen Bevölkerung gehört werden, bevor sie Gegenstand von lokalen Governance Diskursen werden – oftmals dann transformiert in aversive Ablehnung von Touristen. Zwei Arten der Interaktion mit den Bewohnern scheinen notwendig zu sein:

[1] Identifizierung der (subjektiven) Wahrnehmungen und Einstellungen der Bewohner und

[2] offene und häufige Kommunikation mit den Bewohnern.

6.4 Am Puls der Bewohner bleiben

Wie die im vorherigen Abschnitt erwähnten qualitativen Untersuchungen in München zeigten, können DMOs und die Kommunen nicht sicher sein, dass die Bewohner von sich aus ihre subjektiven Gefühle gegenüber dem Tourismus zum Ausdruck bringen und sich bereitwillig in formellen Settings der Bürgerbeteiligung einbringen, solange sie die Situation noch als erträglich empfinden. Dies bedeutet, dass andere Methoden gesucht, gefunden und implementiert werden müssen, um die Befindlichkeit der Bewohner hinsichtlich der Auswirkungen des Tourismus in ihrer Stadt oder ihrer Region zu ermitteln.

Erstens sind sicherlich systematische quantitative Erhebungen unter der lokalen Bevölkerung über ihre Wahrnehmung von Touristen und mögliche Streitpunkte, die sich aus dem Tourismus ergeben, durchzuführen. Dies schlägt ja auch die UNWTO als eine Strategie vor (vgl. Kap. 5.3.11).

Wie die Untersuchungen in der Fallstudie München gezeigt haben, könnten solche Umfragen als erstes Frühwarninstrument dienen (Kagermeier und Erdmenger 2019), das den lokalen politischen Entscheidungsträgern helfen würde, mögliche zukünftige Konflikte zu identifizieren.

Dabei gilt es aber, nicht nur über entsprechende Erhebungen die Befindlichkeit bei der lokalen Bevölkerung systematisch zu verfolgen. Einfache quantitative Erhebungen scheinen jedoch nur partiell geeignet, sich entwickelnde potenzielle Konflikte auch frühzeitig nicht nur zu erkennen, sondern auch inhaltlich angemessen auszuloten.

Hierfür bedarf es wohl noch deutlich umfassenderer Aktivitäten, um die Entwicklung von Einstellungen in der lokalen Zivilgesellschaft zu verfolgen und intensiv Kontakt und Interaktion mit dieser zu suchen. Eine Option könnte z. B. sein, dass Vertretern von DMOs oder kommunalpolitische Mandatsträger*innen systematisch an Treffen lokaler NGOs, von Bürgerverbänden und Interessengruppen teilnehmen. Die Verfolgung der dort geführten Diskurse könnte eine weitere Möglichkeit sein, rechtzeitig Unbehagen und Missfallen in „Statu Nascendi" zu entdecken und am Puls der Diskurse dieser zivilgesellschaftlichen Strukturen zu bleiben. Auch die systematische Auswertung von Leserbriefen in lokalen Zeitungen oder Online-Plattformen könnte ein weiterer Weg sein, um aufkommendes Unbehagen frühzeitig zu erkennen, bevor es in breiteren Protest umschlägt.

Auch der bereits erwähnte Ansatz von AKIM in München, am Gärtnerplatz nicht nur das Gespräch mit den Besuchern, sondern auch mit den Bewohnern zu suchen, kann als ein Baustein eines solchen Frühwarn-Monitoring- und Kommunikationsansatzes darstellen (Landeshauptstadt München. Sozialreferat 2019).

Bislang wurden Frühwarn-Symptome kaum systematisch dokumentiert und analysiert – oder sogar wirklich berücksichtigt. Um das „Overtourism-Wahrnehmungssyndrom" zu verhindern, müssen solche Frühwarnanzeichen ernst genommen werden. Die lokalen/regionalen Entscheidungsträger müssen entsprechende Maßnahmen ergreifen, um die Frustrationen der Bewohner zu verringern – manchmal wohl auch auf Kosten der Besucherinteressen. Gleichzeitig könnte ein Ansatz auch sein, Informationen über bestimmte Freizeitangebote verstärkt an die lokale Bevölkerung zu kommunizieren. Das Aufzeigen von wenig von auswärtigen Besuchern frequentierten Orten könnte dazu beitragen, die Coping-Kapazität zu verbessern und eben auch Alternativen zu den stark von auswärtigen Besuchern frequentierten Hotspots in der Tourist Bubble anzubieten. In Zeiten von Social Media steht allerdings zu befürchten, dass auch diese Ecken irgendwann zu geposteten sog. „Geheimtipps“ degenerieren. Hier besteht die Herausforderung in der Kommunikation auch darin, die geschützten Bereiche auch wirklich als Rückzugsräume ins Bewusstsein zu bringen, die eben nicht über alle möglichen Kanäle dann „weltweit“ gepostet werden.

6.5 Förderung eines ganzheitlichen Community-Diskurses

Mit den Bewohnern in intensiven – auch persönlichen Kontakt – zu treten und zu bleiben bietet den Vertretern der öffentlichen Hand und der DMOs auch die Möglichkeit, hier als Advokat für touristische Belange aufzutreten. Wie gezeigt wurde, gibt es keinen fixen absoluten Grenzwert für die soziale Tragfähigkeit (ähnlich Eisenstein und Schmücker 2020, S. 36 oder Postma, Koens und Papp 2020, S. 233ff.). Die Schwelle an der die Stimmung wie an einem Tipping Point umschlägt hängt auch von der Befindlichkeit in der örtlichen Community ab. Der Toleranzlevel gegenüber auswärtigen Besuchern hängt auch von der übergreifenden Befindlichkeit in der lokalen Gemeinschaft ab.

Aber auch hier ist es nicht einfach, die lokale Bevölkerung anzusprechen, um positive Meinungen über den Tourismus in einer Stadt zu fördern. Der Vorschlag der UNWTO, sich auf die positiven wirtschaftlichen Auswirkungen touristischer Aktivitäten zu konzentrieren (UNWTO 2018, S. 49; vgl. Kap. 5.3.6), scheint zu kurzsichtig und zu stark von rein „rationalen“ Aspekten abhängig zu sein. Die Berliner*innen protestierten gegen den Tourismus, obwohl sie sich seiner wichtigen Rolle für den Arbeitsmarkt und die lokale Wirtschaft bewusst sind.

Das subjektive Gefühl, sich in der eigenen Nachbarschaft nicht mehr wohl zu fühlen bzw. das Gefühl von Entfremdung in der eigenen Wohnumgebung wirkt stärker als jedes kognitive Wissen über positive wirtschaftliche Auswirkungen (dwif und Humboldt-Innovation 2017, S. 10). Wenn eine DMO versucht, proaktiv mit der lokalen Bevölkerung zu kommunizieren, um die Akzeptanz der Bewohner für die Herausforderung einer intensiven Tourismusfrequenz zu erhöhen, müssen subtilere Kommunikationsthemen gefunden werden. Wie die Beispiele aus München nahelegen, könnte ein differenzierterer, indirekter Weg darin bestehen, sich auf den lokalen Stolz und die Identifikation der Einwohner mit der Stadt zu konzentrieren. Die Förderung der Identifikation mit der „Heimatstadt" der Einheimischen könnte auch als indirekter Weg zur Förderung des Sozialkapitals angesehen werden (Erdmenger 2019). Dies würde wiederum die Integration der Tourismusakzeptanz in einen umfassenden und ganzheitlichen Kommunikationsdiskurs unter Bezugnahme auf das Wohlergehen und das soziale Klima in einer Stadt oder einer Region insgesamt beinhalten.

Wie deutlich geworden sein sollte, ist es wichtig, nach Wegen zu suchen, um die Interessen und Bedürfnisse der Bewohner mit der Förderung der Tourismusaktivitäten als einem wichtigen wirtschaftlichen Aspekt der lokalen und regionalen Wirtschaft in Einklang zu bringen. Dies würde jedoch einen grundlegenden Paradigmenwechsel der Rolle implizieren, die lokale und regionale DMOs bislang gespielt haben.

Darüber hinaus gibt es keine einfachen Möglichkeiten, die Bedürfnisse der Bewohner zu berücksichtigen. Nicht nur erscheint ein systematisches Monitoring der Einstellungen der Bewohner notwendig. Essentiell ist auch die Bereitschaft bei den professionellen Tourismusakteuren – allen voran der DMO und der öffentlichen Akteure, die Bedenken der Bürger nicht nur wahrzunehmen, sondern auch entsprechend ernst zu nehmen. Das Ernstnehmen von sich unterhalb der Sichtbarkeitsschwelle aufbauendem Unbehagen bedeutet sicherlich dann auch, auf manche touristischen Vermarktungsoptionen zu verzichten, um den sozialen Frieden in der Stadtgesellschaft nicht zu gefährden.

Damit ist nicht nur die Entwicklung intelligenter Interaktions- und Kommunikationswege mit den Bewohnern essentiell. Vor allem das Akzeptieren, dass wirtschaftliche Perspektiven bei den Bewohnern dem Selbstverständnis von Wohlbefinden untergeordnet sind, zählt wohl zu den zentralen Herausforderungen für tourismuspolitische und tourismuswirtschaftliche Akteure. Damit stellt der Umgang mit dem Overtourism-Phänomen eine große Herausforderung für die Akteure der Destination Governance und der Tourismusforschung dar.

Gleichzeitig können die Befunde – mit den unterschiedlichen Akzeptanz- und Toleranz-Leveln bei vergleichbaren objektiven Belastungen – darauf hin, dass Missfallensbekundungen gegenüber einer als „Zuviel" empfundenen touristischen Inwertsetzung teilweise auch ein Ventil für weiter reichende Spannungen in der Stadtgesellschaft sind. Auch wenn nicht eindeutig empirisch abgesichert, spricht vieles für die These, dass Stress und Druck in einer Stadtgesellschaft – z. B. aufgrund von Transformationsprozessen in anderen stadtökonomischen oder stadtgesellschaftlichen Bereichen sich auch auf das Akzeptanzniveau niederschlägt. Probleme und Spannungen in einer Stadtgesellschaft – oft auch mit der Marginalisierung von Teilen der Bewohner verbunden – führen dazu, dass der gesamtstädtische Diskurs angespannt ist. Oftmals wird dann der Tourismus als Substitut für weniger gut greifbare und nachvollziehbare Ursachen wie Globalisierung oder Marktliberalisierung herangezogen. Tourismus mit seinen eben auch negativen Auswirkungen scheint damit manchmal der „Esel" zu sein, der „geschlagen wird", obwohl eigentlich andere Dimensionen gemeint sind. Verknappung und Verteuerung auf dem Wohnungsmarkt wird eben von vielen Faktoren mit beeinflusst, von den die Sharing Economy nur einen (relativ kleiner) Teilaspekt darstellt. Von disruptiven Veränderungen und Verlustängsten sich bedroht fühlende Bürger tendieren dazu, quasi als Ersatzhandlung dann eben den täglich vor der Haustüre wahrnehmbaren Touristen verantwortlich zu machen, auch wenn im Hintergrund weniger gut greifbare, anonymere Wirkmechanismen ihre Existenz beeinflussen.

Letztendlich kann damit formuliert werden, dass die Begegnung des Phänomen Overtourism eigentlich an der Wurzel der Befindlichkeit einer Stadtgesellschaft ansetzen müsste. Eine in sich ruhende, nur wenig von gesellschaftlichen, politischen und ökonomischen Spannungen gestresste Stadtgesellschaft, die sich in einem relativen Gleichgewicht des Wohlbefindens bewegt, ist gegenüber Irritationen aufgrund der Präsenz von auswärtigen Besuchern weniger vulnerabel. Im Hintergrund schwelende stadtgesellschaftliche und stadtpolitische Diskurse tragen wohl umgekehrt zu einer Senkung der Toleranzschwelle auch gegenüber Touristen bei. Auch wenn zur Untermauerung dieses Vermutung sicherlich fundiertere sozialwissenschaftliche Analysen notwendig wären, legen die in diesem Band vorgestellten Befunde von München und Berlin dies nahe. München ist eben das „Paradebeispiel" für eine relativ stabile, ökonomisch weitgehend saturierte und im oberbayerischen Selbstverständnis in sich ruhende Stadtgesellschaft. Diese zeigt sich gegenüber den negativen Auswirkungen des Tourismus deutlich resilienter als diejenige von Berlin. Die Berliner Stadtgesellschaft ist sicherlich in sich deutlich fragmentierter und gebrochener, auch markanter von Disruptionen und Transitionen geprägt. Beide Teile der Stadt befanden sich bis 1990 in einer relativ geschützten spezifischen und stabilen Lage. Die in den letzten drei Jahrzehnten in der Stadt ablaufenden Transformationsprozesse – nicht zuletzt auch die Marktliberalisierung im Wohnungsmarkt – können als Stressfaktor interpretiert werden, der eben das Resilienzniveau in der Stadtgesellschaft reduziert.

Dementsprechend kann dem Unbehagen über Overtourism auch nicht allein durch die touristischen Akteure begegnet werden. Umfassende zivilgesellschaftliche Diskurse auf der gesamten Stadtgesellschaftsebene mit dem Ziel der Vermeidung bzw. Reduzierung von zu großen Spannungen sowie das Induzieren einer positiven generellen Befindlichkeit in einer Stadtgesellschaft sind notwendig dafür, dass touristische Akteure mit ihren Handlungsoptionen auch erfolgreich eine Balance zwischen den ökonomischen und den sozialen Interessen erreichen können (ähnlich Novy und Colomb 2020, S. 79).

Overtourism ist damit deutlich mehr als ein rein sektorales touristisches Problem. Dies wurde z. B. bereits im Konzept für einen stadtverträglichen und nachhaltigen Berlin-Tourismus gesehen: „*Ein stadtverträglicher, nachhaltiger Tourismus ist eine administrative Querschnittsaufgabe und muss daher als Bestandteil einer ganzheitlichen, integrativen und räumlich differenzierten Stadtentwicklungspolitik betrachtet werden*„ (visitBerlin 2017b, S. 25).

7 Rolle von Governance und Partizipation

Für reaktive Gegenmaßnahmen gegen Overtourism-Artikulationen bei der Bevölkerung sind sicherlich die von der UNWTO vorgeschlagenen Strategieansätze (vgl. Kap. 5.3) der räumlichen und zeitlichen Entzerrung sowie der Regulierung und auch Limitierung wohl die angemessenen, kurzfristig eine Reduzierung des Nachfragedrucks versprechenden Maßnahmen. Allerdings sollte aus dem bisher Formulierten deutlich geworden sein, dass solche „harten" Maßnahmen eher die *ultima ratio* sein sollten, wenn eben „das Kind bereits in den Brunnen gefallen" ist, sprich es versäumt wurde, Frühwarnzeichen zu erkennen und entsprechend vor dem „Umkippen" der öffentlichen Stimmung in einer Destination gegenzusteuern. Ziel eines vorhersehenden Destinationsmanagements sollte es definitiv sein, genau dieses Erreichen bzw. Überschreiten des „Tipping Points" durch entsprechende Ansätze bereits im Vorfeld möglichst zu vermeiden.

Im vorherigen Kapitel wurde aber gleichzeitig deutlich gemacht, dass proaktives Gegensteuern eben nicht durch einfache, mechanistisch wirkende Managementansätze erreicht werden kann. Die (meist) rationalen Logiken der professionellen Tourismusakteure finden sich bei proaktiven Ansätzen eben konfrontiert mit auch emotional-geprägten Logiken bei der einheimischen Bevölkerung. Dementsprechend sind es vor allem weiche und diskursiv angelegte Ansätze, die hier zu entwickeln und anzuwenden sind.

Die Entwicklung von proaktiven Overtourism-Ansätzen, welche eben gerade auf die Vermeidung des „Hochkochens" der Stimmungslage bei der einheimischen Bevölkerung setzt und mehr auf die Stärkung der Resilienz abzielt findet dabei nicht im „luftleeren Raum" statt.

Beim Screenen der Literatur zur Tourismusplanung und Destinationsmanagement wird deutlich, dass in den letzten Jahren in vielen Feldern eine Neuorientierung der Steuerungsansätze gesucht wird. Lange Zeit dominierten klassische Top-Down-Ansätze. In den letzten Jahren sind – auch vor dem Hintergrund der nur partiellen Wirksamkeit dieser traditionellen Steuerungsformen, aber auch angesichts einer sich immer weiterverbreitenden Unzufriedenheit mit den klassischen Interventionsstrategien der Öffentlichen Hand – verstärkt kooperative Ansätze gesucht worden. Unzufriedenheit und Ärger der Bevölkerung beschränken sich ja nicht nur auf den Overtourism. Auch in vielen anderen Bereichen artikulieren sich mehr und mehr Unmut, so dass der Begriff „Wutbürger" ja fast schon zum geflügelten Wort geworden ist. Unabhängig davon, ob diese Unmutsbekundungen auch immer auf rational nachvollziehbaren Ursachen basieren, stellt sich für die Steuerung durch die öffentliche Hand die Frage nach einem angemessenen Umgang mit diesen Befindlichkeiten.

Die Suche nach neuen Ansätzen des Verhältnisses zwischen der Öffentlichen Hand und den anderen Akteuren ist dabei geprägt von Begriffen wie „kollaborativ", „gemeinschaftsbasiert" oder „partizipativ" (Lalici und Önder 2018). Hinter diesen Schlagworten steht letztendlich aber ein grundsätzlich anderes Verständnis der Rolle der Öffentlichen Hand (vgl. Abb. 75). Werden partizipative und kollaborative Ansätze ernst genommen, steht dahinter ein grundsätzlicher Paradigmenwechsel der Rolle der öffentlichen Hand. Interaktion auf Augenhöhe bedeutet dabei eben insbesondere auch, dass alle Akteure sich wechselseitig als gleichwertig respektieren und die unterschiedlichen Positionen und Sichtweisen – entsprechend der Social Exchange Theory (Rasoolimanesh und Seyfi 2020) – auch untereinander anerkannt werden.

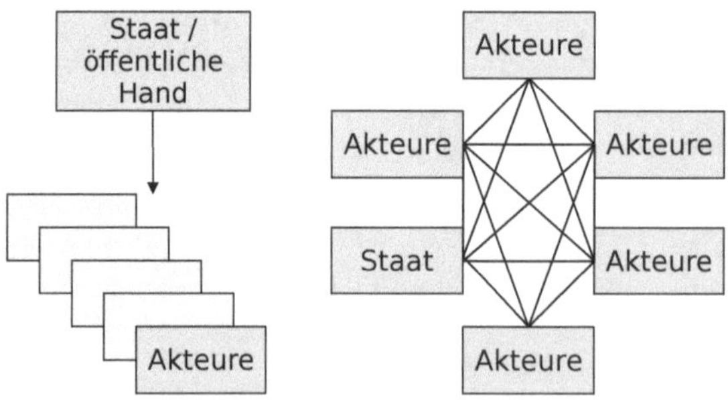

Abb. 73: Wandel von hierarchischen zu kooperativen Steuerungsansätzen (Quelle: Eigener Entwurf nach Fürst und Knieling 2004, S. 280)

Gleichzeitig kann so eine grundlegende Veränderung der Rollenverständnisse hin zu einem dem Governance-Prinzip verpflichteten Ansatz nicht ohne weiteres von allen Beteiligten eingenommen werden. Insbesondere mit Blick auf die Einbeziehung der Bevölkerung wird deswegen oftmals auch darauf hingewiesen, dass Ansätze für ein entsprechendes Empowerment notwendig sind (Nijs 2017).

Allerdings fehlen bislang auf einer soliden sozialkonstruktivistischen Erkenntnistheorie basierende Forschungsergebnisse, die tiefer gehende Kenntnisse über die Perspektiven und Rationalitäten in der Host Community bezüglich ihrer Teilnahme an einer umfassenden Tourismus-Governance generiert hätten. Aber auch dieses kann letztendlich nur in einem intensiven Dialog mit der Bevölkerung erfolgen. Damit wird nicht nur das Verhältnis zwischen den unterschiedlichen Akteuren berührt, sondern auch die Intensität der Interaktion.

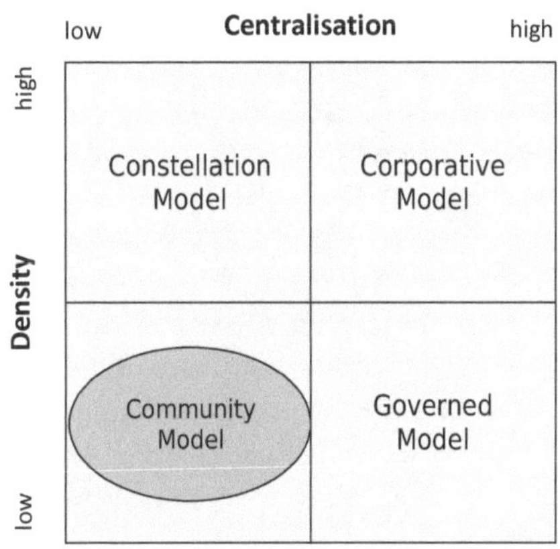

Abb. 74: Governance Ansätze differenziert nach Interaktionsdichte und Zentralisierung (Quelle: Eigener Entwurf nach Bodega, Cioccarelli und Denicolai 2004, S. 17)

Bezogen auf das von Bodega, Cioccarelli und Denicolai (2004) vorgelegt Konzept unterschiedlicher Governance-Ansätze in dem die beiden Dimensionen „Centralisation“ (Hierarchie) und „Density“ (Interaktionsdichte; vgl. Abb. 76) zu Charakterisierung verwendet worden sind, bedeutet dies letztendlich einen Paradigmenwechsel vom „Corporative Model“ mit einer ausgeprägten Hierarchie und relativ geringer Interaktionsintensität hin zu dem „Community Model“ mit geringem Hierarchiegrad und einem hohen Maß an Interaktionen.

Dabei sind die in den letzten Jahren ventilierten und in unterschiedlichen Kontexten umzusetzen versuchten Ansätze nichts grundlegend Neues. Letztendlich basieren sie explizit oder implizit auf der vor mehr als 50 Jahren von Arnstein (1969) formulierten „Ladder of Citizen Participation“. Jede höhere Stufe des Involvements von Bürgern über Information und Konsultation bis hin zur Partnerschaft impliziert gleichzeitig eine Zurücknahme von Machtverständnis der Öffentlichen Hand, wie Boley et al. (2014) mit ihrem RETS-Modell (Resident Empowerment through Tourism Scale) aufzeigten. Dabei wurde auch nachgewiesen, dass eine Förderung von Stolz und Selbstwertgefühl bei den Bürgern auch die Resilienz bezüglich des Tourismus fördern kann (Boley, Strzelecka und Watson 2018):

Auch Nijs hat dieses Konzept in seiner Untersuchung der Einstellung von Einwohnern zum Tourismus in Brügge getestet. Auch bei dieser Untersuchung wurde bestätigt, dass Stolz, positive soziale Auswirkungen und insbesondere die Tatsache, über eine ernst genommene Stimme im kommunalpolitischen Diskurs zu verfügen, zu Empowerment und in der Folge auch zu einer Akzeptanz und Unterstützung des Tourismus durch die Anwohner führten (Nijs 2017, S. 14). Dabei wurde zwischen sozialem, psychologischem und politischem Empowerment unterschieden und auf der Basis einer Faktorenanalyse (Nijs 2017, S. 60) die entsprechenden Zusammenhänge nachgewiesen, die letztendlich auch auf die Stärkung des Sozialen Kapitals (vgl. Kap. 4.4.4) abzielen. Da es sich aber nur um eine standardisierte Erhebung handelt, fordert auch Nijs (2017, S. 85) weitere Untersuchungen, um die Zusammenhänge und die Empowerment-Wirkung und auch die konkrete Partizipationsbereitschaft näher zu fassen.

Zwar hatten bei dieser standardisierten Befragung in Brügge 42 % der befragten Einwohner geantwortet, dass sie sich eine stärkere Einbeziehung in die lokale Tourismuspolitik wünschen. Dabei ergab sich wiederum, dass die stärker vom Overtourism betroffenen Einwohner der Innenstadt die Frage zu mehr als der Hälfte bejahten (Nijs 2017, S. 73). Aus diesem Befund kann jedoch nicht direkt geschlossen werden, dass auch bei proaktiven partizipativen Ansätzen in Städten mit aktuell noch kaum virulenter Overtourism-Diskussion eine entsprechend hohe Bereitschaft zu einer aktiven Beteiligung bestünde. Zwischen der relativ unverbindlichen Antwort auf eine standardisierte Frage und dem Commitment, sich auch aktiv durch persönliche (und auch kontinuierliche) Präsenz bei formalisierten Runden einzubringen, besteht sicherlich ein deutlicher Unterschied. Auch ist Brügge eben eine Stadt, die mit einer Tourismusintensität von ca. 100 Übernachtungen pro Einwohner bei Berücksichtigung nur des historischen Stadtkerns (Nijs 2017, S. 21 und S. 25) sowie mehr als 6 Mio. Tagesbesuchern (Nijs 2017, S. 39) wohl –

insbesondere durch Tagesbesucher – bereits nahe an der physischen Tragfähigkeitsgrenze angekommen ist. Wie bereits erwähnt (vgl. Kap. 6.3) wurde bei Fokus-Gruppen-Gesprächen in München festgestellt (Erdmenger 2021 sowie Erdmenger und Kagermeier 2021), dass die Bewohner kaum bereit sind, sich zu engagieren, solange die Verhältnisse für sie akzeptabel sein. Dies stellt partizipative Governance Ansätze vor eine große Herausforderung. Auch Nijs hatte bei einer Vorabpräsentation seiner Ergebnisse bei visitFlanders als zusätzliche Information beigefügt, dass von denen, die auf die Frage nach einer Beteiligung positiv geantwortet hatten, die überwiegende Mehrheit darunter zusätzliche Informationen (durch die DMO, die Kommune oder die Medien) verstanden hatten und nur 3 % auch wirklich aktiv in entsprechende Foren eingebunden werden wollten (Nijs 2016, S. 20).

Das in der von Roland Berger (2018) erstellten Studie proklamierte „Involvement“ und „Engagement“ der lokalen Bevölkerung (vgl. Kap. 5.2.3) lässt sich wohl leicht in einer Consulting-Studie formulieren. Bei der konkreten Umsetzung sind nicht nur bei den professionellen Tourismusakteuren grundlegende Veränderungen des Rollenverständnisses und der Interaktionsmuster notwendig. Darüber hinaus ist auch die Frage, wie die Bevölkerung auch das Gefühl erhält, eingebunden zu sein, wenn die Bereitschaft zu direktem aktiven Engagement nur gering ausgeprägt ist. Hier Lösungen zu finden stellt wohl die zentrale Herausforderung für künftige Destination Governance Herangehensweisen dar. Hier allein auf ICT-Lösungen im Kontext einer sog. Smart City zu setzen, wie es aktuell en vogue ist (vgl. z. B. Ivars-Baidal, Hernández und Mendoza de Miguel 2019, Vargas-Sànchez 2020), erscheint etwas kurz gegriffen.

Den Wirkmechanismen für die Stärkung von sozialem Empowerment und die Förderung von Sozialem Kapital in einer Stadtgesellschaft nachzuspüren dürfte umgekehrt eine der zentralen Herausforderungen für die sozialwissenschaftlich ausgerichtete Tourismusforschung darstellen.

Zwar haben sich Prakasa, Danar und Fanani (2019, S. 41) bereits an einem sog. „Collaborative Governance Model in Urban Tourism Development“ versucht, das auf dem Konzept des Sozialkapitals basiert. Dabei werden aber letztendlich auch nur die unterschiedlichen Akteursgruppen – neben „Business“, „Community“ und „Government“ werden dort noch „Media“ und „Academics“ angeführt – nebeneinandergestellt. Dabei wird unterstellt, dass das Zusammenwirken dieser Gruppen als Ergebnis eine Nachhaltigkeit der Tourismusentwicklung hervorbringen würde. Allerdings wird keine weitere Erläuterung gegeben, wie dieser Prozess funktionieren soll. Diese zentrale Frage nach der Herangehensweise ist damit aktuell noch offen.

Einen möglicherweise tragfähigen Ansatz hat Moscardo (2019) vorgelegt. Auch sie hat darauf hingewiesen, dass die Tourismusplanung seit den 1980er-Jahren in ihren strategischen Management-Konzepten stecken geblieben ist. Damit würde unter Beteiligung immer noch nur Informationsaustausch, öffentliche Veranstaltungen oder Informationen auf der Webseite verstanden. Auch von ihr wird angeführt, dass es stattdessen eher um Community Empowerment und die Stärkung des Sozialkapitals gehen müsse. Dabei wurden von ihr auch Theater-Vorstellungen und Performances als kreative Ansätze mit erwähnt (Moscardo 2019, S.49f.). Unter dem Blickwinkel der „Gamification" der Tourismus Governance könnten sich hier zukünftige Perspektiven abzeichnen, mit der die Motivation zur Teilnahme an partizipativen Prozessen und Formaten gesteigert werden könnte.

Gleichzeitig dominieren immer noch in der konkreten Destinationsmanagement-Praxis – in einer gewissen „bandwagon atmosphere" – relativ reflexartige Ansätze zur Verminderung und Vermeidung bei akuten Overtourism-Artikulationen. Es spricht aber vieles dafür, dass künftig Präventiv-Ansätze zur Stabilisierung der Akzeptanz durch Stärkung der Resilienz aber auch dem vorbeugendem Nachsteuern und Ernstnehmen der Belange und Befindlichkeiten der lokalen Bevölkerung bezüglich störenden Aspekten des Tourismus in den Vordergrund treten müssten. Die Entwicklung von entsprechenden Mitigationsansätze steckt aber noch „in den Kinderschuhen" (Postma, Buda und Gugerell 2017). Auch die „Verschnaufpause" in der Overtourism-Diskussion im Jahr 2020 durch die coronabedingte kurzfristige Entspannung der Überlastphänomene scheint von den Verantwortlichen in den Destinationen nicht genutzt worden zu sein, um hier entsprechende konzeptionelle Umsteuerungsansätze zu entwickeln. Zu sehr war die Aufmerksamkeit 2020 auf die aktuellen Problemstellungen des „Wiederanlaufens" der touristischen Nachfrage ausgerichtet.

Festzuhalten bleibt, dass nur ein ausgewogenes Verhältnis bei der Einbeziehung der unterschiedlichen beteiligten Akteursgruppen zu tragfähigen Ergebnissen bezüglich der künftigen Gestaltung des Tourismus führen kann. Dabei sind die Interessen und die Einschätzungen der Bewohner und Beschäftigten genauso zu berücksichtigen wie die Sichtweisen der Tourismuswirtschaft und der Besucher (vgl. Abb. 77).

Letztendlich gilt damit für das Austarieren von – teilweise divergierenden, manchmal sogar antagonistischen Interessenslagen, das gleiche Grundprinzip, dass bereits seit drei Jahrzehnten im Kontext der nachhaltigen Entwicklung als Leitbild formuliert, aber bislang immer noch nicht angemessen umgesetzt ist. Möglicherweise muss eine Balance zwischen den unterschiedlichen Positionen genauso ein Idealbild bleiben wie das Leitmotiv einer „Nachhaltigen Entwicklung".

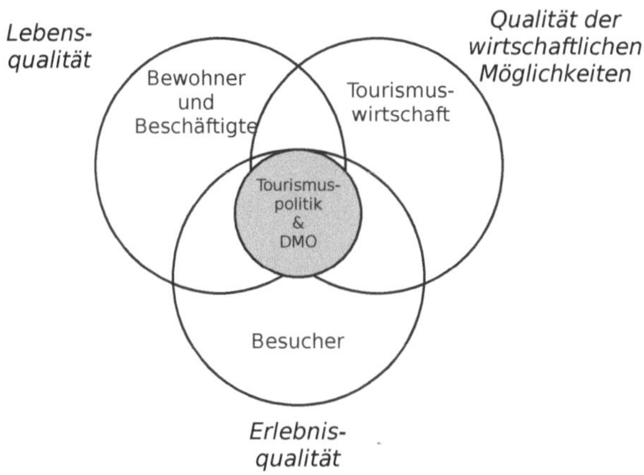

Abb. 75: Relevante Stakeholder beim Phänomen Overtourism
(Quelle: Eigene Darstellung nach Koens und Postma 2017, S. 30)

Klar ist aber, dass sich die Rolle der DMOs und auch der Tourismuspolitik deutlich wandeln muss, wenn dem Overtourism erfolgreich begegnet werden soll. Die Aufgaben für die DMOs werden umfassender, komplexer und herausfordernder, wenn neben den lange Zeit im Mittelpunkt stehenden Fokus auf wirtschaftliche (Wachstums-)Interessen und der Belange der Besucherbedürfnisse gleichwertig auch die Bewohnerbedürfnisse einbezogen werden sollen. Dabei wird der oftmals verwendete Ausdruck von Tourismus als „Querschnittsaufgabe" mit einer erweiterten Konnotation versehen, die letztendlich auf die gesamte Stadtpolitik ausstrahlen müsste, um Soziales Kapital und Empowerment in der Stadtgesellschaft zu fördern.

8 „The end of tourism as we know it“ – oder Abschied von der Wachstumsorientierung?

Tourismus als eine der Leitökonomien des 21. Jahrhunderts war seit Mitte des 20. Jahrhunderts ein global von relativ kontinuierlichem Wachstum gekennzeichnetes Wirtschaftssegment. Gleichzeitig haben sich die Wettbewerbskonstellationen in den letzten Jahrzehnten deutlich akzentuiert. Dementsprechend war der primäre Fokus in der Tourismuspolitik, der Tourismuswirtschaft und auch in weiten Teilen der Tourismuswissenschaften auf die Gestaltung des Wachstums und die Optimierung der Wettbewerbsfähigkeit von Destinationen ausgerichtet. Schwerpunkte lagen damit mehr auf der Optimierung des Qualitätsmanagements, der Erlebnisbedürfnisse der Kunden oder der Ausdifferenzierung digitaler Kundenkommunikations- und Distributionsansätze. Das Primat lag dabei auf der Sichtweise des Tourismus als Wirtschaftssegment, das regionalökonomische Impulse – insbesondere auch in Regionen mit geringerer Dynamik in anderen wirtschaftlichen Bereichen.

Zwar ist vor dem Hintergrund der Nachhaltigkeitsdiskussion in den letzten 30 Jahren die Berücksichtigung ökologischer Aspekte und der Begrenztheit von endlichen Ressourcen teilweise in den Fokus gerückt. Das Wachstumsparadigma wurde aber kaum grundsätzlich in Frage gestellt und die Sichtweise des Tourismus als Wirtschaftssegment weitgehend beibehalten. Auch die Diskussion über den Klimawandel in den letzten Jahren hat bislang nicht zu einem grundsätzlichen Überdenken der Sichtweise des Tourismus geführt. Zwar geriet der hohe Anteil des Flugverkehrs in den Blickwinkel. Damit gewannen Überlegungen nach der Beeinflussung des Modal Split hin zu weniger CO_2-intensiven Verkehrsmitteln zum Erreichung der Destinationen an Bedeutung. Auch wurde die Frage nach einer Stärkung von nicht so weit von den Quellgebieten entfernten Reisezielen, die dann eben leichter mit terrestrischen Verkehrsmitteln erreichbar sind teilweise ventiliert. Gleiches gilt auch für die Ansätze, statt fossiler Brennstoffe aus regenerativen Energiequellen gewonnene Energieträger – insbesondere Wasserstoff – für den Flugverkehr einzusetzen. Auch wenn das Wachstumsparadigma erste kleinere „Risse“ bekommen hat, wurde das Primat der Sichtweise des Tourismus als ökonomischer Faktor und Generator von Arbeitsplätzen dabei aber letztendlich nicht grundsätzlich in Frage gestellt. Auch in der Corona-Situation des Jahres 2020 ist bislang – trotz erheblicher temporärer Rückgänge der touristischen Aktivitäten – nicht erkennbar, dass diese Perspektive des Tourismus als Wirtschaftssektor in Frage gestellt würde. Im Gegenteil zielen die meisten Anstrengungen auf ein „Recovern" und ein Wiedererreichen von Prä-Corona-Niveaus ab.

Die Overtourism-Diskussion könnte möglicherweise aber einen Auslöser für grundlegende Paradigmenwechsel in Tourismuspolitik, Tourismuswirtschaft und Tourismuswissenschaften darstellen.

Der „Aufstand der Bereisten" könnte als „Weckruf" wirken, die bisherige stark ökonomische Perspektive zu relativieren. Das Ernstnehmen der Belange der Einwohner in den Destinationen – im Sinne eines umfassend und grundsätzlich verstandenen Nachhaltigkeitsansatzes – und deren umfassende partizipative Integration würde den Blickwinkel der Destinationsentwicklung grundsätzlich verändern.

Gleichzeitig wurde in diesem Band deutlich gemacht, dass Integration der Bevölkerung eben nicht nur eine reine mono-sektoral auf den Tourismus ausgerichtete Beteiligung bedeutet, die versucht, Akzeptanzgrenzen auszuloten und Maßnahmen gegen negative Auswirkungen der Präsenz von Touristen in bestimmten räumlichen Settings umzusetzen.

Vor dem Hintergrund des Vulnerabilitätskonzeptes mit dem Resilienz-Ansatz wurde argumentiert, dass die Ursachen für Overtourism-Artikulationen sehr viel tiefer gehende und weiter reichende Wurzeln aufweisen. Damit werden Fragen nach der psychischen und sozialen Befindlichkeit der Stadtgesellschaft berührt. Soziale Balance, Toleranz und lokale/regionale Identität sind ebenso mit der Empfindsamkeit gegenüber Irritationen durch auswärtige Besucher konnotiert wie Friktionen und Spannungen in anderen Lebensbereichen, die durch teilweise disruptive Transformationsprozesse ausgelöst werden.

Der Ansatzpunkt für einen umfassenden und integrierten Umgang mit dem Overtourism-Phänomen kann sich dementsprechend auch nicht auf ein „Herumdoktern" an den Symptomen beschränken (ähnlich Benner 2019, S. 8). Um wirksam zu werden muss der gesamte zivilgesellschaftliche Kontext einbezogen werden. In diesem Sinne könnte die Auseinandersetzung mit Overtourism auch ein Überdenken und ein Umgestalten des Verhältnisses der unterschiedlichen Sphären von Politik, Wirtschaft und Gesellschaft bedeuten. Auch wenn bislang kaum Anzeichen für eine solche holistische Herangehensweise erkennbar sind, wäre damit eben verbunden, dass Tourismus aus dem Primat der wirtschaftlichen Betrachtungsweise herausgelöst und als Teil des gesamtgesellschaftlichen Systems verstanden und behandelt wird. Auch wenn dieser Band nichts anderes als ein erstes tastendes Überlegen in die Richtung von künftigen Entwicklungen ist, wäre es in diesem Sinne dann eben „The end of tourism as we know it" und der Priorität auf der Wachstumsorientierung.

Literatur

Abel, Andreas (2015): Zweckentfremdung. Bezirke spüren Hunderte illegale Ferienwohnungen in Berlin auf. In: Berliner Morgenpost vom 15.06.2015. Berlin. *https://www.morgenpost.de/berlin/article142486496/Bezirke-spueren-Hunderte-illegale-Ferienwohnungen-in-Berlin-auf.html*

Ajuntament de Barcelona (2004): Programa de actuación municipal 2004 – 2007. Barcelona. *http://w3.bcn.es/fitxers/ajuntament/pam20042007cast.602.pdf*

Ajuntament de Barcelona (2017): Pla Especial Urbanístic per a l'ordenació dels establiments d'Allotjament Turístic, albergs de joventut, residències collectives d'allotjament (PEUAT). Barcelona. *https://ajuntament.barcelona.cat/santandreu/sites/default/files/plenari/b1463_aprovacioinicial_memoria.pdf*

Aldenhoff, Kathrin (2019): Verblüffen und verzaubern. Sie zeigen Münchens schönste Seiten, erklären die Stadtgeschichte und vermitteln so ein Bild, ein Lebensgefühl, eine Stimmung. Sechs Stadtführer erzählen von ihrem Beruf und ihren liebsten Plätzen. In: Süddeutsche Zeitung vom 15. April 2019, S. 20.

Amt für Statistik Berlin-Brandenburg (2020a): Beherbergungsbetriebe, Bettenangebot, Übernachtungen und Gäste im Land Berlin. Potsdam.

Amt für Statistik Berlin-Brandenburg (2020b): Statistischer Bericht. A I 5 – hj 2 / 19. Einwohnerinnen und Einwohner im Land Berlin am 31. Dezember 2019. Grunddaten. Potsdam. *https://www.statistik-berlin-brandenburg.de/Statistiken/statistik_SB.asp?Ptyp=700&Sageb=12041&creg=BBB*

Amt für Statistik Berlin-Brandenburg (2020c): Statistischer Bericht. A VI 9 – hj 2/19. Erwerbstätigenrechnung – Erwerbstätige im Land Berlin 1991 bis 2019. Potsdam. *https://www.statistik-berlin-brandenburg.de/publikationen/stat_berichte/2020/SB_A06-09-00_2019h02_BE.pdf*

Anlauf, Thomas (2019): Weißwurst mit Haut und Haar. Wer Münchner Reiseführer studiert, kann vieles Interessante über die eigene Stadt erfahren – ob es um den Verzehr von Traditionsspeisen geht, die heimlichen Attraktionen oder den Stellenwert von Klassikern. Natürlich werden auch alle gängigen Klischees über die Bewohner ausgebreitet. In: Süddeutsche Zeitung vom 24. April 2019, S. 39.

Arias Sans, Albert und Alan Quaglieri Domínguez (2016): Unravelling Airbnb: Urban Perspectives from Barcelona. In: Russo, Antonio Paolo und Greg Richards (Hrsg.): Reinventing the Local in Tourism. Producing, Consuming and Negotiating Place. Bristol/Buffalo/Toronto, S. 209–228.

ARNSTEIN Sherry R. (1969): A Ladder of Citizen Participation. In: Journal of the American Planning Association 35 (4), S. 216–224.

BADGER, Emily (2018): The Bipartisan Cry of 'Not in My Backyard'. In: The New York Times vom 21. August 2018. ⌂ *https://www.nytimes.com/2018/08/21/upshot/home-ownership-nimby-bipartisan.html.*

BAMBERG Tourismus & Kongress Service (2018): Tourismus in Bamberg. Jahresrückblick 2017. Bamberg. ⌂ *https://blog.bamberg.info/wp-content/uploads/2018/02/Jahresbericht-2017.pdf*

BAMBERG Tourismus & Kongress Service (2019): Tourismus in Bamberg 2019 – Entwicklung, Effekte, Verträglichkeit. Bamberg. ⌂ *https://blog.bamberg.info/2019/09/bamberg-und-sein-tourismus-entwicklungen-effekte-und-vertraeglichkeit/*

BARTH, Bertram, Berthold Bodo FLAIG, Norbert SCHÄUBLE und Manfred TAUTSCHER (Hrsg.) (2018): Praxis der Sinus-Milieus – Gegenwart und Zukunft eines modernen Gesellschafts- und Zielgruppenmodells. Wiesbaden.

BAUER, Alfred, Marco A. GARDINI und André SKOCK (2020): Overtourism im Spannungsverhältnis zwischen Akzeptanz und Aversion. In: Zeitschrift für Tourismuswissenschaft 12 (1), S. 88–114.

BAUER, Alfred und Marco A. GARDINI (2019): Overtourism: Eine Studie aus Sicht des Reisenden. In: Tourismus Wissen – quarterly, Ausgabe 16 April 2010, S. 105–114. ⌂ *http://tourismuswissen.tai.at*

Bayerischer Rundfunk (2020): Wem gehört München? Preisanstieg und Verdrängung auf dem Münchner Wohnungsmarkt. Bericht vom 15. Juli 2020. München. ⌂ *https://www.br.de/nachrichten/bayern/preisanstieg-und-verdraengung-auf-dem-muenchner-wohnungsmarkt,S4j30r5*

Bayerisches Landesamt für Statistik (2020): Genesis Online-Datenbank. Tabelle 45511-022z: Tourismus: Gemeinde, Ankünfte, Übernachtungen, Herkunft, Jahre. München. ⌂ *https://www.statistikdaten.bayern.de/genesis/online/data*

Bayernhafen Bamberg (2020): Statistik 2019. Bamberg. ⌂ *https://www.bayernhafen.de/mediathek/downloads/#statistikflyer*

BBC (= British Broadcasting Corporation) (2018): Venice to charge tourist entry fee for short stays. BBC News vom 31. Dezember 2018. ⌂ *https://www.bbc.com/news/world-europe-46721456*

Bearing Point und IIHD (= Institut für Internationales Handels- und Distributionsmanagement GmbH) (2015): Strukturwandel im deutschen Einzelhandel. Mainz (= Red Paper, Retail & Consumer, 8). ⌂ *https://www.bdu.de/media/32083/manke-studie-8.pdf*

BECKEN, Susanne und David G. SIMMONS (2019): Stakeholder management: different interests and different actions. In: DODDS, Rachel und Richard W. BUTLER (Hrsg.): Overtourism. Issues, realities and solutions. Berlin/Boston. S. 234–249.

BENNER, Maximilian (2019): From overtourism to sustainability: A research agenda for qualitative tourism development in the Adriatic. Munich Personal RePEc Archive (MPRA) Paper Nr. 92213. 🖰 *https://mpra.ub.uni-muenchen.de/92213/*

BERGER, Roland (2018): Protecting your city from overtourism. European city tourism study 2018. München. 🖰 *https://www.rolandberger.com/en/Publications/Overtourism-in-Europe's-cities.html*

Berlin – Bezirksverordnetenversammlung Friedrichshain-Kreuzberg (2014): Aktionsplan Warschauer Brücke / Revaler Straße vom 17. Dezember 2014. Berlin. 🖰 *http://www.gruene-xhain.de/media/filer_public/99/37/993730e3–2ce0–47af-b82 f.-1001b699a59c/ds1448_aktionsplan_warschauer_bruckc.pdf*

BerlinOnline Stadtportal (2015a): Pantomime gegen Lärm startet im Mai. Der hippe Bezirk Friedrichshain-Kreuzberg will mit Pantomime-Künstlern die Partytouristen zu mehr Ruhe mahnen. 🖰 *https://www.berlin.de/tourismus/nachrichten/3817125-1721038-pantomime-gegen-laerm-startet-im-mai.html*

BerlinOnline Stadtportal (2015b): Pantomime-Projekt für mehr Ruhe startet in Kreuzberg. 🖰 *https://www.berlin.de/clubs-und-party/nachrichten/3857340-3041519-pantomimeprojekt-fuer-mehr-ruhe-startet-.html*

Berlin Tourismus & Kongress GmbH (Hrsg.) (2017a): Akzeptanz des Tourismus in Berlin. Ergebnisse einer repräsentativen Meinungsumfrage 2017. Berlin. 🖰 *https://about.visitberlin.de/stimmungsbild-zum-berlin-tourismus-2019*

Berlin Tourismus & Kongress GmbH (Hrsg.) (2017b): Wirtschaftsfaktor 2016 für Berlin. Tourismus- und Kongressindustrie. Berlin 🖰 *https://about.visitberlin.de/wirtschaftsfaktor-fuer-berlin-tourismus-und-kongressindustrie*

BEYER, Matthias, Wolfgang GÜNTHER, Dirk SCHMÜCKER und Anette SEIDEL (2017): Nachhaltigkeitskonzeption Städtetourismus Hamburg. Kiel und Berlin.

BICKELBACHER, Paul (2018): Gespräch mit einem Fraktionsmitglied der Grünen am 21. Juli 2018 zu Overtourism in München. München.

BIEGER, Thomas und Pietro BERITELLI (2013): Management von Destinationen. 8. Auflage, München.

BJÖRN Stephan (2019): „Schee!" Wer in den Biergarten geht, muss nicht länger allein sein. In: Die Zeit Nr. 26 vom 19. Juni 2019 DIE ZEIT, S. 49–50.

BMWi (= Bundesministeriums für Wirtschaft) (Hrsg.) (2018): Sharing Economy im Wirtschaftsraum Deutschland. Berlin.

BMWi und BTW (= Bundesministeriums für Wirtschaft und Bundesverband der Deutschen Tourismuswirtschaft) (Hrsg.) (2012): Wirtschaftsfaktor Tourismus Deutschland. Kennzahlen einer umsatzstarken Querschnittsbranche. Langfassung. Berlin.

BODEGA, Domenico, Gabriele CIOCCARELLI und Stefano DENICOLAI (2004): New inter-organizational Forms: Evolution of Relationship Structures in Mountain Tourism. In: Tourism Review 59 (3), S. 13–19.

BOHLE, Hans-Georg und Thomas GLADE (2007): Vulnerabilitätskonzepte in Sozial- und Naturwissenschaften. In: FELGENTREFF, Carsten und Thomas GLADE (Hrsg.): Naturrisiken und Sozialkatastrophen. Heidelberg, S. 99–119.

BOLEY B. Bynum, Nancy G. MCGEHEE, Richard R. PERDUE und Patrick LONG (2014): Empowerment and resident attitudes toward tourism: Strengthening the theoretical foundation through a Weberian lens. In: Annals of Tourism Research, 49, S. 33–50.

BOLEY, B. Bynum, Marianna STRZELECKA und Avery WATSON (2018): Place distinctiveness, psychological empowerment, and support for tourism. In: Annals of Tourism Research, 70, S. 137–139

BORELL, Klas und Åsa WESTERMARK (2018): Siting of human services facilities and the not in my back yard phenomenon: a critical research review. In: Community Development Journal 53 (2), S. 246–262.

BOTSMAN, Rachel und Roo ROGERS (2011): What's Mine is Yours – How Collaborative Consumption is Changing the Way we Live. London.

BOUCHON, Frederic und Marion RAUSCHER (2019): Cities and tourism, a love and hate story; towards a conceptual framework for urban overtourism management. In: International Journal of Tourism Cities 5 (4), S. 598–619.

BOURDIEU, Pierre (2005): Das Sozialkapital. Vorläufige Notizen. Deutsche Übersetzung. In: Peripherie 25, Heft 99, S. 263–266.

BRAUNS, Bastian (2016): Auf der Jagd nach den Gastgebern. In: Die Zeit vom 30.042016. Berlin *https://www.zeit.de/wirtschaft/2016-04/airbnb-berlin-gesetz-ferienwohnung-illegal t.de/wirtschaft/2016–04/airbnb-berlin-gesetz-ferienwohnungillegal*

BRINKHOFF, Thomas (2020): City Population. *http://www.citypopulation.de*

BUCHWALD, Sabine (2019): Schaut auf diese Stadt. Jedes Jahr ein Besucherrekord und Tausende neue Hotelbetten: Der Tourismus in München boomt, doch von Auswüchsen wie in Venedig oder Barcelona ist hier noch wenig zu spüren. In: Süddeutsche Zeitung vom 13. April 2019, S. 37.

CHRIST, Antje (2017): Tourist go Home! Europas Sehnsuchtsorte in Gefahr. https://programm.ard.de/TV/arte/tourist-go-home-/eid_28724109736671

COCOLA-GANT, Agustín (2016): Holiday Rentals: The New Gentrification Battlefront. In: Sociological Research Online 21(3). *https://www.socresonline.org.uk/21/3/10.html*

DESTINET (2017): „Overtourism“: Wenn Touristen unerwünscht sind. 15. Dezember 2017. *https://www.destinet.de/meldungen/menschen-management/statistikbenchmarks/5773-overtourism-wenn-touristen-unerw%C3%BCnscht-sind/*

DIAZ-PARRA, Iban und Jaime JOVER (2020): Overtourism, Place Alienation and the Right to the City: Insights from the Historic Centre of Seville, Spain. In. Journal of Sustainable Tourism. *http://www.tandfonline.com/doi/full/10.1080/09669582.2020.1717504*

DLR (= Deutsches Zentrum für Luft- und Raumfahrt) (2019): Low Cost Monitor 2/2019 – Eine Untersuchung des DLR. Der aktuelle Markt der Low Cost Angebote von Fluggesellschaften im deutschen Luftverkehr. Köln. *https://www.dlr.de/content/de/downloads/2019/low-cost-monitor-02-2019.pdf?__blob=publicationFile&v=5*

DODDS, Rachel und Richard W. BUTLER (2019): The enablers of overtourism. In: DODDS, Rachel und Richard W. BUTLER (Hrsg.): Overtourism. Issues, realities and solutions. Berlin/Boston. S. 6–26.

DOXEY, George V. (1975): A causation theory of visitor–resident irritants, methodology and research inferences. The impact of tourism. In: Proceedings of the Sixth Annual Conference Proceedings of the Travel Research Association, San Diego, 8. bis 11. September 1975, S. 195–198.

Dubrovnik Travel (2020): Entry ticket for Dubrovnik city walls. *https://www.dubrovnik-travel.net/entry-ticket-for-dubrovnik-city-walls/*

DW (= Deutsche Welle) (2019): Venice imposes entry fee for day-trippers. DW Top Stories vom 28. Februar 2019. *https://www.dw.com/en/venice-imposes-entry-fee-for-day-trippers/a-47719095*

dwif-Consulting und Humboldt-Innovation (2017): 12 mal Berlin | er | Leben. Konzept für einen stadtverträglichen und nachhaltigen Berlin-Tourismus 2018+. Berlin.

dwif (= Deutsches Wirtschaftswissenschaftliches Institut für Fremdenverkehr e. V.) (2018a): Overtourism – Auswirkungen des Tourismus auf die Stadt München. München.

dwif (= Deutsches Wirtschaftswissenschaftliches Institut für Fremdenverkehr e. V.) (2018b): Wirtschaftsfaktor Tourismus für die Stadt Bamberg 2017. München.

dwif (= Deutsches Wirtschaftswissenschaftliches Institut für Fremdenverkehr e. V.) (2019): Einwohner*innenbefragung zum Thema Tourismusbewusstsein-/Akzeptanz in München. Ergebnisbericht. München.

DZT (= Deutsche Zentrale für Tourismus; Hrsg.) (2013): Das Reiseverhalten der Deutschen im Inland. Frankfurt.

EDENSOR, Tim (2001): Performing tourism, staging tourism. (Re)producing tourist space and practice. In: Tourist Studies 1(1), S. 59-81.

EGGLI, Florian und Mathis STOCK (2019): „Die ich rief, die Geister, werd ich nun nicht los". Touristifizierung der Stadt Luzern: Zwischen Anpassung und Widerstand. Lausanne (= Folien eines Vortrags gehalten auf der Jahrestagung des Arbeitskreises Tourismusforschung e. V. (AKTF) 2019: „Touristifizierung urbaner Räume" in Freiburg vom 22. bis 24. Mai 2019. 🖱 *https://www.ak-tourismusforschung.org/wp-content/uploads/2019/06/Eggli_Touristifizierung-Luzern_Mai_2019-opt.pdf*

EIJGELAAR, Eke (2011): Voluntary Carbon Offsets a Solution for Reducing Tourism Emissions? Assessment of Communication Aspects and Mitigation Potential. In: European Journal of Transport and Infrastructure Research 11 (3), S. 281–296

EISENSTEIN, Bernd und Dirk SCHMÜCKER (2020) Overtourism?! Zur Tourismusakzeptanz der Bevölkerung in Deutschland. In: Stephanie, Waldemar Berg, Marcus Herntrei, Georg Christian Steckenbauer und Suzanne Lachmann-Falkner (Hrsg.): Tourismus und ländlicher Raum. Innovative Strategien und Instrumente für die Zukunftsgestaltung. Berlin, S. 33–49 (= Schriften zu Tourismus und Freizeit, 25)

ENZENSBERGER, Hans Magnus (1958): Vergebliche Brandung der Ferne. Eine Theorie des Tourismus. In: Merkur 12 (8), S. 701–720.

ERDMENGER, Eva (2019): Community Resilience in Urban Tourist Destinations. How Beer Garden Romance and a Hygge Localhood Boost Social Capital. In: Zeitschrift für Tourismuswissenschaft 11 (3), S. 437–450.

ERDMENGER, Eva (2021): "I don't feel like it's my place anymore": lessons learned from image-based focus groups. In: Journal of Hospitality and Tourism Technology (*im Druck*).

ERDMENGER, Eva und Andreas KAGERMEIER (2021): Participatory Destination Governance and other Pipe Dreams. A Study of What a Host Community Actually Wants – and What It Doesn't. In: Berichte. Geographie und Landeskunde (*im Druck*)

European Parliament (Hrsg.) (2018): Research for TRAN Committee – Overtourism: impact and possible policy responses. Brüssel. *https://www.europarl.europa.eu/RegData/etudes/STUD/2018/629184/IPOL_STU%282018%29629184_EN.pdf*

Eurostat (2020): Regional statistics by NUTS classification. Nights spent at tourist accommodation establishments by NUTS 2 regions (tour_occ_nin2). Luxemburg. *https://ec.europa.eu/eurostat/web/regions/data/database*

Fair unterwegs – Arbeitskreis Tourismus & Entwicklung (2017): 1986 Aufstand der Bereisten. Basel. *www.fairunterwegs.org/news-medien/news/detail/1986-aufstand-der-bereisten/*

Fascination Venice (2020): Venice: How much will the entrance fee cost? – Prices & Infos. *https://fascination-venice.com/entrance-price/*

FINK, Bigna (2015). Pantomimen gegen Partylärm in Simon-Dach-Straße ohne Erfolg. In: Tagesspiegel vom 1. Dezember 2015. *https://www.tagesspiegel.de/berlin/berlin-friedrichshain-pantomimen-gegen-partylaerm-in-simon-dach-strasse-ohne-erfolg/12660500.html*

FISCHER, Wolfgang (2018): Gespräch mit dem Geschäftsführer von City Partner München am 19. Juli 2018 zu Overtourism in München. München.

Focus Online (2014): Online-Portal Airbnb verschärft die Wohnungsnot. 24. Juli 2014. München. *https://www.focus.de/immobilien/mieten/private-geschaefte-gefaehrden-marktmietwohnungen-werden-zu-oft-antouristen-vergeben_id_4014179.html*

FORSTER, Karl (2019): Meine Stadt. München hat viel mehr zu bieten als die Sehenswürdigkeiten, die es in jeden Reiseführer schaffen – nichts geht deshalb über einen einheimischen Begleiter. Ideen für einen Touristentag vor der eigenen Haustür. In: Süddeutsche Zeitung vom 27. April 2019, S. 84.

FREYTAG, Tim (2010): Déjà-vu: tourist practices of repeat visitors in the city of Paris. In: Social Geography 5, S. 49–58.

FREYMARK, Linus (2019): Partydestination München. Viele Junggesellenabschiede werden hier gefeiert, das Unternehmen „Pissup“ organisiert den reibungslosen Ablauf. In Süddeutsche Zeitung Nr. 245 vom 23. Oktober 2019, S. R3.

FÜLLER, Henning und Boris MICHEL (2014): ‚Stop Being a Tourist!‘ New Dynamics of Urban Tourism in Berlin-Kreuzberg. In: International Journal of Urban and Regional Research 38 (4), S. 1304–1318.

FUCHS, Florian und Christian SEBALD (2019): Touristenansturm aufs Allgäu Gibt es eine Grenze der Belastbarkeit für Natur und Einheimische?. In: Süddeutsche Zeit vom 28. November 2019, S. R14–R15.

FUR (= Forschungsgemeinschaft Urlaub und Reisen) (2019): Reiseanalyse 2019. Kiel.

FÜRST, Dietrich und Jörg KNIELING (2004): Innovation und Konsens – ein Widerspruch? Lösungsstrategien für die Regionalentwicklung. In: Raumforschung und Raumordnung 62 (4-5), S. 280–289.

GASPER, Vera (2019): Overtourism im österreichischen Hallstatt. Natur, Ruhe, Einsamkeit – aber nur von 20 bis 8 Uhr. Ein Dorf zwischen Aussterben und Overtourism. *https://www.ard-wien.de/2019/10/24/overtourism-im-oesterreichischen-hallstatt/*

GEBHARDT, Dirk (2017): Barcelona: Die Drosslung des Wachstumsmotors Tourismus? In: Geographische Zeitschrift 105 (3–4), S. 225–248.

GERRITSMA, Roos und Jacques VORK (2017): Amsterdam Residents and Their Attitude Towards Tourists and Tourism. In: COACTIVITY: Philosophy, Communication, 25, S. 85–98.
http://www.cpc.vgtu.lt/index.php/cpc/article/download/274/274-1364-1-PB.pdf

GOETHE, Johann Wolfgang von (1797): Der Zauberlehrling. Zitiert nach:
https://www.deutschelyrik.de/der-zauberlehrling.html

GOODWIN, Harold (2017): The Challenge of Overtourism. Responsible Tourism Partnership Working Paper 4.
https://responsibletourismpartnership.org/overtourism/

GOODWIN, Harold (2019): Overtourism: Causes, Symptoms and Treatment. In: Tourismus Wissen – quarterly, Ausgabe 16 April 2010, S. 110–114.
http://tourismuswissen.tai.at

GORDIN, Valery, Irina BOROVSKAIA und Ekaterina FEDOROVA (2020): Overtourism in Megalopolises: The Case of St. Petersburg. In: RIBEIRO DE ALMEIDA, Cláudia, Alfred QUINTANO, Moisés SIMANCAS, Raquel HUETE und Zélia BREDA (Hrsg.): Handbook of Research on the Impacts, Challenges, and Policy Responses to Overtourism. Hershey, S. 116–135.

Govern de les Illes Balears. Agència d'Estratègia Turística de les Illes Balears (2020): El Turisme a les Illes Balears. Anuari 2019. Palma.
http://www.caib.es/sites/estadistiquesdelturisme/ca/anuaris_de_turisme-22816

GRONAU, Werner und Andreas KAGERMEIER (2015): Increasing economic feasibility of public transport supply in natural areas – a German case study. In: ORSI, Francesco (Hrsg.): Sustainable Transportation in Natural and Protected Areas. London, S. 239–248.

GROSS, Gisela (2015): Pantomimes Against Party Noise in Berlin. Deutsche Welle. *https://www.dw.com/en/pantomimes-against-party-noise-in-berlin/a-18444458*

GROSS, Sven und Alexander SCHRÖDER (2005): Low Cost Airlines in Europa – Eine marktorientierte Betrachtung von Billigfliegern. Dresden.

GUITART, Núria und Ramon SERRAT (2020): A methodogical proposal for public responses to overtourism and its integration in urban destinations' policies. In: Pons, Guillem X., Asunción Blanco-Romero, Rosario Navalón-García, Libertad Troitiño-Torralba und Macià Blázquez-Salom (Hrsg.). Sostenibilidad Turística: overtourism vs undertourism. Palma (Illes Balears), S. 265-281 (= Monografies de la Societat d'Història Natural de les Balears, 31). *https://www.age-geografia-turismo.com/sp-xvii-coloquio-internacional-de-turismo-age-ugi/*

Hamburg Tourismus GmbH (2015): Wirtschaftsfaktor Tourismus. Hamburg und die Metropolregion. Hamburg

Handelskammer Hamburg (2013): Wertschöpfung der Kreuzschifffahrt in Hamburg. Hamburg. *https://www.hk24.de/produktmarken/branchen-cluster-netzwerke/branchen/tourismus/themen/kreuzschifffahrt-1151486*

HANS, Julian (2019): Retter der Innenstädte. Geschäftsreisende und Touristen verbinden einen Aufenthalt in München gerne mit einem Einkaufsbummel. Kunden aus Russland, China oder vom Golf sind für manche Geschäfte inzwischen existenziell. In: Süddeutsche Zeitung vom 26. April 2019, S. 42.

HARTMANN, Klaus D. (1974): Auslandsreisen. Dienen Urlaubsreisen der Völkerverständigung? Starnberg (= Schriftenreihe für Tourismusforschung des Studienkreis für Tourismus).

HEELEY, John (2011): Inside City Tourism. A European Perspective. Bristol/Buffalo/Toronto.

HEGER, Michael (2016): Flusskreuzfahrer – die neue Saison beginnt. *https://blog.bamberg.info/2016/04/flusskreuzfahrer-die-neue-saison-beginnt/#more-1450*

HEGER, Michael (2020): Dialog mit dem Bürger. Fragestellung zur Tourismusakzeptanz in Bamberg. Auswertung. Bamberg. (= unveröffentlichte Vortragsfolien)

HELMES, Irene (2016): Ersticken Touristen die schönsten Städte? In: Süddeutsche Zeitung vom 17. März 2016. *https://www.sueddeutsche.de/reise/trend-staedtereise-und-die-folgen-ersticken-touristen-die-schoensten-staedte-1.2909667*

HENTSCHEL, Jörg (2015): The economic impact of river cruise to Franconia and the attitude of residents towards this tourism sector. Masterarbeit an der HTW Chur. *https://blog.bamberg.info/wp-content/uploads/2015/10/Pr%C3%A4sentation-Masterarbeit-Flusskreuzfahrten.pdf*

Hoben, Anna (2017): Zweckentfremdung: Vermieter klagen gegen Verbot der Stadt. In: Sueddeutsche.de vom 16. Februar 2017. *www.sueddeutsche.de/muenchen/medizintourismus-zweckentfremdung-wohnungsbesitzer-klagen-gegen-verbot-der-stadt-1.3380643*

HOBEN, Anne (2018): München ist bei Touristen beliebter denn je. In: Süddeutsche.de vom 22. August 2018.
↗ *www.sueddeutsche.de/muenchen/2.220/reiseziel-muenchen-ist-bei-touristen-beliebter-denn-je-1.4101001*

HOBEN, Anna (2019): Willkommen daheim. Dominic von Moltke ist kein Hotelier, aber mit Gästen aus aller Welt kennt er sich aus: Seit 2015 vermietet er ein Zwölf-Quadratmeter-Zimmer in seiner Wohnung über Airbnb, gerne an Besucher aus Asien, weniger gern an Deutsche vom Land. In: Süddeutsche Zeitung vom 17. April 2019, S. R4.

HOLM, Andrej (2016): Wie verändert Airbnb den Wohnungsmarkt? Eine Politische Ökonomie der Ferienwohnungen am Beispiel Berlin.
↗ *https://gentrificationblog.wordpress.com/2016/07/05/berliin-wie-veraendert-airbnb-den-wohnungsmarkt-eine-politische-oekonomie-der-ferienwohnungen/*

HRADIL, Stefan (2006): Soziale Milieus: Eine praxisorientierte Forschungsperspektive. In: Aus Politik und Zeitgeschichte, 44/45, S. 3–10.

HRS (= Hotel Reservation Service) (2019): Hotelpreise in Deutschland: Das kostet ein Hotelzimmer in 2019. ↗ *https://www.hrs.de/hotel/unterwegs/business-travel/hotelpreise-in-deutschland-das-kostet-ein-hotelzimmer-in-2019/*

IBEL, Sebastian (2014): Kundensegmentierung an Flughäfen: eine praxisnahe Bestimmung relevanter Zielgruppen mit dem Ziel der bedarfsorientierten Angebotsoptimierung anhand statistischer Verfahren. Trier.

IHK-Berlin (2016): Berliner Wirtschaft in Zahlen. Ausgabe 2016. Berlin.
↗ *https://www.ihk-berlin.de/politische-positionen-und-statistiken-channel/zahlenundfakten/highcharts-berliner-wirtschaft-in-zahlen/arbeitsmarkt-einkommen-3440524*

IVARS-BAIDAL, Josep A., María García HERNÁNDEZ und Sofía MENDOZA DE MIGUEL (2019): Integrating Overtourism in the Smart Tourism Cities Agenda. In: e-Review of Tourism Research 17 (2), S. 122–139. ↗ *https://ertr.tamu.edu/*

JUDD, Dennis R. (1999): Constructing the Tourist Bubble. In: JUDD, Dennis R. und Susan FAINSTEIN (Hrsg.): The Tourist City. New Haven et al., S. 35–53.

JUNGK, Robert (1980): Wieviel Touristen pro Hektar Strand? Plädoyer für sanftes Reisen. In: Geo, Heft 10/1980, S. 154–156.

KAGERMEIER, Andreas (1999): Neue staatlich geförderte Tourismusprojekte in Marokko und Tunesien und ihre Rolle für die wirtschaftliche Entwicklung peripherer Räume. In: POPP, Herbert (Hrsg.): Lokale Akteure im Tourismus der Maghrebländer. Resultate der Forschungen im bayerischen Forschungsverbund FORAREA 1996-1998. Passau, S. 91–114 (= Maghreb-Studien, 12).

KAGERMEIER, Andreas (2011a): Mit allen Sinnen genießen – Kulinarik als ergänzende Dimension erlebnisorientierter Produktinszenierung. In: KAGERMEIER,

Andreas und Tobias REEH (Hrsg.): Trends, Herausforderungen und Perspektiven für die tourismusgeographische Forschung. Mannheim, S. 51–72 (= Studien zur Freizeit- und Tourismusforschung, 4).

KAGERMEIER, Andreas (2011b): Social Web & Tourismus – Implikationen des internetgestützten Empfehlungsmarketings für die nachfrageseitige touristische Praxis. In: BOKSBERGER, Philipp und Markus SCHUCKERT (Hrsg.) (2011): Innovationen in Tourismus und Freizeit. Hype, Trends und Entwicklungen. Berlin, S. 59–78 (= Schriften zu Tourismus und Freizeit der Deutschen Gesellschaft für Tourismuswissenschaft, 12).

KAGERMEIER, Andreas (2013): Auf dem Weg zum Erlebnis 2.0. Das Weiterwirken der Erlebniswelten zu Beginn des 21. Jahrhunderts. In: QUACK, Heinz-Dieter und Kristiane KLEMM (Hrsg.): Kulturtourismus zu Beginn des 21. Jahrhunderts. München, S. 1–10.

KAGERMEIER, Andreas (2016): Challenges to attaining "Accessible Tourism for All" in German destinations as part of a CSR-oriented approach. In: HAY, Rachel (Hrsg.): Corporate Responsibility in Tourism – Standards Practices and Policies. Conference Proceedings of BEST EN Think Tank XVI. Townsville/Australia, S. 104–118.
http://www.besteducationnetwork.org/Proceedings_TTXVI

KAGERMEIER, Andreas (2020): Tourismus in Wirtschaft, Gesellschaft, Raum und Umwelt. Einführung. 2. überarbeitete Auflage. Tübingen 2020 (= UTB 4421).

KAGERMEIER, Andreas, Julia KÖLLER und Natalie STORS (2015): Share Economy im Tourismus. Zwischen pragmatischen Motiven und der Suche nach authentischen Erlebnissen. In: Zeitschrift für Tourismuswissenschaft 7 (2), S. 117–145.

KAGERMEIER, Andreas, Julia KÖLLER und Natalie STORS (2016): AirBnB als Share Economy-Herausforderung für Berlin und die Reaktionen der Hotelbranche. In: BAUHUBER, Florian und Hans HOPFINGER (Hrsg.): Mit Auto, Brille, Fon und Drohne. Aspekte neuen Reisens im 21. Jahrhundert. Mannheim, S. 67–94 (= Studien zur Freizeit- und Tourismusforschung, 11).

KAGERMEIER, Andreas und Eva ERDMENGER (2019): Overtourism: Ein Beitrag für eine sozialwissenschaftlich basierte Fundierung und Differenzierung der Diskussion. In: Zeitschrift für Tourismuswissenschaft 11 (1), S. 65–98

KAGERMEIER, Andreas und Werner GRONAU (2017): New Urban Tourism and its Implications for Tourism Mobility – the Case of Munich. In: SUCKY, Eric, Reinhard KOLKE, Niels BIETHAHN, Jan WERNER und Günter KOCH (Hrsg.): Mobility in a Globalised World 2016. Bamberg, S. 202–216 (= Logistik und Supply Chain Management, 16).

KAHL, Angelika (2017): Städte wollen härter durchgreifen. Vor allem in München vermieten immer mehr Leute ihre Bleiben an Touristen: Doch richtig harte Sanktionen lehnt die CSU ab In: Bayerische Staatszeitung vom 28. April 2017. 🖰 *https://www.bayerische-staatszeitung.de/staatszeitung/politik/detailansicht-politik/artikel/staedte-wollen-haerter-durchgreifen.html*

KALANDIDES Ares (2020): Tourism Management in Berlin: From Destination Marketing to Place Management. In: OSKAM, Jeroen A. (Hrsg.): The Overtourism Debate: NIMBY, Nuisance, Commodification. Bingley, S. 251–265.

KATARZYNA, Janusz, Sofie SIX und Dominique VANNESTE (2017): Building tourism-resilient communities by incorporating residents' perceptions? A photo-elicitation study of tourism development in Bruges. In: Journal of Tourism Futures, Vol. 3 (2), S. 127–143.

KAUFMANN, Laura (2019a): Hotelpreise beim Oktoberfest: Des Wahnsinns fette Wiesnbeute. In: Süddeutsche Zeitung vom 17. September 2019. 🖰 *https://www.sueddeutsche.de/muenchen/oktoberfest-muenchen-2019-hotel-preise-1.4602760*

KAUFMANN, Laura (2019b): Oktoberfest: Das Schönste am Wiesnbesuch ist, wenn die Gäste wieder fahren. In: Süddeutsche Zeitung vom 30. September 2019. 🖰 *https://www.sueddeutsche.de/muenchen/oktoberfest-besuch-wiesn-gaeste-gastgeber-1.4620842*

KEUL, Alexander und Anton KÜHBERGER (1996): Die Strasse der Ameisen. Beobachtungen und Interviews zum Salzburger Städtetourismus. München.

KIRCHNER, Thomas (2018). Amsterdam schließt Touristenläden. In Südeutsche.de vom 30. Januar 2018. 🖰 https://www.sueddeutsche.de/reise/amsterdam-so-ein-kaese-1.3845545

KNOLL, Günther (2019): Täglich grüßt der Wolpertinger. Mit leeren Händen verlassen die wenigsten Touristen die Stadt – zur Freude der vielen Souvenirladenbesitzer, die vom „Nutcracker" über ungenießbare Lebkuchenherzen bis zur Kuckucksuhr alles verkaufen, was mehr oder weniger an München erinnert. In: Süddeutsche Zeitung vom 18. April 2019, S. R5.

KOENS, Ko und Albert POSTMA (2017): Understanding and managing visitor pressure in urban tourism. A study to into the nature of and methods used to manage visitor pressure in six major European cities. Breda/Stenden.

KOENS, Ko, Albert POSTMA und Bernadett PAPP (2018): Is Overtourism Overused? Understanding the Impact of Tourism in a City Context. In: Sustainability 10, 4384; S. 1–15.

KOTTEDER, Franz (2019a): Fleisch von der Stange. Das Hofbräuhaus, der Haxnbauer, das Hackerhaus – die bekannten Großgasthäuser in der Innenstadt sind bei Touristen beliebt. Ein Selbstläufer aber ist auch das Geschäft mit der Tradition nicht. In: Süddeutsche Zeitung vom 20. April 2019, S. 77.

KOTTEDER, Franz (2019b): Hostel vs. Luxushotel. Achtbettzimmer oder 20000-Euro-Suite? Gemeinschaftsküche oder 24-Stunden-Room-Service? Zwischen einem günstigen Gästequartier und einem Fünf-Sterne-Haus gibt es gewaltige Unterschiede – ein Besuch in beiden Welten. In: Süddeutsche Zeitung vom 25. April 2019, S. 40.

KÖNIG, Ariadne (2005): Die Olympischen Spiele 1992 in Barcelona: Funktionen und Wirkungen im Stadtentwicklungsprozess. Paderborn (= unveröffentlichte Magisterarbeit Universität Paderborn).

KRASS, Sebastian (2019): Zu viele Touristen, zu wenig Bewohner. Im Bahnhofsviertel entstehen immer mehr Hotels, zugleich verschwinden Wohnungen. In: Süddeutsche Zeit vom 31. Mai 2019, S. 41

KRIPPENDORF, Jost (1982): Die Landschaftsfresser. Tourismus und Erholungslandschaft, Verderben oder Segen. Ostfildern.

KRIPPENDORF, Jost (1984): Die Ferienmenschen. Für ein neues Verständnis von Freizeit und Reisen. München.

LABENSKI, Helga (2016): Simon-Dach-Kiez verschwindet aus Berliner Touristen-App. Berliner Morgenpost vom 25.01.2016. Berlin. *https://www.morgenpost.de/berlin/article206961705/Simon-Dach-Kiez-verschwindet-aus-Berliner-Touristen-App.html*

LALICIC, Lidija und Irem ÖNDER (2018): Residents' Involvement in Urban Tourism Planning: Opportunities from a Smart City Perspective. In: Sustainability 10 (6), 1852, S. 1-16.

Land Berlin (2015): Einwohnerinnen und Einwohner in Berlin in LOR-Planungsräumen am 31.12.2014. Berlin. *https://daten.berlin.de*

Landeshauptstadt München (2018a). Bevölkerungszahlen: Bevölkerungsbestand. Aktuelle Jahreszahlen (Stand 31.12.2017). München. *https://www.muenchen.de/rathaus/Stadtinfos/Statistik/Bev-lkerung/Bev-lkerungsbestand.html*

Landeshauptstadt München (2018b): Touristische Jahresbilanz 2017. *ru.muenchen.de/2018/41/Touristische-Jahresbilanz-2017-77134*

Landeshauptstadt München. Referat für Arbeit und Wirtschaft. Tourismusamt (2012): Tourismus. Jahresbericht 2011. München.

Landeshauptstadt München. Referat für Arbeit und Wirtschaft (2013). Touristische Strategie für München. München.

Landeshauptstadt München. Referat für Arbeit und Wirtschaft (2014a): München – Weltstadt des Bieres. Presseinformation. München.

Landeshauptstadt München. Referat für Arbeit und Wirtschaft (2014b): Wiesn-Wirtschaft - Das Oktoberfest als Wirtschaftsfaktor. München.

🖰 *https://www.muenchen.de/veranstaltungen/oktoberfest/schmankerl/wiesn-wirtschaftsfaktor.html*

Landeshauptstadt München. Referat für Arbeit und Wirtschaft (2015): Einfach München. Stadtplan. München.

Landeshauptstadt München. Referat für Stadtplanung und Bauordnung (2017): Wohnungspolitisches Handlungsprogramm „Wohnen in München VI“ 2017 – 2021. München. 🖰 *https://www.muenchen.de/rathaus/dam/jcr:006dc878-e452-4033-b962-1b8dee336f53/Handlungsprogramm_WiM%20VI_Web.pdf*

Landeshauptstadt München. Referat für Stadtplanung und Bauordnung (2019): Wohnungsmarktbeobachtung München. Expertenbefragung. 2019 München. 🖰 *https://www.muenchen.de/rathaus/Stadtverwaltung/Referat-fuer-Stadtplanung-und-Bauordnung/Stadtentwicklung/Grundlagen/Wohnungsmarkt.html*

Landeshauptstadt München. Sozialreferat (2011): 100 Jahre Wohnungsamt. 1911 bis 2011. München. 🖰 *https://www.muenchen.info/soz/pub/pdf/412_lhm%20wohnungsamt_100_jahre_festschrift.pdf*

Landeshauptstadt München. Sozialreferat. Amt für Wohnen und Migration (2016): Zweckentfremdung von Wohnraum durch Vermietung als Ferienwohnungen. Erster Bericht und Bestandsaufnahme der Sonderermittlungsgruppe Ferienwohnungen. Sitzungsvorlage Nr. 14-20 / V 06116. München. 🖰 *https://www.ris-muenchen.de/RII/RII/DOK/SITZUNGSVORLAGE/4110203.pdf*

Landeshauptstadt München. Sozialreferat. Amt für Wohnen und Migration. AKIM – AllparteilichesKonfliktmanagement München (2019): Newsletter AKIM – Allparteiliches Konfliktmanagement in München. Ausgabe: 1. Halbjahr 2019. München

Landeshauptstadt München (2019): Oktoberfest 2019 – die Bilanz: Alle Zahlen und Fakten. 🖰 *https://www.muenchen.de/veranstaltungen/oktoberfest/oktoberfestnews/2019/oktoberfest-wiesn-schlussbericht-2019.html*

Lanz, Ira (2018): Schmaler Grat zwischen Touristen und Bewohnern. In: fvw vom 27. Juni 2017. 🖰 *www.fvw.de/news/deutschland/zukunftsrat-hamburg-schmaler-grat-zwischen-touristen-und-bewohnern/393/174469/19590*

Lotze, Birgit (2020): Ballermann vor der Haustür. Coronabedingt treffen sich dieses Jahr besonders viele Nachtschwärmer auf öffentlichen Flächen. Anwohner von Gärtnerplatz und Thalkirchner Straße finden keinen Schlaf mehr. Von der Politik fühlen sie sich im Stich gelassen. In: Süddeutsche Zeitung Nr. 168 vom 23. Juli 2020, S. R 2.

LÜEM, Thomas (1985): Sozio-kulturelle Auswirkungen des Tourismus in Entwicklungsländern. Ein Beitrag zur Problematik des Vergleiches von touristischen Implikationen auf verschiedenartige Kulturräume der Dritten Welt. Zürich.

LUND HANSEN, Anders (2006): Space Wars and the New Urban Imperialism. Lund.

MAITLAND, Robert (2008): Conviviality and everyday life: the appeal of new areas of London for visitors. In: International Journal of Tourism Research 10 (1), S. 15–25.

MAITLAND, Robert und Peter NEWMAN (Hrsg.) (2009): World Tourism Cities. Developing tourism off the beaten track. London.

MARTIN, Sebastian (2019): Schön, beliebt, belastet: Wie Bamberg die Herausforderungen für den Tourismus meistern will. In: Fränkischer Tag vom 30. September. *https://www.infranken.de/freizeit-tourismus/ausflug/schoen-beliebt-belastet-herausforderungen-des-tourismus-in-bamberg-art-4463176?fbclid=IwAR3dPSyGeB1K-R_I3oAsYCzMHAqy7ZkT4jfQSNEjDRumBqcQ1HWWohYaRXY*

MARTINY, Jonas (2019): Mallorca aims for refined cocktails, not party tourism. Deutsche Welle, 18.04.2019. *https://www.dw.com/en/mallorca-aims-for-refined-cocktails-not-party-tourism/a-48369234*

MCGUIRE, Caroline (2018): Amsterdam's Red Light District places ban on tourists staring at sex workers. In: The Sun vom 21. Februar 2018. *https://www.thesun.co.uk/travel/5635424/tourists-amsterdam-red-light-district-sex-workers-windows/*

McKinsey (2017): Coping with success. Managing overcrowding in tourism destinations. London. *https://www.mckinsey.com/industries/travel-logistics-and-transport-infrastructure/our-insights/coping-with-success-managing-overcrowding-in-tourism-destinations*

MedCruise (div. Jg.): Cruise Activities in MedCruise Ports. Statistics. Piraeus.

MINICHBERGER, Michael (2019): Umfrage: Zu viele Touristen werden zum Ärgernis. In: Salzburger Nachrichten vom 2. November 2019. *https://www.sn.at/salzburg/politik/umfrage-zu-viele-touristen-werden-in-salzburg-zum-aergernis-78568240*

MORGAN, Michael, Peter LUGOSI und J.R. Brent RITCHIE (2010): TheTourism and Leisure Experience. Consumer and Managerial Perspectives. Bristol/Buffalo/Toronto.

MORRIS, Hugh (2017): Tourists and cruise ships could be turned away under new plans to protect Dubrovnik. In: The Telegraph vom 11. August 2017.

https://www.telegraph.co.uk/travel/destinations/europe/croatia/dubrovnik/articles/dubrovnik-tourist-limits-unesco-frankovic/

MOSCARDO, Gianna (2019): Rethinking the role and practice of destination community involvement in tourism planning. In: ANDRIOTIS Konstantinos, Dimitrios STYLIDIS und Adi WEIDENFELD (Hrsg.) Tourism policy and planning implementation. Issues and Challenges. London, S. 36-52.

MOWFORTH, Martin und Ian MUNT (2003): Tourism and sustainability. 2. Auflage, New York/Abingdon.

München Tourismus (2020a): Tourismusentwicklung in München 1906–2019. München.

München Tourismus (2020b): Tourismusstatistik 2019. München. *https://www.muenchen.travel/artikel/ueber-uns/daten-fakten-und-marktforschung*

MUND, Jan-Peter (2003): Ökotourismus als Maßnahme des nachhaltigen Nationalparkmanagement. Analyse von Beispielen aus Ruanda und der Elfenbeinküste. In: EGNER, Heike (Hrsg.). Tourismus – Lösung oder Fluch? Die Frage nach der nachhaltigen Entwicklung peripherer Regionen. Mainz, S. 85–94 (= Mainzer Kontaktstudium Geographie, 9).

NAMBERGER, Philipp (2015). Touristische Übernutzung Münchens – Wie viel Tourismus verträgt die bayerische Landeshauptstadt? Folien eines Vortrags gehalten auf den Deutschen Kongress für Geographie, Berlin, 1. bis 6. Oktober 2015. Fachsitzung Touristifizierung städtischer Quartiere – Synergien und Konflikte zwischen tourismusgerechter Stadt und stadtgerechtem Tourismus.

NAMBERGER, Philipp (2018): Gespräch mit dem Münchner Tourismus-Geographen und Overtourism-Forscher an der Ludwig-Maximilian-Universität München am 16. Juli 2018 zu Overtourism in München. München.

NAMBERGER, Philipp, Sascha JACKISCH, Jürgen SCHMUDE und Marion KARL (2019): Overcrowding, Overtourism and Local Level Disturbance: How Much Can Munich Handle? In: Tourism Planning & Development 16 (4), S. 452–472.

NIBBRIG, Hans, Steffen PLETL und Heike DIETRICH (2015): Gewalt in Friedrichshain - Schattenseite der Party-Metropole. In: Berliner Morgenpost vom 18. August 2015.
www.morgenpost.de/bezirke/friedrichshain-kreuzberg/article205580981/Gewalt-in-Friedrichshain-Schattenseite-der-Party-Metropole.html

NIJS, Vincent (2016): Resident attitudes towards tourism. Folien einer Präsentation bei visitFlanders.
https://www.toerismevlaanderen.be/sites/toerismevlaanderen.be/files/assets/d

ocuments_KENNIS/onderzoeken/2017-01-25_Resident-survey-Bruges-2016_global-Report.pdf

NIJS, Vincent (2017): Resident attitudes towards tourism – Testing the Resident Empowerment through Tourism Scale (RETS) in Bruges. Master Thesis MODUL University Vienna.
🖰 *https://www.modul.ac.at/index.php?eID=dumpFile&t=f&f=9387&token=60c0b1d4764f6fcf9090105bec76ddd23c63cab2*

Nilsson, Jan Henrik (2020): Conceptualizing and contextualizing overtourism: the dynamics of accelerating urban tourism. In: International Journal of Tourism Cities 6, (*ahead-of-print*)
🖰 *https://www.emerald.com/insight/content/doi/10.1108/IJTC-08-2019-0117/full/html*

NIT (= Institut für Tourismus- und Bäderforschung in Nordeuropa GmbH) und mascontour GmbH (2017): Nachhaltigkeitskonzeption Städtetourismus Hamburg. Hamburg 🖰 *https://static1.hamburg-tourism.de/live_fileadmin/redaktion/catalogues/PDF/Nachhaltigkeitskonzeption_Staedtetourismus_Hamburg.pdf*

NORDHORN, Christian (2018): Gespräch mit dem Tourismus-Referenten bei der IHK für München und Oberbayern am 16. Juli 2018 zu Overtourism in München. München.

NOVY, Johannes (2011): Marketing Marginalized Neigborhoods: Tourism and Leisure in the 21st Century Inner City. New York.

NOVY, Johannes (2013): Städtetourismus, Stadtteiltourismus und der Mythos städtischer Steuerung. Das Beispiel Berlin. In: SARETZKI, Anja und Karlheinz WÖHLER (Hrsg.): Governance von Destinationen. Neue Ansätze für die erfolgreiche Steuerung touristischer Zielgebiete. Berlin, S. 265–286.

NOVY, Johannes (2018): Urban tourism as a bone of contention: four explanatory hypotheses and a caveat. In: International Journal of Tourism Cities 5 (1), S. 1–12.

NOVY, Johannes und Claire COLOMB (2020): Overdosed, Underplanned or What? Making Sense of Urban Tourism's 'Politicisation from Below' In: OSKAM, Jeroen A. (Hrsg.): The Overtourism Debate: NIMBY, Nuisance, Commodification. Bingley, S. 75–94.

NOVY, Johannes und Nils GRUBE (2018): Streitgrund Stadttourismus. Über die Ursachen und Folgen der Debatte über Overtourism und Tourismusphobie. In: Planerin 6/2018, S. 5–8.

NOVY, Johannes und Sandra HUNING (2009): New tourism (areas) in the 'New Berlin'. In: MAITLAND, Robert und Peter NEWMAN (Hrsg.): World Tourism Cities. Developing tourism off the beaten track. London, S. 87–108.

NUNKOO, Robin und Kevin Kam Fung SO (2016). Residents' Support for Tourism: Testing Alternative Structural Models. In: Journal of Travel Research 55 (7), S. 847–861.

Observatori del Turisme a Barcelona (2020): Barcelona 2019. Informe de l'activitat turística – Informe de la actividad turística – Tourism activity report. Barcelona. 🖰 *https://www.observatoriturisme.barcelona*

OELLERICH, Joachim (2009): Berliner Wohnungspolitik: Teil 2 – Die rot-rote Koalition. In: MieterEcho. Zeitung der Berliner MieterGemeinschaft e. V., Nr. 335 vom August 2009., S. 7–8. Berlin. 🖰 *https://www.bmgev.de/mieterecho/archiv/2009/*

ORF (2019a): Touristenansturm löst "dichtstress" aus. Mehr als sechs Millionen Besucher stürmen Jahr für Jahr die Stadt Salzburg. 18. August 2019. 🖰 *https://salzburg.orf.at/stories/3008971/*

ORF (2019b): Wien kämpft gegen „Overtourism" an. 26. Dezember 2019. 🖰 https://wien.orf.at/stories/3027643/

OSKAM, Jeroen A. (2020a): Commodification of the 'Local' in Urban Tourism: The Airbnb Contradiction. In: OSKAM, Jeroen A. (Hrsg.): The Overtourism Debate: NIMBY, Nuisance, Commodification. Bingley, S. 151–170.

OSKAM, Jeroen A. (2020b): The Will to Travel. In: OSKAM, Jeroen A. (Hrsg.): The Overtourism Debate: NIMBY, Nuisance, Commodification. Bingley, S. 43–58.

OSKAM, Jeroen A. und Karoline WIEGERINK (2020): The Unhospitable City: Residents' Reactions to Tourism Growth in Amsterdam. In: OSKAM, Jeroen A. (Hrsg.): The Overtourism Debate: NIMBY, Nuisance, Commodification. Bingley, S. 95–118.

PAGE, Stephen J. und C. Michael HALL (2003): Managing Urban Tourism. London.

PAPPALEPORE, Ilaria (2010): Tourism and the development of ‚creative' urban areas: evidence from four non-central areas in London. London.

PAPPALEPORE, Ilaria und Andrew SMITH (2016): The Co-creation of Urban Tourism Experiences. In: RUSSO, Antonio Paolo und Greg RICHARDS (Hrsg.): Reinventing the Local in Tourism. Producing, Consuming and Negotiating Place. Bristol/Buffalo/Toronto, S. 87–100.

PAPPALEPORE, Ilaria, Robert MAITLAND und Andrew SMITH (2010): Exploring urban creativity: Visitor experiences of Spitalfields, London. In: Tourism, Culture and Communication 10, S. 217–230.

Paulaner Brauerei (2008): Geschichten aus dem Paulaner-Garten. Paulaner Weißbier-Werbespot. 🖰 *https://www.youtube.com/watch?v=SCB03Rh5tlc*

PEETERS, Paul, M. und Ghislain DUBOIS (2010): Tourism travel under climate change mitigation constraints. In: Journal of Transport Geography 18, S. 447–457.

PFEIFER, David (2019): Münchner Momente. Touristenslalom an der Isar. In: Süddeutsche Zeitung Nr. 243 vom 21. Oktober 2019; S 29.

PILLMAYER, Markus (2016): Tourismus Initiative München (TIM) e. V. Das Münchner Modell. München. (= *Unveröffentlichte Vortragsfolien eines Vortrags am 17. Mai 2016*).

PINE, B. Joseph und James H. GILMORE (1998): Welcome to the Experience Economy. In: Harvard Business Review 76 (July/August), S. 97–105.

POPP, Monika (2018a): Gespräch mit der Münchner Geographin und Crowding-Forscherin an der Ludwig-Maximilian-Universität München am 17. Juli 2018 zu Overtourism in München. München.

POPP, Monika (2018b): When walking is no longer possible: investigating crowding and coping practices in urban tourism using commented walks. In: HALL, C. Michael; Yael RAM und Noam SHOVAL (eds.): The Routledge international handbook of walking. London/New York: Routledge. S. 360–368.

POSTMA, Albert, Dorina-Maria BUDA und Katharina GUGERELL (2017): The future of city tourism. In: Journal of Tourism Futures 3 (2), S. 95–101.

POSTMA, Albert, Ko KOENS und Bernadett PAPP (2020): Overtourism: Carrying Capacity Revisited. In: OSKAM, Jeroen A. (Hrsg.): The Overtourism Debate: NIMBY, Nuisance, Commodification. Bingley, S. 229–249.

POSTMA, Albert und Dirk SCHMÜCKER (2017): Understanding and overcoming negative impacts of tourism in city destinations: conceptual model and strategic framework. In: Journal of Tourism Futures 3 (2), S. 144–156.

PRACHT, Sabine (2018): Hamburg Tourismus will Gäste in unbekannte Bezirke locken. In: fvw vom 20. Juli 2018.
https://www.fvw.de/destination/news/neuausrichtung-hamburg-tourismus-will-gaeste-in-unbekannte-bezirke-locken-189646

PRAKASA, Yudha, Oscar Radyan DANAR und Angga Akbar FANANI (2019): Urban Tourism Based on Social Capital Development Model. In: Eurasia: Economics & Business, Heft 1/2019(19), S. 37–42. *https://econeurasia.com/issue-2019-01/*

RASOOLIMANESH, S. Mostafa und Siamak SEYFI (2020): Residents' Perceptions and Attitudes toward Tourism Development: A Perspective Article. In: Tourism Review. Ahead-of-print. *https://doi.org/10.1108/TR-11-2019-0461*

REIF, Julian (2019): Touristische Aktionsräume und die Wahrnehmung von Crowding: Das Beispiel Tagestourismus in Hamburg. In: Zeitschrift für Tourismuswissenschaft 11 (2), S. 257–287.

Republic of Croatia. Ministry of Tourism (2019): Croatia – Tourism in Figures 2018. Zagreb.

REVERMANN, Christoph und Thomas PETERMANN (2003): Tourismus in Großschutzgebieten. Impulse für eine nachhaltige Regionalentwicklung. Berlin.

Reuters (2018): Croatia's Adriatic gem limits number of tourists to fight overcrowding. 4. August 2018. *https://www.reuters.com/article/us-croatia-dubrovnik/croatias-adriatic-gem-limits-number-of-tourists-to-fight-overcrowding-idUSKBN1KP0BF*

RUDEK, Björn (2020): Interview Transkript des Gespräches mit dem Leiter der Congress Tourismus Würzburg (CTW) am 25. Juni 2020 in Würzburg. Interviewdurchführung und Transkription: Horvath, Katharina im Rahmen einer Masterarbeit an der Universität Trier mit dem (Arbeits-) Titel: Binnenmarketing im Flusskreuzfahrttourismus – Bewältigungsstrategien und Resilienz am Beispiel Würzburg.

SAARINEN, Jarkko (2016): Wilderness use, conservation and tourism: what do we protect and for and from whom? In: Tourism Geographies 18 (1), S. 1–8.

SCHÄFER, Markus (2019): Overtourism. Ist Bamberg zu schön? Balance zwischen Bedürfnissen der Bewohner und der Gäste muss erhalten bleiben. In: Inselrundschau. Stadtteilzeitung des Bürgervereins Bamberg Mitte e. V., 30 (= 1/2019), S. 12-13. *https://www.bvm-bamberg.de/fileadmin/media/Insel-Rundschau/Inselrundschau-2019-Nr.30.pdf*

SCHMÜCKER, Dirk., Ulf SONNTAG und Wolfgang GÜNTHER (2019): Nachhaltige Urlaubsreisen: Bewusstseins- und Nachfrageentwicklung. Grundlagenstudie auf Basis von Daten der Reiseanalyse 2019. Kiel.

SCHMUDE, Jürgen (2003): Musicals in Deutschland: Eine Marktanalyse anhand des Modells des Produktlebenszyklus. In: Tourismus Journal 7 (1), S. 29–42.

Schweizerische Eidgenossenschaft. Bundesamt für Statistik (2020): Touristische Beherbergung. Neuchâtel.
https://www.bfs.admin.ch/bfs/de/home/statistiken/tourismus.html

SCOTT Daniel und Stefan GÖSSLING (2015): What could the next 40 years hold for global tourism? In: Tourism Recreation Research 40 (3), S. 269–285..

SCOTT, Daniel, Stefan GÖSSLING und Michael HALL (2012): Climate change and tourism: Impacts, adaptation and mitigation. London.

SCOTT, Daniel, Stefan GÖSSLING, C. Michael HALL und Paul PEETERS (2016): Can tourism be part of the decarbonized global economy? The costs and risks of alternate carbon reduction policy pathways. In: Journal of Sustainable Tourism 24 (1), S. 52–72.

SEIDL, Roman J., Leonhard PLANK und Justin KADI (2017): Airbnb in Wien eine Analyse. *https://wherebnb.in/wien/*

Senat von Berlin (2014): Konzept zum Akzeptanzerhalt des Tourismus. 40.Sitzung des Abgeordnetenhauses vom 12.12.2013, Drucksache Nr. 17/1400 (II.B.87). Berlin. *https://www.parlament-berlin.de/ados/17/Haupt/vorgang/h17-1598-v.pdf*

SIEBENHAAR, Hans-Peter (2019): Salzburg und Wien drohen Opfer ihres eigenen Erfolgs zu werden. In: Handelsblatt vom 27. August 2019. *https://www.handelsblatt.com/politik/international/weltgeschichten/siebenhaar/weltgeschichte-salzburg-und-wien-drohen-opfer-ihres-eigenen-erfolgs-zu-werden/24946152.html*

SKALA, Fridolin (2019): Bilder einer fremden Stadt. Glockenspiel? Hofbräuhaus? Viktualienmarkt? Von wegen. Wenn Touristen München fotografieren, dann halten sie ausgefallene Motive fest. Zum Beispiel das Schaufenster einer Änderungsschneiderei, das aus Sicht einer Portugiesin viel über Deutschland erzählt. In: Süddeutsche Zeitung vom 23. April 2019, S. 42.

SKOWRONNEK, Alsino, Lucas VOGEL und Jonas PARNOW (2015): AirBnB vs. Berlin. Was sagen die Daten? Berlin. *https://www.airbnbvsberlin.de*

SLEGERS, Marianne (2017): Amsterdam attempts to stem ist tourist flood and regain ist soul. In: Politico vom 15. Januar 2017. *https://www.politico.eu/article/amsterdam-tourism-airbnb-crime-netherlands/*

SOMMER, Christoph & Ilse HELBRECHT (2017): Seeing like a tourist city: how administrative constructions of conflictive urban tourism shape its future. In: Journal of Tourism Futures 3 (2), S. 157–170.

SPAIN, John (2019): Spread the tourism – rethinking tourism in Ireland. *https://www.irishcentral.com/news/irishvoice/spread-tourism-rethinking-ireland*

Spiegel Online (2011): Weltstadt Berlin: Kreuzberger protestieren gegen „Touristifizierung". 1. März 2011. *www.spiegel.de/reise/aktuell/weltstadt-berlin-kreuzberger-protestieren-gegen-touristifizierung-a-748314.html*

Spiegel Online (2018): Exzessive Feierei. Amsterdam geht gegen Partytouristen vor. Spiegel-Online vom 1. Juni 2018. *http://www.spiegel.de/reise/aktuell/amsterdam-geht-gegen-partytouristen-vor-hohe-strafzahlungen-a-1210645.html*

Statistisches Amt für Hamburg und Schleswig-Holstein (2019a): Beherbergung im Reiseverkehr in Hamburg. Dezember 2019. Statistische Berichte. Kennziffer: G IV 1 - m 12/18 HH. Hamburg.

Statistisches Amt für Hamburg und Schleswig-Holstein (2019b): Statistisches Jahrbuch Hamburg. 2018 / 2019. Hamburg.

Statistisches Amt für Hamburg und Schleswig-Holstein (2020): Beherbergung im Reiseverkehr in Hamburg. Dezember 2019. Statistische Berichte. Kennziffer: G IV 1 - m 12/19 HH. Hamburg.

Statistisches Bundesamt (2018): Tourismus. Tourismus in Zahlen 2017. Wiesbaden. *www.destatis.de*

Statistisches Bundesamt (2019): Binnenhandel, Gastgewerbe, Tourismus. Ergebnisse der Monatserhebung im Tourismus. Dezember 2018. Fachserie 6 Reihe 7.1. Wiesbaden. *www.destatis.de*

Statistisches Bundesamt (2020): Binnenhandel, Gastgewerbe, Tourismus. Ergebnisse der Monatserhebung im Tourismus. Dezember 2019. Fachserie 6 Reihe 7.1. Wiesbaden. *www.destatis.de*

Statistik Austria (2020a): Ankünfte, Nächtigungen. Ankünfte, Nächtigungen sowie durchschnittliche Aufenthaltsdauer nach Bundesländern (1995 bis 2019). Wien. *https://www.statistik.at/web_de/statistiken/wirtschaft/tourismus/beherbergung/ankuenfte_naechtigungen/index.html*

Statistik Austria (2020b): Ankünfte, Nächtigungen. Tourismusintensität pro Einwohnerin und Einwohner (Basis Nächtigungen). Wien. *https://www.statistik.at/web_de/statistiken/wirtschaft/tourismus/beherbergung/ankuenfte_naechtigungen/index.html*

STEINECKE, Albrecht (2007): Kulturtourismus. Marktstrukturen – Fallstudien – Perspektiven. München.

STEPPAN, Andreas (2020): Überlaufen wie Venedig. Walchensee kurz vor absolutem Kollaps - Bürgermeister droht mit radikalen Konsequenzen. In: Münchner Merkur vom 15.01.2020. *https://www.merkur.de/lokales/bad-toelz/jachenau-ort28870/walchensee-vor-absolutem-kollaps-buergermeister-droht-mit-extremen-konsequenzen-10872466.html*

STORS, Natalie (2014): Explorer-Touristen im Städtetourismus. Ein Charakterisierungsversuch unterschiedlicher Besuchergruppen in Kopenhagen. In: Zeitschrift für Tourismuswissenschaft 6 (1), S. 97–105.

STORS, Natalie und Andreas KAGERMEIER (2013): Crossing the Border of the Tourist Bubble: Touristification in Copenhagen. In: THIMM, Tatjana (Hrsg.): Tourismus und Grenzen. Mannheim, S. 115–131 (= Studien zur Freizeit- und Tourismusforschung 9).

STORS, Natalie und Andreas KAGERMEIER (2015a): Motives for using AirBnB in metropolitan tourism – why do people sleep in the bed of a stranger? In: Regions: The Newsletter of the Regional Studies Association, 299 (3), S. 17–19.

STORS, Natalie und Andreas KAGERMEIER (2015b): Share Economy in metropolitan tourism: The role of authenticity-seeking. In: TÓZSA, István und Anita

ZÁTORI (Hrsg.): Metropolitan Tourism Experience Development. Budapest 2015, S. 90–103.

STORS, Natalie und Andreas KAGERMEIER (2017): AirBnB-Gastgeber als Akteure im New Urban Tourism: Beweggründe zur Partizipation aus Anbieterperspektive. In: Geographische Zeitschrift 105 (3–4), S. 190–224.

STRASDAS Wolfgang (2001): Ökotourismus in der Praxis. Zur Umsetzung der sozio-ökonomischen und naturschutzpolitischen Ziele eines anspruchsvollen Tourismuskonzeptes in Entwicklungsländern. Ammerland (= Publikation des Studienkreis für Tourismus und Entwicklung e. V.).

Studienkreis für Tourismus und Entwicklung e.V. (2020a): SympatieMagazine. Seefeld. ↗ *https://www.sympathiemagazin.de/.*

Studienkreis für Tourismus und Entwicklung e.V. (2020b): Werte und Strategie. Seefeld. ↗ *https://www.studienkreis.org/uber-uns/werte-und-strategie/.*

Süddeutsche Zeitung (2018): Voll, voller, Kaufingerstraße. Nirgends in der Stadt ist mehr los als auf der Einkaufsmeile - mit durchschnittlich 5496 Menschen pro Stunde. Süddeutsche Zeitung vom 27.06.2018. ↗ *https://www.sueddeutsche.de/muenchen/2.220/passantenzaehlung-voll-voller-kaufingerstrasse-1.4030804*

TIM (= Tourismus Initiative München) (2020): Tourismus Initiative München ↗ *https://www.tim-muenchen.de/*

TIT (= Tourist Information Trier) (2007): Gästeführungen und Übernachtungen in Trier 2006. Trier (*freundliche Mitteilung*)

TRANCOSO GONZÀLEZ, Ana (2018): Venice: the problem of overtourism and the impact of cruises. In: Investigaciones Regionales – Journal of Regional Research 42, S. 35–51.

TRANUM, Sam (2019): Overtourism: Issues, Realities and Solutions, Reviewed. In: Dublin Inquirer vom 4. September 2019. Dublin. ↗ *https://www.dublininquirer.com/2019/09/04/overtourism-issues-realities-and-solutions-reviewed*

TripAdvisor (2020a): Review of Medina of Marrakesh. ↗ *https://www.tripadvisor.com/ShowUserReviews-g293734-d324126-r724485768-Medina_of_Marrakesh-Marrakech_Marrakech_Tensift_El_Haouz_Region.html#REVIEWS*

TripAdvisor (2020b): Top Attractions in Berlin. ↗ *https://www.tripadvisor.com/Attractions-g187323-Activities-Berlin.html*

TripAdvisor (2020c): Top Attractions in Munich. ↗ *https://www.tripadvisor.com/Attractions-g187309-Activities-Munich_Upper_Bavaria_Bavaria.html*

TURNER II, Billie L. et al. (2003): A framework for vulnerability analysis in sustainability science. In: PNAS (Proceedings of the National Academy of Sciences of the United States of America) 100 (14) S. 8074–8079. *www.pnas.org/content/100/14/8074*

Ufficio di Statistica della Regione del Veneto (2020): Movimento turistico nel Veneto. Anno 2019. *http://statistica.regione.veneto.it/banche_dati_economia_turismo_turismo6.jsp*

UNWTO (= United Nations World Tourism Organisation; 2014): International Tourism Highlights. 2014 Edition. Madrid. *www.e-unwto.org*

UNWTO (= United Nations World Tourism Organization) (Hrsg.) (2018): 'Overtourism'? Understanding and Managing Urban Tourism Growth beyond Perceptions. Madrid.

UNWTO (= United Nations World Tourism Organization) (Hrsg.) (2019): 'Overtourism'? Understanding and Managing Urban Tourism Growth beyond Perceptions. Volume 2: Case Studies. Madrid

UNWTO (= United Nations World Tourism Organisation; div. Jg.): Yearbook of Tourism Statistics. Madrid.

URRY, John (2002): The Tourist Gaze. London.

VARGAS-SÀNCHEZ, Alfonso(2020): Overtourism and Smart Cities: Present and Future. In: OSKAM, Jeroen A. (Hrsg.): The Overtourism Debate: NIMBY, Nuisance, Commodification. Bingley, S. 267-278.

VIENNA ONLINE (2018): Studie: Hat Wien ein Overtourism-Problem? VIENNA.AT vom 12. Dezember 2018. Wien. *https://www.vienna.at/studie-hat-wien-ein-overtourism-problem/6030839*

visitBerlin/Berlin Tourismus & Kongress GmbH (2016): Wirtschaftsfaktor 2016 für Berlin. Tourismus- und Kongressindustrie. Berlin. *https://www.berlin.de/sen/wirtschaft/wirtschaft/branchen/tourismus/media/wirtschaftsfaktor_fuer_berlin_2016_visitberlin.pdf*

visitBerlin/Berlin Tourismus & Kongress GmbH (Hrsg.) (2017a): Going Local Berlin. Berlin.

visitBerlin/Berlin Tourismus & Kongress GmbH (Hrsg.) (2017b): Konzept für einen stadtverträglichen und nachhaltigen Berlin-Tourismus 2018+. Berlin. *https://www.berlin.de/sen/wirtschaft/wirtschaft/branchen/tourismus/tourismuskonzept2018.pdf*

visitBerlin/Berlin Tourismus & Kongress GmbH (Hrsg.) (2019): Stimmungsbild zum Berlin-Tourismus. Ergebnisse einer repräsentativen Bevölkerungsumfrage 2019. Berlin. *https://about.visitberlin.de/stimmungsbild-zum-berlin-tourismus-2019*

visitBerlin/Berlin Tourismus & Kongress GmbH (Hrsg.) (2020): Going Local Berlin – Das Kiez-Magazin. Vol. 2. Berlin. *https://www.visitberlin.de/de/going-local-berlin-das-kiez-magazin*

visitDenmark (2020): Die schönsten Stadtviertel in Kopenhagen. *https://www.visitdenmark.de/daenemark/highlights/kopenhagen/die-schoensten-stadtviertel*

WACHSMUTH, David und Alexander WEISLER (2018): Airbnb and the rent gap. Gentrification through the sharing economy. In: Environment and Planning A: Economy and Space, 50 (6), S. 1147–1170.

WEBER Fabian et al. (2017): Tourism destinations under pressure. Challenges and innovative solutions. Luzern (= Study conducted by Lucerne University of Applied Sciences and Arts in collaboration with World Tourism Forum Lucerne [WTFL] university partners). *https://www.hslu.ch/en/lucerne-university-of-applied-sciences-and-arts/research/projects/detail/?pid=3518*

WETZEL, Jakob (2019): „Überall starrt Reichtum und Vornehmheit" Der Wohlstand in der Stadt hat Reisende schon vor Jahrhunderten beeindruckt. Doch auch von seltsamen Gerüchen und derben Bewohnern wird in alten Schilderungen häufig berichtet – und von hohen Preisen. In: Süddeutsche Zeitung vom 16. April 2019, S. R3.

WIENDL, Klaus (2020): Hilferufe angesichts der Touristen-Flut. Overtourism in den Ferien: Dem Oberland graut's schon. In Abendzeitung vom 14. Juli 2020. München *https://www.abendzeitung-muenchen.de/inhalt.hilferufe-angesichts-der-touristen-flut-overtourism-in-den-ferien-dem-oberland-graut-s-schon.1533ea29-921a-4e26-8ada-78ace68c40d1.html*

WITTIG, Anna (2017a): Tourismusakzeptanz der lokalen Bevölkerung als Fundament einer nachhaltigen Entwicklung im Städtetourismus. Das Beispiel der UNESCO Welterbestadt Bamberg. Folien eines Vortrags bei Offenes Forum Tourismus des TKS Bamberg am 17. Mai 2017. Bamberg. *https://blog.bamberg.info/wp-content/uploads/2017/05/Tourismusakzeptanz-in-Bamberg-Vortrag-von-Anna-Wittig-beim-OFT-15_05_2017.pdf*

WITTIG, Anna (2017b): Tourismusakzeptanz der lokalen Bevölkerung am Beispiel der UNESCO Welterbestadt Bamberg. In: SCHEIBE, Ralf, Kristin RAMTHUN und Wilhelm STEINGRUBE (Hrsg.): Tourismus und Regionalentwicklung. Greifwald, S. 1-18 (= Greifswalder Beiträge zur Regional-, Freizeit- und Tourismusforschung, 23).

WTTC (= World Travel & Tourism Council) (2018): City Travel & Tourism Impact. London. *https://www.wttc.org/economic-impact/city-analysis/*

WUCHOLD, Cara (2014): Die nackte Angst vor Rollkoffern. In: Neuköllner vom 2. Juni 2014. *http://www.neukoellner.net/kunst-kitsch/die-nackte-angst-vor-rollkoffern/*

WYBRANIEC, Jessica (2019): „Tourist go home!" – Entwicklung und Analyse von Regulierungsansätzen zur Vermeidung von Overtourism am Beispiel der Hansestadt Hamburg. Eberswalde (= Masterarbeit an der Hochschule für nachhaltige Entwicklung Eberswalde – HNEE). *https://www.hnee.de/_obj/ED4402A1-E792-4D33-A9D3-ABCCAFFB46F2/outline/Masterarbeit_finale-Version-nicht-gespiegelt-ohne-Anhang-5-mit-E-Mail-Jessica-Wybraniec.pdf*

XIE, Philip Feifan (2019): Authenticating Ethnic Tourism. Bristol/Buffalo/Toronto.

ZACH, Katharina (2020): Kein Ende des Ansturms: So viele Touristen wie nie besuchen Wien. In Kurier vom 22. Januar 2020. *https://kurier.at/chronik/wien/kein-ende-des-ansturms-so-viele-touristen-wie-nie-besuchen-wien/400733826*

ZDF (= Zweites Deutsches Fernsehen) (2019): AKIM am Gärtnerplatz mit der ZDF-Drehscheibe unterwegs. Sendung vom 19. März 2019. *https://www.youtube.com/watch?v=vdcowZSZnFs*

ZEDNIK, Ralf (2018). einfach „Mia san Mia". Tourismusstrategie München Tourismus. Unveröffentlichte Vortragsfolien eines Vortrags am 16. Juli 2018 und Transkript des Diskussionsgesprächs. München.

Index